城市轨道交通职业教育系列教材——城市轨道交通控制

城市轨道交通信号与通信系统

主　编　郝菊香　王茹玉　唐艺凡
副主编　张治国　庞婷婷

西南交通大学出版社
·成 都·

图书在版编目（CIP）数据

城市轨道交通信号与通信系统 / 郝菊香，王茹玉，唐艺凡主编．—成都：西南交通大学出版社，2021.1
城市轨道交通职业教育系列教材．城市轨道交通控制
ISBN 978-7-5643-7779-3

Ⅰ．①城… Ⅱ．①郝… ②王… ③唐… Ⅲ．①城市铁路–交通信号–信号系统–职业教育–教材 Ⅳ．①U239.5

中国版本图书馆 CIP 数据核字（2020）第 211783 号

城市轨道交通职业教育系列教材——城市轨道交通控制
Chengshi Guidao Jiaotong Xinhao yu Tongxin Xitong

城市轨道交通信号与通信系统

主　　　编　郝菊香　王茹玉　唐艺凡

责 任 编 辑	李鹏飞
封 面 设 计	何东琳设计工作室
出 版 发 行	西南交通大学出版社 （四川省成都市金牛区二环路北一段 111 号 西南交通大学创新大厦 21 楼）
发 行 部 电 话	028-87600564　028-87600533
邮 政 编 码	610031
网　　　址	http://www.xnjdcbs.com
印　　　刷	四川森林印务有限责任公司
成 品 尺 寸	185 mm × 260 mm
印　　　张	14
字　　　数	350 千
版　　　次	2021 年 1 月第 1 版
印　　　次	2021 年 1 月第 1 次
书　　　号	ISBN 978-7-5643-7779-3
定　　　价	45.00 元

课件咨询电话：028-81435775
图书如有印装质量问题　本社负责退换
版权所有　盗版必究　举报电话：028-87600562

前　言

城市轨道交通具有运量大、速度快、安全可靠、污染轻、受其他交通方式干扰小等特点，对缓解城市交通拥挤、乘车困难、行车速度下降、空气污染等问题行之有效。20世纪90年代以来，我国加快了城市轨道交通建设步伐，尤其是进入21世纪后，迎来了城市轨道交通建设的高潮，城市轨道交通呈现出广阔的发展前景。

在城市轨道交通的各项设备中，信号设备是非常重要和关键的，具有不可替代的作用。城市轨道交通的安全、速度、输送能力和效率等都与信号系统密切相关，采用CBTC（基于通信的列车自动控制系统）已成为城市轨道交通的共同选择。信号系统不仅是城市轨道交通安全运行的保证，而且实际上已成为城市轨道交通调度指挥和运营管理的中枢神经。选择合适的信号系统可以产生巨大的经济效益和社会效益。

城市轨道交通的信号基础设备包括：信号继电器、信号机、转辙机、轨道电路、计轴器、应答器等，它们是构成城市轨道交通联锁系统和CBTC系统的基础。所以，熟悉各项信号基础设备的基本组成、基本原理和应用，对于掌握联锁技术和CBTC技术是必需的。

本书由西安交通工程学院郝菊香、王茹玉、唐艺凡任主编，西安交通工程学院张治国、庞婷婷任副主编。其中郝菊香编写第一章、第三章、第四章；王茹玉编写第五章、第六章；唐艺凡编写第八章；张治国编写第七章；庞婷婷编写第二章。

本书在编写过程中得到了陕西城际铁路有限公司吴宏、中铁西安勘察设计研究院有限责任公司张荃的大力支持，并借鉴了大量的相关资料和教材，在此特向这些资料和教材的作者表示衷心的感谢。

由于我国城市轨道交通信号设备制式纷杂，资料难以搜集齐全，再加上编者水平有限、时间仓促，教材中不免有疏漏和不妥之处，恳请读者批评指正。

编　者

2020年8月

目 录

第一章 继电器 ... 1
第一节 继电器概述 ... 1
第二节 安全型继电器 ... 4
第三节 继电器的应用 ... 16
思考与练习 ... 21

第二章 信号机 ... 23
第一节 城市轨道交通信号机 ... 23
第二节 铁路信号概述 ... 38
思考与练习 ... 45

第三章 转辙机 ... 48
第一节 道岔 ... 48
第二节 转辙机概述 ... 51
第三节 ZD6 系列电动转辙机 ... 54
第四节 S700K 型电动转辙机 ... 62
第五节 转辙机的锁闭方式 ... 69
思考与练习 ... 72

第四章 轨道电路 ... 75
第一节 轨道电路概述 ... 75
第二节 道岔区段轨道电路 ... 81
第三节 50 Hz 微电子相敏轨道电路 ... 88
第四节 计轴器 ... 95
第五节 应答器 ... 101
思考与练习 ... 105

第五章 联锁 ... 108
第一节 联锁概述 ... 108
第二节 联锁关系 ... 113
第三节 6502 电气集中联锁 ... 117
第四节 计算机联锁 ... 119
思考与练习 ... 125

第六章 闭塞系统 127
第一节 闭塞概述 127
第二节 铁路闭塞制式 128
第三节 城市轨道交通闭塞制式 133
思考与练习 134

第七章 CBTC 系统 136
第一节 城市轨道交通 CBTC 系统概述 136
第二节 ATP 子系统 142
第三节 ATS 子系统 148
第四节 ATO 子系统 155
第五节 各公司的 CBTC 信号系统 158
思考与练习 181

第八章 城市轨道交通通信系统 183
第一节 认识城市轨道交通通信系统 183
第二节 城市轨道交通通信系统的组成 188
第三节 认识闭路电视监控系统 193
第四节 认识广播系统 196
第五节 认识时钟系统 201
第六节 学习电话通信系统 204
第七节 认识乘客信息系统 211
第八节 认识电源系统 212
思考与练习 215

参考文献 217

第一章　继电器

【知识要点】

- 掌握直流无极继电器的结构和工作原理。
- 了解常用信号继电器的工作特点。
- 了解信号继电器的基本功能、分类及表示方法。
- 了解信号继电器的特性。
- 了解继电器的基本电路和常见故障分析。

第一节　继电器概述

继电器是信号设备的主要器件之一。在城市轨道交通信号的自动控制和远程控制系统中，它可构成逻辑电路或作为执行元件直接监督和控制列车运行，其可靠性与安全性是确保各种自动控制、远程控制信号设备正常工作的必要条件。

一、继电器的基本原理和作用

（一）继电器的基本原理

继电器是一种特殊的开关，一般是由电磁系统和触（接）点系统两大部分组成。其中电磁系统由电磁磁路和线圈组成，是继电器用来接受和反映输入物理量性质的系统机构；触点系统由动触点和静触点组成，是继电器的执行机构，用来实现控制。

如图 1-1 所示，当线圈中通入一定电流时，根据电磁原理，线圈因电流而产生磁性，使得衔铁吸向铁心。当线圈中没有足够的电流或断电时，衔铁由于重力作用而被释放。衔铁上的动触点随着衔铁的动作而与静触点接通或断开，从而实现对其他设备的控制。

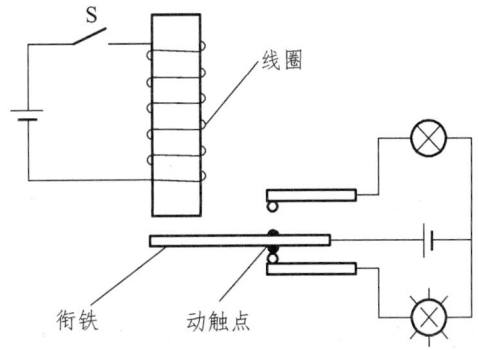

图 1-1　继电器工作原理

提示：继电器的特性是当输入量达到一定值时，输出量会发生突变。

（二）继电器的作用

"故障—安全"原则是轨道交通信号设备必须遵循的原则，当系统任何部分发生故障时，应确保系统的输出导向安全状态。随着电子技术的迅速发展，电子器件尤其是计算机以其速度快、体积小、容量大、功能强等技术优势，在相当程度上逐渐取代继电器构成自动控制和远程控制系统，使技术水准大大提高。但与电子器件相比，继电器仍存在一定优势，尤其是它具有"故障—安全"性能。因此，不仅现在，而且在未来一定时期内，继电器在轨道交通信号领域仍将起着重要作用。例如，在计算机联锁设备中，尽管电子器件所占比例相当大，但仍需要将继电器电路作为系统主机与信号机、轨道电路、转辙机的接口电路。

目前轨道交通信号设备中，继电器的作用主要表现在以下几方面。

1. 表示功能

利用不同继电器表示线路的占用和空闲、信号的开放和关闭、道岔是否在规定位置、区间是否闭塞等状态。例如，车站每组联锁道岔均设置定位表示继电器（DBJ）和反位表示继电器（FBJ），当有关继电器吸起时表示该道岔在定位或在反位，进而利用继电器触点接通控制台或显示屏的相关表示灯，并实现有关设备间的相互控制关系。

2. 驱动功能

目前轨道交通信号设备中主要被控对象是信号机和转辙机，不论车站是采用继电器联锁还是计算机联锁，均利用继电器控制相应设备。例如，车站的联锁道岔控制电路中设置有定位操纵继电器（DCJ）和反位操纵继电器（FCJ），当条件满足，有关继电器吸起时，能够驱动道岔向定位或反位转换。

3. 实现逻辑电路

在继电式车站联锁设备以及继电式区间半自动闭塞设备中，利用继电电路实现有关逻辑关系，以保证正线列车运行和车辆段内调车作业的安全。例如，在6502电气集中联锁电路中，完全利用继电电路判断道岔位置是否正确、进路是否空闲等条件，确定能否开放信号；信号开放后，利用继电电路锁闭与之相敌对的信号，并实时检查联锁条件，必要条件下及时关闭有关信号，保证行车安全。

二、继电器的主要类型

（一）按动作原理分类

按动作原理不同，继电器可分为电磁继电器和感应继电器。

（1）电磁继电器：利用电流通过线圈产生的磁场来实现动作的继电器。常见的电磁继电器有直流无极继电器、直流有极继电器、交流继电器等。城市轨道交通信号设备一般采用此类继电器。

（2）感应继电器：利用电流通过线圈产生的交变磁场与其翼板转动而动作的继电器。例如，相敏轨道电路所使用的交流二元继电器就属于此类继电器。

（二）按工作电流分类

按工作电流不同，继电器可分为直流继电器和交流继电器。

（1）直流继电器：由直流电源供电的继电器，它按所通电流的极性，又可分为无极、偏极和有极继电器。直流继电器都是电磁继电器。

（2）交流继电器：由交流电源供电的继电器，它按动作原理，有电磁继电器，也有感应继电器。如信号机灯丝继电器、交流二元继电器等。

整流式继电器虽然用于交流电路中，但它用整流元件将交流电整流为直流电，所以实质上是直流继电器。

（三）按动作速度分类

按动作速度不同，继电器可分为速动继电器、正常动作继电器、缓动继电器三种。

（1）速动继电器：衔铁动作时间小于 0.1 s。

（2）正常动作继电器：正常动作继电器衔铁动作时间为 0.1～0.3 s。大部分信号继电器属于此类，通常不加"正常动作"四个字，简称为继电器。

（3）缓动继电器：缓动继电器衔铁动作时间超过 0.3 s，分为缓吸、缓放。时间继电器是利用脉冲延时电路或软件设定使之缓吸。缓放型继电器则利用短路铜环产生磁通使之缓动，主要取其缓放特性。

（四）按输入量的物理性质分类

按输入量的物理性质不同，继电器可分为电流继电器和电压继电器。

（1）电流继电器：反映电流的变化，其线圈必须串联在所反映的电路中。该电路中必有被反映的器件，如电动机绕组、信号灯泡等。

（2）电压继电器：反映电压的变化，由线圈励磁电路单独构成。

（五）按触点结构分类

按触点结构不同，继电器可分为普通触点继电器和加强触点继电器。

（1）普通触点继电器：具有开断功率较小的触点的能力，以满足一般信号电路的要求，多数继电器为普通触点继电器，通常不加"普通触点"四个字，简称为继电器。

（2）加强触点继电器：具有开断功率较大的触点的能力，以满足电压较高、电流较大的信号电路的要求。

（六）按工作可靠程度分类

按工作可靠程度不同，继电器可分为安全型继电器和非安全型继电器。

1. 安全型继电器（N 型）

安全型继电器无须借助于其他继电器，亦无须对其触点在电路中的工作状态进行监督检查，其自身结构即能满足一切安全条件的继电器，其特点是：

（1）当线圈断电时，衔铁可借助于自身重量释放，从而使前触点可靠断开。

（2）选用合适的触点材料，构成非熔接性前触点，或采用能防止触点熔接的特殊结构（如接熔断器、触点串联）。

（3）当一组不应闭合的后触点仍然闭合时，结构上能防止所有前触点闭合。

2. 非安全型继电器（C型）

非安全型继电器必须监督检查触点在电路中的工作状态，以保证安全条件的继电器，其特点是：

（1）由于继电器在使用时已检查了衔铁的释放，因此不必采用非熔接性触点材料。

（2）当一组不应闭合的前触点仍然闭合时，结构上能保证所有后触点不闭合。反之亦然。N型继电器主要依靠衔铁自身释放，故又称重力式继电器，C型继电器主要依靠弹簧弹力释放衔铁故又称弹力式继电器。一般说来，N型继电器的安全性、可靠性高于C型继电器。

三、城市轨道交通对继电器的要求

（1）动作必须可靠、准确。

（2）使用寿命长。

（3）有足够的闭合和断开电路的能力。

（4）有稳定的电气特性和时间特性。

（5）在周围介质温度和湿度变化很大的情况下，均能保持很高的电气绝缘强度。

第二节　安全型继电器

AX系列安全型继电器由我国自行设计和制造，经过几十年的应用考验，证明其安全可靠、性能稳定，能满足信号电路对继电器提出的各种要求。它是我国铁路信号继电器的主要定型产品，广泛应用于城市轨道交通之中。

一、安全型继电器概述

安全型继电器是直流24V系列的重弹力式直流电磁继电器，其典型结构为无极继电器，其他各型继电器由无极继电器派生。因此，绝大部分零件都能通用。

（一）插入式和非插入式

安全型继电器分为插入式和非插入式。插入式多为单独使用，非插入式常用于有防尘外壳的组匣中。两者的区别仅在于，插入式继电器带有透明性很好的外罩，用以密封防尘，同时为了与插座配合使用，插入式继电器安装在酚醛塑料制成的胶木底座上。

在实际使用中，为便于维修，多采用插入时继电器。

（二）安全型继电器的品种及用途

安全型继电器具有无极、无极加强触点、无极缓放、无极加强触点缓放，整流式，有极、有极加强，偏极4种8类20个品种以及3个派生品种。城市轨道交通用的各种继电器如表1-1所示。它们的特性和线圈电阻值各不相同，在信号电路中有不同的作用。

表 1-1 安全型继电器的基本情况

品种序号	规格序号	继电器名称	型号	触点组数	鉴别销号码	线圈连接	电源片连接 连接	电源片连接 使用
1	1	无极继电器	JWXC-1000	8QH	11、52	串联	2、3	1、4
1	2	无极继电器	JWXC-1700	8QH	11、51	串联	2、3	1、4
1	3	无极加强触点继电器	JWJXC-480	2QH，2QHJ	15、51	串联	2、3	1、4
1	4	无极缓放继电器	JWXC-H340	8QH	12、52	串联	2、3	1、4
1	5	无极加强触点缓放继电器	JWJXC-H$\frac{125}{0.44}$	2QH，4QJ，2H	15、55	串联	2、3	1、4
1	6	无极加强触点缓放继电器	JWJXC-H$\frac{125}{80}$	2QH，4QJ，2H	31、52	串联	2、3	1、4
2	7	整流式继电器	JZXC-H18	4QH	13、53	串联	1、4	5、6
2	8	整流式继电器	JZXC-H18F	4QH	13、53	单独	—	5、6
2	9	整流式继电器	JZXC-H18F1	4QH	13、53	单独	—	1、2
3	10	有极加强触点继电器	JYJXC-H$\frac{135}{220}$	2DF，2DFJ	15、54	单独	—	1、2 3、4
4	11	偏极继电器	JPXC-1000	8QH	14、51	串联	2、3	1、4

表1-1中，Q表示前触点，H表示后触点，D表示定位触点，F表示反位触点，J表示加强触点。

例如，8QH表示8组普通前后触点组，2DFJ表示2组加强定反位触点组。

（三）继电器插座

安全型继电器为插入式，需加装继电器插座板，利用继电器下部螺栓露出部分将继电器插座板插入，用螺母紧固，然后用螺母紧固型别盖。

插座插孔旁所注触点编号系无极继电器的触点编号，其他各型继电器的触点系统的位置及使用编号与之不同，但实际使用的插座仅此一种。

安全型继电器有多种类型，为了防止不同类型的继电器错误插接，在插座下部鉴别孔内铆以鉴别销。鉴别销号码如表1-1所示。

各种继电器型别盖上的鉴别孔不同，根据规定的鉴别孔逐个钻成，与鉴别销相吻合。鉴别孔位置及型别盖外形如图1-2所示。

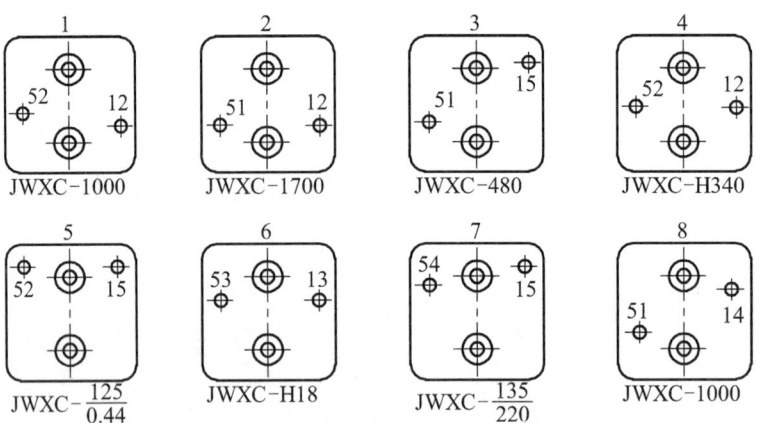

图 1-2 鉴别孔位置

（四）安全型继电器的特点

在城市轨道交通信号系统中，凡是涉及行车安全的继电电路都必须采用安全型继电器。所谓安全型继电器是指它的结构必须符合"故障—安全"原则（发生安全侧故障的可能性远远大于发生危险侧故障的可能性。处于禁止运行状态的故障有利于行车安全，称为安全侧故障；处于允许运行状态的故障可能危及行车安全，称为危险侧故障）。它是一种不对称器件，在故障情况下使前触点闭合的概率远小于使后触点闭合的概率。这样，就可以用前触点代表危险侧信息，用后触点代表安全侧信息。

为了达到故障—安全要求，安全型继电器在结构上有以下特点：

（1）前触点采用熔点高、不会因熔化而使前触点粘连的导电性能良好的材料。

（2）增加衔铁质量，采用"重力恒定"原理在线圈断电时强制将前触点断开。

（3）采用剩磁极小的铁磁材料构成磁路系统，并在衔铁与极靴之间设有一定厚度的非磁性止片，当衔铁吸起时仍有一定的气隙以防剩磁吸力将衔铁吸住。

（4）衔铁不致因机械故障而卡在吸起状态。

（五）安全型继电器的寿命

继电器的寿命指的是触点的寿命，包括电寿命和机械寿命。继电器的电寿命规定为普通触点 2×10^6 次，加强触点 2×10^5 次，有极继电器的加强定位、反位触点接通 1×10^5 次，断开 1×10^3 次。机械寿命 10×10^6 次。

二、安全型继电器的结构和动作原理

（一）无极继电器

无极继电器有 9 个品种，常用的是 JWXC-1700、JWXC-1000 及缓放的 JWXC-H340 型等。

1. 直流无极继电器的结构

如图 1-3 所示，直流无极继电器由直流电磁系统和触点系统两部分构成。电磁系统由线圈、铁心、轭铁、衔铁等组成。触电系统包括拉杆和触点组。触点组分为静止的前触点、后触点，以及固定在拉杆上的动触点。直流无极继电器一般有8组触点，每组触点彼此独立但动作一致。

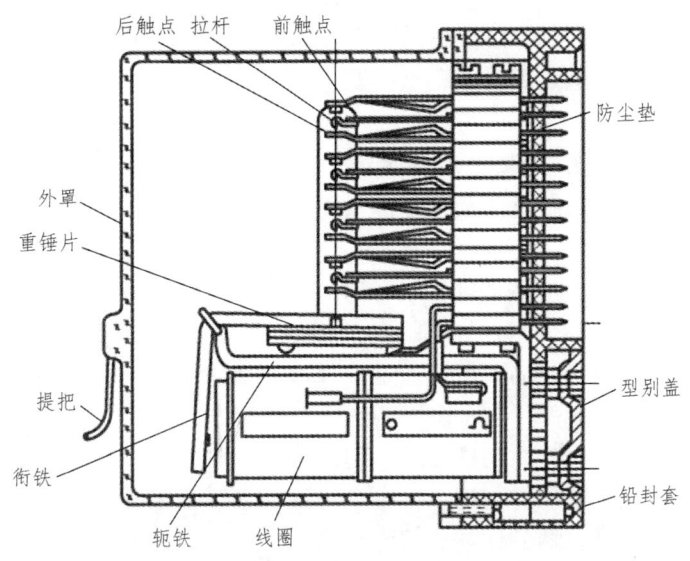

图1-3 直流无极继电器结构

（1）线圈。线圈水平安装在铁心上，分为前圈和后圈。采用双线圈的目的主要是增强控制电路的适应性和灵活性，可根据电路需要单线圈控制、双线圈串联控制或双线圈并联控制。

线圈绕在线圈架上，线圈架由酚醛树脂压制而成。缓放型无极继电器为了增加缓放时间，采用铜质阻尼线圈架。线圈用高强度漆包线密排绕制，抽头焊有引线片。

（2）铁心。铁心由电工纯铁制成，为软磁材料，具有较高的磁通密度和较小的剩磁，外层镀锌防护。它的尺寸根据继电器的规格不同而有所区别。缓放型继电器尺寸大些，以加大缓放时间或减少工作值。

（3）轭铁。轭铁呈L形，由电工纯板冲压成型，外表镀多层铬防护，通电时增加磁场的引力。

（4）衔铁。衔铁由电工纯铁冲压成形，为角形。

（5）重锤片。重锤片由薄钢板制成，线圈断电时继电器衔铁靠重力返回。重锤片的基片数量由继电器的后触点组数决定，一般8组后触点用3片，6组后触点用2片，4组后触点用1片，2组后触点不用，即后触点组数越多，重锤片的基片数越多，以保证继电器落下时，动触点对后触点有足够的压力。

（6）触点系统。触点系统处于电磁系统上方，通过触点架、螺钉紧固在轭铁上，两者成为一个整体。用螺钉将下止片、电源片单元、银触点单元、动触点单元以及压片按顺序组装在触点架上。在紧固螺钉前，应将拉杆、绝缘轴、动触点轴与动触点组装好。

无极继电器触点系统采用两排纵列式联动结构，因此，触点组数只能成偶数增减。拉杆传动中心线与触点中心线一致，以减少不必要的传动损失。

银触点单元由锡磷青铜带制成的触点片与由黄铜制成的托片组成,两组对称地压在胶木内。在触点簧片的端部焊有银触点。

触点接触时会因碰撞产生颤动,颤动将形成电弧,对触点有较大的破坏作用。为消除这种颤动,必须设置托片。在调整继电器时,可在触点片和托片间加一个初压力,保证触点刚接触时可动部分的动能被触点片吸收,这样既可消除颤动,又可缩短触点的完全闭合时间,大大减轻了触点的烧损。

动触点单元由锡磷青铜带制成的动触点簧片与黄铜板制成的补助片压制在酚醛塑料胶木内。动触点簧片端部焊有动触点,动触点由银氧化镉制成。电源片单元由黄铜制成的电源片压在胶木内。

拉杆一般由塑料制成,拉杆上设有绝缘轴,动触点轴套在拉杆的绝缘轴上。衔铁通过拉杆带动触点组动作。绝缘轴用冻石材料制成,具有较高的抗冲击强度。动触点轴由锡磷青铜线制成,也有铁制的和塑料制的,衔铁通过拉杆带动触点组。

压片由弹簧钢板冲压成弓形,分上下两片,其作用是保证触点组的稳固性。下止片由锡磷青铜板制成,外层镀镍,它在衔铁落下时起限位作用。

触点架由钢板制成,用稳钉与轭铁固定,保证触点架不变位。触点架的安装尺寸是否标准,角度是否准确,对继电器的调整有很大影响。

2. 直流无极继电器的工作原理

当线圈中通入直流电时,产生磁通,经铁心、轭铁、衔铁和气隙,形成闭合磁路,使铁心对衔铁产生吸引力。当吸引力增大到足以克服重锤片和拉杆等的重力时,将衔铁吸向铁心,衔铁带动拉杆推动动触点向上动作,使动触点与前触点闭合,此时称为激磁状态或吸起状态。

当线圈中的电流减小或断电时,磁路的磁通随之减小,铁心对衔铁的吸引力相应减小。当吸引力不足以克服重锤片和拉杆等的重力时,衔铁被释放,动触点与前触点断开,并与后触点闭合,此时称为失磁状态或落下状态。

提示:直流无极继电器因使用直流电源,且继电器的动作与通入线圈的电流方向无关而得名。

(二)整流式继电器

整流式继电器用于交流电路中,它通过内部的半波或全波整流电路将交流电变为直流电而动作。之所以如此,是为了避免在 AX 系列继电器中采用结构形式完全不同的交流继电器,以提高产品的系列化、通用化程度。

整流式继电器有 4 种规格,主要采用 JZXC-H18 及其派生的 JZXC-H18F。

整流式继电器的触点系统结构与无极继电器相同,零部件全部通用,只是触点的编号有区别。

整流式继电器的电磁系统、触点系统、动作原理与直流无极继电器基本相同,只是在直流无极继电器的基础上增加了整流电路。整流式继电器一般采用 4 个二极管组成的桥式整流电路(见图 1-4),将交流电源整流后输入继电器线圈。整流式继电器工作时会发出响声,对继电器正常工作带来不利影响。

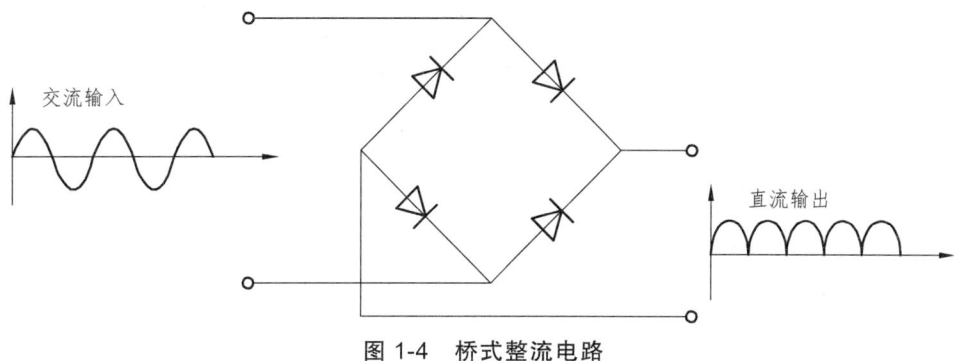

图 1-4　桥式整流电路

（三）有极继电器

有极继电器根据线圈中电流极性不同具有定位和反位两种稳定状态。当线圈中电流消失时，这两种稳定状态仍能继续保持，所以此继电器又称为极性保持继电器。它的特点是磁系统中增加了永久磁钢。当线圈中通入规定极性的电流时，继电器吸起，断电后仍保持在吸起位置；当通入反向电流时，继电器落下，断电后仍保持在落下位置。

（四）偏极继电器

偏极继电器是为了满足信号电路中鉴别电流极性的需要而设计的。它与无极继电器不同，衔铁的吸起与线圈中电流的极性有关，只有通过规定方向的电流时，衔铁才吸起；当电流方向与规定方向相反时，衔铁不动作。但它又不同于有极继电器，只有一种稳态，即衔铁靠电磁力吸起后，断电就落下，落下是稳定状态。

（五）交流二元继电器

交流二元继电器属于感应式继电器，具有两个既相互独立又相互作用的交变电磁系统（局部线圈和轨道线圈），故称为二元继电器，有吸起和落下两种状态。根据频率不同，交流二元继电器分为 25 Hz 和 50 Hz 两种。

交流二元继电器由电磁系统、翼板、触点等组成，如图 1-5 所示。它的电磁系统包括局部电磁系统和轨道电磁系统。其中，局部电磁系统由局部铁心和局部线圈组成；轨道电磁系统由轨道铁心和轨道线圈组成。

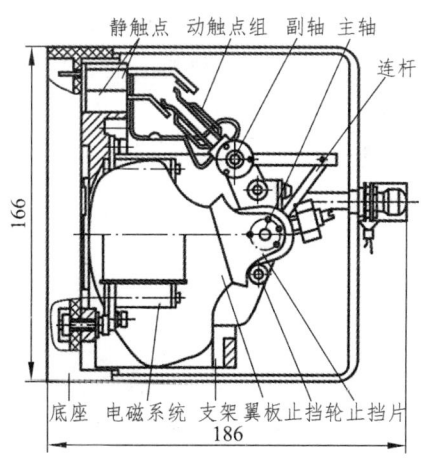

图 1-5　交流二元继电器

交流二元继电器与前面介绍的继电器工作原理完全不同，只有在其局部线圈和轨道线圈中输入电流频率相同、且局部线圈中电流相位超前轨道线圈中电流相位 90°时，翼板中才能产生正方向的转矩，接通前触点，其他情况下，翼板不产生转矩，继电器将保持原来的位置而不动作。

交流二元继电器具有以下两个特点：

（1）具有频率选择特性：当交流二元继电器局部线圈中电流频率为 50 Hz 时，只有在轨道线圈接收到频率为 50 Hz 的电流时，继电器才可能动作，除此之外，翼板中平均转矩为零，继电器不动作。

（2）具有相位选择特性：即使轨道线圈与局部线圈中的电流频率相同，继电器并不一定吸起，只有局部线圈电流相位超前轨道线圈相位 0°~180°时，翼板中才产生正转矩，使继电器能够吸起。通过计算可知，当相位超前 90°时正转矩最大。

交流二元继电器应用于相敏轨道电路，这种"故障—安全"特性不仅能够解决轨道电路轨端绝缘的破损防护问题，还能防止牵引电流及其他频率的干扰。通过计算可以知道，当轨道线圈的电流频率为局部线圈电流频率的 n 倍时，不论电压多高，翼板均不能产生转矩使继电器误动。

三、安全型继电器的特性

安全型继电器的特性包括：电气特性、时间特性、机械特性。这些特性用来表征继电器的性能，是使用和检修继电器的重要依据。

（一）电气特性

电气特性是安全型继电器的基本要求，也是设计和实现信号逻辑电路的依据。电气特性包括额定值、充磁值、释放值、工作值、转极值，以及反向不工作值。

（1）额定值：满足继电器安全系数所必须接入的电压和电流值。

AX 系列继电器的额定电压为直流 24 V，作为轨道继电器、灯丝继电器、道岔启动继电器时除外。

（2）工作值：向继电器线圈通电，直到衔铁止片与铁心接触、全部前触点闭合，并满足规定触点压力所需要的最小电压或电流值。此值是继电器的磁系统及触点系统刚好能工作的状态，一般规定工作值不大于额定值的 70%。

（3）转极值：指使用有极继电器衔铁转极的最小电压或电流值。分为正向转极值和反向转极值。

正向转极值是使有极继电器的衔铁转极，全部定位触点闭合，并满足规定触点压力时的正向最小电压或电流值。

反向转极值是使有极继电器的衔铁转极，全部反位触点闭合，并满足规定触点压力时的反向最小电压或电流值。

（4）释放值：向继电器通以规定的充磁值，然后逐渐降低电压或电流，直至全部前触点刚断时的最大电压或电流值。

（5）充磁值：指为了测试继电器的释放值或转极值，为预先使继电器磁系统磁化，可向其线圈通以 4 倍的工作值或转极值，此值称为充磁值。这样可使继电器磁路饱和，在此条件下测试释放值或转极值。

（6）反向工作值：指向继电器线圈反向通电，直到衔铁止片与铁心接触、全部前触点闭合，并满足触点压力时所需要的最小电压或电流值。造成反向工作值大于工作值的原因是磁路剩磁影响所致，反向工作值一般不大于工作值的 120%。

（7）反向不工作值：是指向偏极继电器线圈反向通电，继电器不动作的最大电压值。

释放值与工作值之比称为返还系数。返还系数对于信号继电器有着特别重要的意义，返还系数越高，标志着继电器的落下越灵敏。规定普通继电器的返还系数不小于 30%，缓放型继电器不小于 20%，轨道继电器不小于 50%。

（二）时间特性

电磁继电器的电磁系统是具有铁心的电感。在接通或断开电源时，由于电磁感应作用，在铁心中产生涡流，在线路中产生感应电流。这些电流产生的磁通会阻碍铁心中原来的磁通的变化，所以电磁继电器或多或少地都具有一些缓动的时间特性。

由于各种继电器控制电路完成的作用不一样，对继电器的时间特性要求也不一样，如果不能满足时间特性的要求，控制电路便不能正常工作。因此，不仅要了解继电器固有的时间特性，还要按电路的要求改变继电器的时间特性。

1. 继电器的时间特性

电磁继电器线圈所具有的电感不仅电感量大，而且是非线性的。再加上继电器磁路中的工作气隙在动作过程中是变化的，因此继电器线圈中的电流变化规律较为复杂。

从线圈通电到衔铁动作、带动后触点断开、前触点接通，需要一定的时间。从线圈断电到衔铁动作、带动前触点断开、后触点接通，也需要一定的时间。即吸合需要时间，释放也需要时间。

吸合时间是指向继电器通入额定值电流起至全部前触点闭合所需的时间（包括通电后至触点断开的吸起动作时间和从后触点断开到前触点闭合的衔铁运动时间）。返回时间是指向继电器通入额定值电流，从线圈断电时至前触点断开所需的时间（包括断电至前触点断开的缓放时间和从前触点断开至后接合闭合的衔铁运动时间）。继电器的动作时间如图 1-6 所示。

例如，JWXC-1000 型继电器的吸合时间为 $0.10 \sim 0.15$ s，返回时间为 $0.015 \sim 0.025$ s。可见继电器都是缓动的，但其缓吸、缓放时间都非常短。

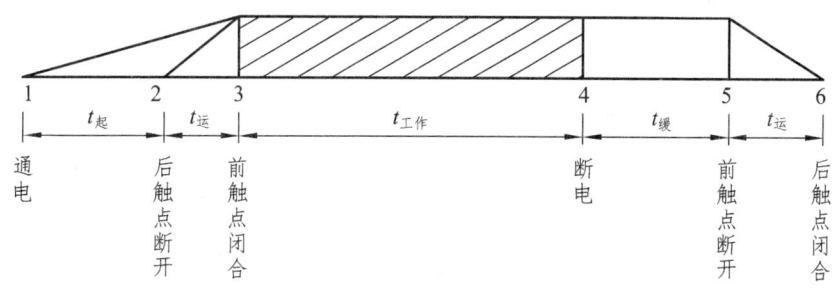

图 1-6　继电器动作时间

2. 改变继电器时间特性的方法

继电器用于控制电路中,要满足不同控制对象对时间特性的要求,光依靠继电器的固有时间特性是不行的,必须根据需要改变继电器的时间特性。改变继电器时间特性的方法有两种:一是改变继电器的结构;二是用电路来实现。

1)改变继电器结构以获得继电器的缓动

(1)通过改变衔铁与铁心间止片厚度来改变继电器的落下时间。止片增厚,落下时间减小,止片减薄,落下时间增大。

(2)选用磁导率较高的铁磁材料,以缩短继电器的动作时间。

(3)增大线圈导线的线径,以减小继电器的吸合时间。

(4)在铁心上套短路铜环(铜线圈架),使继电器达到缓动(缓吸和缓放)。

2)构成缓放电路以获得继电器的缓放

(1)提高继电器端电压使其快吸。

(2)与继电器线圈并联 RC 串联电路使其快吸。

(3)在继电器线圈两端并联电阻或二极管使其缓放。

(4)将继电器短路一个线圈使其缓放。

(三)安全型继电器的机械特性与牵引特性

在继电器衔铁的动作过程中,衔铁上受到电磁吸引力和反作用力。电磁吸引力又称牵引力;反作用力与之方向相反,对于安全型继电器来说是由衔铁(及重锤片)的重力和触点簧片的弹力构成的,所以称为机械力。要使继电器可靠工作,牵引力必须大于机械力,因此牵引力的大小要根据机械力来确定。

1. 机械特性

AX 系列继电器机械力的大小与触点片的数量、重锤片的数量、衔铁的动程等有关。在衔铁的整个运动过程中所受到的机械力不是固定不变的,而是在一个很大的范围内变化的。也就是说,继电器的机械力 F_J 是随着衔铁与铁心间的气隙 δ 的变化而变化的。$F_J = f(\delta)$ 的变化关系称为继电器的机械特性,表示这种变化关系的曲线称为机械特性曲线。

不同类型的继电器,其结构不同,机械特性也不同。图 1-7 所示为无极继电器的机械特性曲线,图中纵坐标表示衔铁运动时所克服的机械力 F_J(单位为 N),横坐标表示衔铁与铁心间的工作气隙 δ(单位为 mm),横轴上线段 O_a 代表最大气隙 δ_a 值,$O\delta_0$ 代表止片厚度,$O\delta_0$ 代表衔铁动程值$(\delta_a - \delta_0)$。

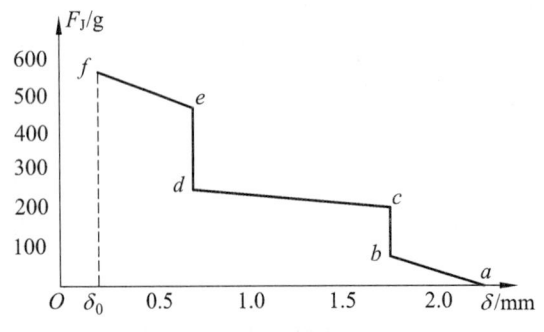

图 1-7 无极继电器的机械特性

继电器衔铁释放时气隙最大，这时在衔铁重力和动触点片的预压力（动触点片预先向下弯曲变形所产生的弹力）的作用下，使动触点片与后触点片间保持一定的压力，以保证接触良好。后触点片的预压力与衔铁重力及动触点片预压力之和相平衡，衔铁上的机械力 F_J 为零，在机械特性曲线上用 a 点表示。

当衔铁开始运动，工作气隙从 δ_0 逐渐减小时，后触点片的挠度随着逐渐减小，使后触点片与动触点片之间的压力逐渐减小。这时后触点片给予动触点片的作用力也逐渐减小，动触点片的挠度逐渐增大。因此，随着气隙的减小，机械力 F_J 逐渐增大，如线段 ab 所示。该线段的陡度由后触点片和动触点片的弹性变形决定。

当动触点与后触点刚分离时，动触点片失去了后触点片对它的作用力，使机械力突然增大，如线段 bc 所示。其值决定于衔铁重量和动触点片的预压力之和。

衔铁继续运动，使动触点片逐渐向上弯曲，由于动触点片的挠度加大，使动触点片对衔铁的压力逐渐上升，如线段 cd 所示。上升的陡度由动触点片的弹性变形决定。

当动触点片与前触点片接触并使前触点片刚离开上托片时，动触点片上增加了前触点的预压力，使机械力突然加大，如线段 de 所示。其值决定于动触点片的弯曲挠度所产生的弹力及前触点的预压力之和。

为使动触点片与前触点片间接触良好，必须要求它们之间有一定的压力，所以衔铁仍需运动，直至衔铁运动完毕。在这一过程中由于动触点片和前触点片共同弹性变形，弹力增大，所以机械力较快上升，如线段 ef 所示。

可见，继电器的机械特性曲线是一条折线，它表示了衔铁运动在不同位置时的机械反作用力 F_J。折线上 c、e 两个折点突出向上，它们反映了衔铁运动在这两个位置的机械反作用力变化最大。如果继电器的牵引力在这两个位置均能大于机械反作用力，该继电器就能吸起。所以一般以 c、e 两个点中的一个作为确定牵引力的依据，称为临界值。

机械特性曲线可根据材料力学计算求得，也可通过实验求得。

2. 牵引特性

当无极继电器线圈上加上直流电源后，铁心中就会产生磁通，磁通经过铁心与衔铁间的气隙 δ 时，对衔铁产生电磁吸引力，称为牵引力 F_Q，牵引力 F_Q 与线圈的磁势（线圈的匝数和所加电流的乘积 IW 通常称安匝）及气隙大小有关。当 δ 一定时，F_Q 与安匝（IW）的平方成正比；当安匝一定时，F_Q 与 δ 的平方成反比，即 F_Q 随 δ 呈双曲线规律而变化。牵引力 F_Q 随工作气隙 δ 变化的关系 $F_Q = f(\delta)$，称为牵引特性。牵引曲线如图 1-8 所示，从图中可看出，当安匝一定时，牵引力 F_Q 随 δ 的减小呈双曲线规律急剧增大；而相同的工作气隙在不同的安匝下，牵引力 F_Q 也不同，安匝大，牵引力也大。因此，不同的安匝值牵引力 F_Q 与工作气隙 δ 的牵引特性曲线也不同，安匝大，曲线 $F_Q = f(\delta)$ 位置就高。

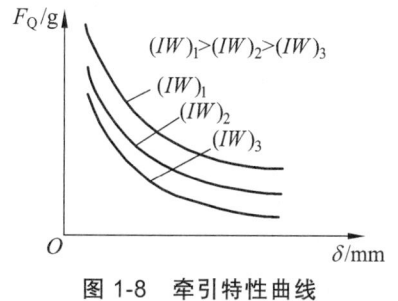

图 1-8 牵引特性曲线

3. 牵引特性与机械特性的配合

将机械特性曲线和一族牵引特性曲线用同一比例尺绘在同一坐标上，如图 1-9 所示。这一族牵引特性曲线对应于不同的继电器安匝。显然,要使继电器吸起,就必须要求继电器衔铁在整个运动过程中牵引力处处大于或等于机械力。也就是说,牵引特性曲线必须在机械特性曲线之上,至少也要与机械特性曲线相切。如前述,机械特性曲线上的 c 和 e 点是两个突出的折点,如果衔铁运动到这两点时牵引力都大于或等于机械力,那么在其他点的牵引力都能满足要求。因此,只要根据这两点中的任一点相切在另一点之上的牵引特性曲线,就能确定该继电器的吸起安匝。在图 1-9 中,$(IW)_3$ 的牵引特性曲线不能满足要求,因它虽与 e 点相切,上部分处于机械特性曲线之上,但下部分处于机械特性曲线之下,说明下部分的牵引力小于机械力,继电器不能吸起。而与 c 点相切的 $(IW)_2$ 牵引特性曲线除 c 点牵引力等于机械力外,其余都大于机械力,所以能使继电器吸起,$(IW)_2$ 就是吸起安匝。又因为 c 点的牵引力等于机械力,所以这个吸起安匝称为临界安匝,切点 c 称为临界点。为使继电器可靠吸起动作,继电器的安匝应大于临界安匝,在临界安匝上再加上一个储备量,即乘以储备系数 K,就成为工作安匝。

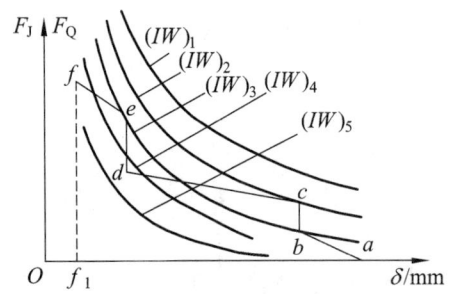

图 1-9　牵引特性曲线与机械特性曲线配合

储备系数 K 越大,牵引力越大,吸起时间越短。但 K 不能过大,K 过大不但造成不必要的功率消耗,而且因吸引力过大会造成触点在闭合时发生剧烈振动,影响触点稳定工作,甚至产生强烈的电弧或火花使触点损坏。K 值一般为 1.1~1.3。

四、安全型继电器的触点

继电器触点是继电器的执行机构,通过触点来反映继电器的状态,进行电路控制。对于继电器触点,从触点材质到触点结构,从触点组数到触点容量,都有较高的要求。对频繁通断大电流的触点,还必须采取灭火花措施。

(一)对触点系统的要求

在实际应用过程中,继电器的大部分故障发生在触点系统上,因此继电电路的可靠性在很大程度上取决于触点系统工作的可靠性。为保证继电器的可靠工作,必须对触点系统有一定的要求,这些要求包括:

(1)触点闭合时,接触可靠,接触电阻小而且稳定。
(2)触点断开时,要可靠分开,使触点间电阻为无穷大,即有一定的间隙。
(3)触点在闭合和断开过程中没有颤动。
(4)不发生熔接。

（5）耐各种腐蚀。

（6）导热率和导电率要高。

（7）使用寿命长。

（二）触点参数

1. 触点材料

对触点材质的基本要求是机械强度高、导电率和导热率高、耐腐蚀、熔点较高、加工容易、价格适宜。

2. 触点压力

接触点之间的压力和材质在很大程度上决定着触点电阻的大小。开始接触的瞬间，触点压力加在为数不多的接触点上，这些接触点被压平，使两接触表面更加接近，产生一些新的接触点，总的接触电阻就会降低。但当压力达到某个数值时，再增大压力，也不会使触点电阻有明显减小。

因为触点间存在压力，触点支撑件（触点弹片等，一般采用弹性元件）会产生弹性变形，为了避免因振动等因素造成接触分离，对触点压力要有明确的最低值。

3. 触点齐度

同一继电器的所有触点理论上要求同时接触。但在触点系统的生产过程中，工艺上不可能做到没有误差，因而触点很难做到完全同时接触。继电器各组触点接触时的误差称为触点不齐度，要求其越小越好。

4. 触点间隙

在动触点和静触点开始分离的瞬间，触点间会产生很高的电场，触点间隙中的自由电子在此电场力的作用下可从阴极向阳极高速移动，这样就产生了触点间的电弧。另外，这些电子与气体中的自由电子撞击，使气体电离，进一步使电弧加剧。电弧的产生使触点迅速氧化和点燃，加速触点的损耗，缩短其使用寿命。当触点间隔增大后，会拉长电弧，使电弧熄灭。此外，触点间隙小时，雷电效应也可能使触点间产生放电现象，故要求触点间有足够大的间隙。

5. 触点滑程

触点表面的腐蚀、氧化和灰尘等对接触电阻有很大的影响。为了保证触点的可靠工作，当触点开始接触后，要求触点之间有一定程度的位移，该位移叫作触点滑程。

（三）触点容量

继电器触点所允许通过的最大电流称为触点容量。继电器在使用时严禁超出触点允许容量，以保证各类触点达到规定的触点寿命动作次数。超出触点容量使用，可能造成触点接触面拉弧烧损，使触点接触电阻增大，寿命缩短，严重时造成器材或设备烧损。

安全型继电器的触点容量如表1-2所示。

表 1-2 触点容量

触点类型	电源	电压/V	电流/A	负载性质
普通触点	直流	24	1	电阻
无极加强触点	直流	220、380	5	
	交流			
有极加强触点	直流	220	7.5	电感 0.05 H
		180	1.5	

（四）触点材料

一般继电器要求触点材料的电阻系数小、抗压强度低，而且不易氧化或其氧化物电阻率小。因为接触材料电阻系数越小，触点本身的电阻越小，接触电阻就越小；材料的抗压强度越小，在一定的触点压力下，接触面积就越大，则接触电阻越小。

银的电阻率最低，银的氧化膜的导电率与纯银几乎相等，且抗压强度不高，因此，几乎所有类型的继电器，都采用银和银合金作为触点材料。

对控制大电流和高电压的触点，应选择耐腐蚀和难熔的材料，如钨和金属陶瓷等。钨熔点高，硬度也很高，不会熔合，几乎没有机械磨损，耐电腐蚀能力强，但在大气中易氧化。金属陶瓷大部分是由两种互相不能熔成合金的成分，用金属陶制法（粉末冶金法）制成的。它磨损小，熔点非常高，耐电腐蚀能力强，不易熔合，导电导热性能好，很适宜作为触点材料。银氧化镉就是其中的一种，其基本物质为银（80%～85%），起导电作用，氧化镉（12%～15%）起导热作用，两者获得最佳配合。它在高温下（990℃）还能以爆炸形式分解出氧与镉的蒸汽，起到对电弧的吹动和消除游离的效应，形成自动吹弧作用，提高了触点的熄弧性能。特别是它与银触点配合使用时，具有防粘连、接触电阻小等特点。

安全型继电器的普通触点、静触点常用银或银氧化镉制成，动触点常用银氧化镉制成。加强触点的静触点、动触点均用银氧化镉制成。

（五）触点的接触形式

触点的接触形式有面接触、线接触和点接触三种。从理论上讲，面接触的接触面最大，接触电阻最小，但实际上并非如此。由于触点的接触面稍有歪斜，两个触点的接触面不能全面接触，往往只能在一个点或一个不大的面积上接触，因而接触电阻仍然较大。而且接触的部分每次闭合都有不同，加上触点表面的氧化物层自动净化能力不良，所以接触电阻很不稳定。线接触的压力比较集中，在触点闭合和断开过程中，线接触的触点表面能沿另一触点表面滑动，表面氧化层及灰尘会自动脱落，起到自动净化的作用，使接触电阻减小，而且接触电阻也较稳定。点接触压力最为集中，接触电阻也最稳定，但接触电阻大，散热面积小，温升高，只适用于小功率的控制电路中（如 JWXC 型无极继电器的触点）。

第三节 继电器的应用

应用继电器可构成各种控制和表示电路，统称继电电路。在具体的应用过程中，涉及如何选用继电器，如何识读继电电路，如何分析继电电路，以及如何判断继电器故障等方面。掌握这些技能，有利于正确运用继电器。

一、电路中选择继电器的一般原则

根据电路要求，按继电器的主要参数和指标进行选择。

（1）继电器类型、线圈电阻应满足各种电路的具体要求。

（2）电路中串联使用继电器时，串联的继电器的数量应满足各继电器正常工作电压的要求。

（3）继电器的触点最大允许电流不应小于电路的工作电流，必要时可采用触点并联的方法。

（4）继电器的触点数量不能满足电路要求时，应设复示继电器，复示继电器应能及时反映主继电器的动作状态。设置复示继电器时一般只设一级复示，当触点数量还不能满足要求时可改变其设计。

（5）电路中串联继电器触点时，要使串联继电器触点的接触电阻不影响电路的正常工作。

二、继电器的表示方法

信号继电器的表示方法主要有型号、图形符号及名称代号三种。型号是指由继电器结构决定的具有不同特性和功能的继电器；符号是指用电路符号表示不同型号的继电器及其触点；而名称代号是根据继电器的用途给继电器起的名称，它与继电器的型号、符号无关。

（一）信号继电器的型号表示法

信号继电器的型号由字母和数字组成，字母表示继电器的类型，数字表示线圈的电阻值。例如，JWXC-1700 的第一个字母 J 表示继电器，第二个字母 W 表示无极，第三个字母 X 表示信号，第四个字母 C 表示插入式，数字 1700 表示继电器的线圈电阻为 1 700 Ω，即该继电器前圈、后圈的电阻均为 850 Ω。信号继电器型号中代号的含义如表 1-3 所示。

表 1-3　信号继电器型号中代号的含义

代号	含义		代号	含义	
	安全型	其他类型		安全型	其他类型
A		安全	R		二元
B		半导体	S		时间、灯丝、双门
C	插入	插入、传输、差动	T		通用、弹力
D		单门、动态	W	无极	
DB	单闭磁		X	信号	信号、小型
H	缓放	缓放	Y	有极	
J	继电器、加强触点	继电器、加强触点、交流	Z	整流	整流转换
P	偏极				

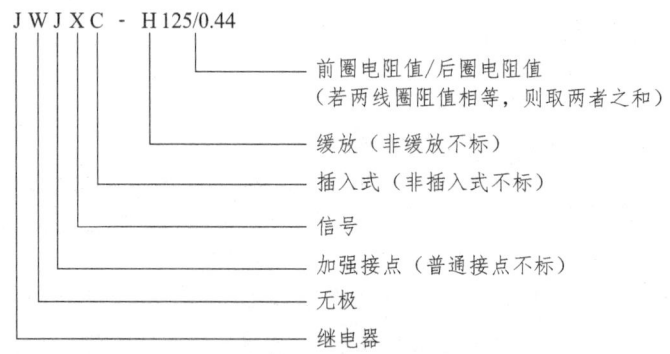

（二）信号继电器的图形符号表示法

在继电电路中涉及继电器线圈和触点组，它们的图形符号分别如表 1-4 和表 1-5 所示。这些图形符号反映了继电器的某些特性，绘图时必须正确选用，以免混淆。表中的触点图形符号有工程图用和原理图用两种。工程图用的符号略为复杂，但能准确表达触点的状态，且不致因笔误而造成误解，所以工程图必须采用工程图用符号。原理图用的触点符号比较简单，但稍有笔误即易造成误认，仅限于设计草图和教学中使用。

表 1-4 继电器线圈的图形符号（部分）

序号	符号	名称	序号	符号	名称
1	─○─	无极继电器	6	─⊘─	有极加强继电器
2	─⊖─	无极继电器（两线圈分接）	7	⁴⊘¹	偏极继电器
3	─●─	无极缓放继电器	8	⁵▷⁶	整流式继电器
4	─⊖─	无极加强继电器	9	─⊝─	交流继电器
5	─⊘─	有极继电器	10	─⊛─	交流二元继电器

表 1-5 继电器触点的图形符号

序号	符号		名称	说明
	标准图形	简化图形		
1			前触点闭合	
2			后触点断开	
3			前触点断开	
4			后触点闭合	

继电器符号可画在电路图的不同位置，也可以画在不同的图纸上，当然它们的名称符号

要标记清楚。在继电器线圈符号上要注明其定位状态的箭头和线圈端子号。

对于继电器的前触点和后触点，只标出其触点组号，而不必详细表明动触点、前触点、后触点号，这些从图中可看出。例如，第一组触点的动触点为11，前触点为11-12，后触点为11-13。

而对于有极继电器，因无法用箭头表示其状态，所以必须表明其触点号，如111-112表示定位触点，111-113表示反位触点，百位数1是为了区别于其他继电器而增加的。

（三）信号继电器的名称代号表示法

继电器一般是根据它的用途和功能来命名的。为了便于标记，常用汉语拼音来表示继电器符号。例如，反应按钮动作的继电器记为AJ；控制信号的称为信号继电器记为XJ。一个控制系统中会用到许多继电器，同一作用和功能的继电器也不止一个，因此必须区分它们的名称。例如，LXJ代表列车信号继电器，以DXJ代表调车信号继电器。

同一个继电器的线圈和触点必须使用该继电器的名称符号来标记，以免产生混淆。同一个继电器的各触点组还需用其编号注明，以防止重复使用。

三、继电器的定位原则

继电器通常有吸起和落下两个状态。在电路图中只能表达这两种状态中的一种，应有所规定。电路图中继电器呈现的状态称为通常状态（简称常态），或称为定位状态。在信号系统中，定位状态应遵循以下原则。

（1）继电器的定位状态应与设备的定位状态相一致。信号布置图中所反映的设备状态规定为设备的定位状态。例如，信号机一般以关闭为定位状态，道岔一般以开通定位为定位状态，轨道电路一般以空闲为定位状态。

（2）根据"故障—安全"原则，继电器的落下状态必须与设备的安全侧一致。例如，信号继电器的落下必须与信号关闭一致，轨道继电器的落下必须与轨道电路的占用相一致。这样，才能实现电路发生断线故障时导向安全侧。

根据以上两条原则就可确定继电器的定位状态了。例如，信号继电器XJ落下与信号关闭相对应，规定XJ落下为定位状态。道岔定位表示继电器DBJ吸起与道岔处于定位相对应，规定DBJ吸起为定位状态。而道岔反位表示继电器FBJ吸起应与道岔处于反位相对应，故规定FBJ落下为定位状态。轨道继电器GJ吸起与轨道电路空闲相对应，规定GJ吸起为定位状态。

在电路图中，以吸起状态为定位状态的继电器，其线圈和触点处均以"↑"符号来标记；以落下状态为定位状态的继电器，其线圈和触点处均以"↓"符号来标记。

四、继电器电路线圈的使用方法

对于有两个线圈参数相同的继电器，它的线圈有多种使用方法：可以两个线圈串联使用，连接2-3电源片，使用1-4电源片；可以两个线圈并联使用，电源片1-3连接，2-4连接，使用1-2或3-4电源片；也可以两个线圈分别使用或单线圈单独使用。

无论哪一种使用方法，都要保证继电器的工作安匝和释放安匝，才能使继电器可靠。

（一）线圈串联使用

如图 1-10 所示，连接 2-3 电源片，使用 1-4 电源片。线圈串联使用，匝数最多，可最大限度地减小电流（线圈越多产生的磁场越强），因此线圈串联使用是最常用的使用方式。

（二）线圈并联使用

如图 1-11 所示，线圈并联使用，匝数与线圈串联相同，线圈电流与串联电流相等即可，因此继电器线圈电压只需串联使用时的一半即可。继电器线圈很少并联使用。

电源片 1-3 连接，2-4 连接，使用 1-2 或 3-4 所需电压比串联时低一半，使用在较低电压的电路中。

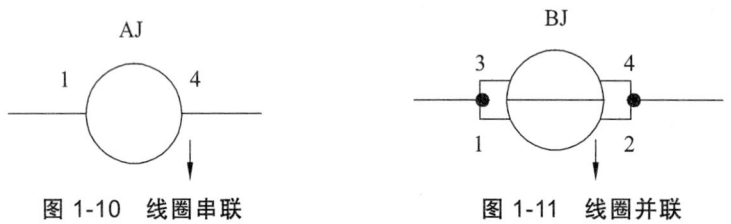

图 1-10　线圈串联　　　　　　图 1-11　线圈并联

（三）线圈单独使用

如图 1-12 所示，线圈单独使用，就是只给继电器一个线圈通电，另一线圈不用，或将另一线圈封连，使继电器缓放。

线圈单独使用时，线圈的匝数是串联或并联使用时的一半，其电源电压与串联使用时相同，这样线圈电流变为串联使用时的 2 倍，保证了安匝数不变，继电器正常工作。

（四）线圈分开使用

如图 1-13 所示，线圈分开使用，就是将继电器的前圈和后圈分别接在两个不同的电路中，根据电路要求，可在不同的条件下接通每一线圈的电路，任一线圈有电均可使继电器吸起，当然两线圈也可以同时通电，但须注意的是，同时通电时两线圈的电流必须方向一致。

线圈分开使用时，线圈的匝数是串联或并联使用时的一半，其电源电压与串联使用时相同，保证只有一个线圈通电时，继电器能正常工作。

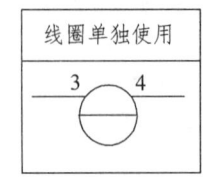 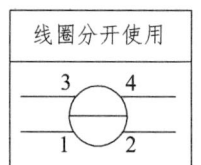

图 1-12　线圈单独使用　　　　　　图 1-13　线圈分开使用

五、常见故障分析

在城市轨道交通信号系统中，与继电器相关的常见故障及其处理如下。

（一）信号继电器触点、接插件接触不良故障

信号继电器触点接触不良一般会导致继电路的下一步动作不能正常运行，表现为利用该触点作为励磁电路条件的继电器不能正常吸起，或继电电路外送电压不能正常送出。需结合继电器电路图，借用正电或负电来查找中断点。查到某一继电器触点的前或后触点有电，而经过中触点后没电，表明该组触点接触不良，需进行更换继电器试验。若更换继电器后故障消失，表明故障原因与该组触点相关。

（二）线圈断线导致继电器不能正常吸起故障

根据继电电路图，用万用表在继电器两侧测试有无电压送到。若缺少正电或负电，表明电路中某段断线或继电器触点接触不良。若能测到电压，表明继电器线圈有故障，需更换继电器进行试验。若更换继电器后故障消失，表明该继电器线圈有故障。

（三）继电器螺丝松脱、机械故障

螺丝松脱、机械故障比较容易识别。若继电器已经发生歪斜，多为螺丝松脱或继电器插入深度不够，一般是检修或清洁时误碰所导致。继电器触点组推杆易产生断裂卡阻，使电路中使用的触点不能正常接通或切断，导致继电电路的下一步动作不能正常进行，应及时进行更换。

（四）继电器时间特性不能满足要求故障

继电器时间特性变化主要发生在时间继电器和缓吸、缓放继电器中。处理此类故障通常需要结合继电器的时间特性，观察其动作时间是否满足要求，达不到要求时应予以更换。

思考与练习

一、填空题

1. 继电器由_____、_____组成。
2. 继电器按动作原理可分为_____、_____。
3. 触点的接触形式有_____、_____、_____。
4. 继电器的表示方法有_____、_____、_____。
5. 安全型继电器的特性包括_____、_____、_____。
6. 继电器按工作可靠程度分类，可分为_____、_____。
7. 继电器电路线圈的使用方法有_____、_____、_____、_____。

二、选择题

1. 无极继电器的触点符号表示方法，用"1"表示（　　）。
   A. 前触点　　　　B. 中触点　　　　C. 后触点　　　　D. 上触点
2. 无极继电器的触点符号表示方法，用"2"表示（　　）。
   A. 前触点　　　　B. 中触点　　　　C. 后触点　　　　D. 上触点

3. 无极继电器的触点符号表示方法，用"3"表示（　　）。
　　A. 前触点　　　　B. 中触点　　　　　C. 后触点　　　　　D. 上触点
4. （　　）是指满足继电器安全系数所必须接入的电压或电流值。
　　A. 额定值　　　　B. 充磁值　　　　　C. 释放值　　　　　D. 工作值
5. 关于安全型继电器说法错误的是（　　）。
　　A. 安全型继电器是直流继电器
　　B. 安全型继电器可分为插入式和非插入式
　　C. 断电时依靠弹簧弹力释放衔铁
　　D. 安全型继电器典型结构为无极继电器
6. （　　）是为了满足信号电路中鉴别电流极性的需要而设计的。
　　A. 整流式继电器　　　　　　　B. 有极继电器
　　C. 偏极继电器　　　　　　　　D. 交流二元继电器

三、判断题

1. 工作值是继电器的电磁系统和触点系统刚好能工作的状态，一般规定工作值不小于额定值的 70%。　　　　　　　　　　　　　　　　　　　　　　　　　　　　（　　）
2. 整流式继电器属于交流继电器。　　　　　　　　　　　　　　　　（　　）
3. 城市轨道交通信号机一般采用电磁继电器。　　　　　　　　　　　（　　）
4. JWXC-1700 的第一个字母 J 表示加强触点。　　　　　　　　　　　（　　）

四、简答题

1. 简述无极继电器的组成。
2. 简述无极继电器的工作原理。
3. 简述继电器的定位原则。
4. 简述安全型继电器对触点系统的要求。
5. 简述继电器线圈的使用方法。
6. 简述电路中选择继电器的一般原则。

第二章 信号机

【知识要点】

- 掌握城市轨道交通正线信号机及表示器、车辆段信号机的设置及作用。
- 掌握城市轨道交通信号机的图形符号、设置原则。
- 了解城市轨道交通信号机的命名。
- 掌握城市轨道交通信号的显示意义。
- 理解铁路信号的含义、分类。
- 了解铁路信号的设置。

第一节 城市轨道交通信号机

城市轨道交通采用色灯信号机或 LED（发光二极管）信号机。除了车辆段和有岔站外，一般不设地面信号机。在城市轨道交通中，列车的运行速度不取决于信号的显示，即信号为非速差信号。允许信号的绿灯、黄灯并不表示列车的运行速度，而是代表列车的运行进路是走道岔直股还是弯股。

一、城市轨道交通信号的作用

城市轨道交通信号是保证城市轨道交通行车安全的重要设备，是指示列车运行及调车作业的命令。城市轨道交通中，传统的列车运行都是依赖轨旁信号机的显示来进行的。现在，随着列车运行自动化程度的逐渐提高，一般采用"以车载信号系统为主，地面信号显示与车载信号系统相结合"的运行方式，信号在保证行车安全、提高运输效率和改善行车工作人员的劳动强度方面发挥了重要作用。

为指示列车运行及调车作业命令，必须根据需要设置各种信号机和信号表示器，它们是各种信号系统中不可缺少的组成部分，用来形成信号显示、指示运行条件。

目前，我国普遍采用的是色灯信号机，包括广泛使用的透镜式色灯信号机、组合式色灯信号机及 LED 信号机，其他类型的信号机已逐渐被淘汰。

二、信号机的分类

（一）以人识别信号的方式分类

1. 听觉信号

听觉信号是指以声音的强度、长短等方式来表示信号意义，如机车鸣笛等。例如，某地铁公司的《行车组织规则》中关于列车鸣笛规定（见表2-1）。

（1）鸣笛的作用是发出警告或要求协助，长声为3s，短声为1s，音响间隔为1s。重复鸣示时，须间隔5s以上。

（2）为避免对站内乘客及铁路沿途的居民造成滋扰，列车在正线上运行时只可在必要时鸣笛。

表2-1　某地铁公司列车鸣笛鸣示表

序号	名称	鸣示方式	序号	名称	鸣示方式
1	起动注意信号	一长声	4	警报信号	一长三短声
2	退行信号	二长声	5	紧急停车信号	连续短声
3	召集信号	三长声	6	呼唤信号	二短一长声

2. 视觉信号

视觉信号是用颜色、形状、位置、显示数目及灯光状况表达的信号，如用信号旗、信号灯、信号牌、信号机、信号表示器、信号标志显示的信号等。它包括手信号、移动信号和固定信号等。

（1）手信号：指手持信号旗或信号灯发出的信号

（2）移动信号：指在地面上临时设置的可以移动的信号，如图2-1（a）所示。

（3）固定信号：指为防护目标，常设于固定地点的信号，如设于地面的信号机和信号表示器等如图2-1（b）所示。

（a）移动信号　　　　　　　　　　（b）固定信号

图2-1　移动信号和固定信号

（二）按设置部位分类

（1）地面信号：地面信号是设置在线路附近供驾驶员辨识的信号。

（2）车载信号：是将地面信号通过传输设备或其他方式引入列车的信号。车载信号设备安装在列车的两端（见图2-2）。

图 2-2 机车信号机

城市轨道交通地面采用的色灯信号机在结构上与铁路信号机基本相同，但在设置要求和显示意义方面与铁路有一定区别，对于信号机的显示距离也有自己的规定，除了车辆段和有道岔的正线车站外，其他地方一般不设置地面信号机。

城市轨道交通的自动化程度比较高，一般采用"地面信号显示与车载信号系统相结合、以车载信号系统为主"的运用方式，列车的运行速度不取决于地面信号机的显示，地面信号只起辅助作用。

（三）按信号机的构造分类

（1）色灯信号机：用灯光的颜色、数目及亮灯状态表示信号含义的信号机。它具有昼夜显示一致、占用空间小等特点，但需可靠的交流电源。

（2）臂板信号机：以臂板的形状、颜色、数目、位置表达信号含义的信号机。由于它难以自动化，不能构成现代化信号系统，现正与所从属的臂板电锁器联锁设备一起逐渐被淘汰。

（四）按用途分类

按用途不同，固定信号机可分为信号机和信号表示器两大类。

（1）信号机：表达固定信号显示所用的器具，用来防护站内进路、区间和危险地点，具有严格的防护意义。

（2）信号表示器：对行车人员传达行车或调车意图，或对信号进行某些补充说明所用的器具，没有防护意义。

（五）按安装方式分类

按安装方式不同，固定信号机可分为高柱信号机、矮型信号机等，如图2-3所示。

（1）高柱信号机：安装在信号机柱上，一般用于距离要求较远的信号的传递。

（2）矮型信号机：设于建筑限界下部外侧的信号机基础上，一般用于显示距离要求不远的信号的传递。

（a）高柱信号机　　　　　　　　　　（b）矮型信号机

图 2-3　信号机

三、信号颜色符号及其表示意义

（一）基本颜色

（1）红色：停车信号，禁止越过该信号机（信号熄灭或显示不明时，也应视为停车信号）。

（2）绿色：允许信号，信号处于正常开放状态，可按规定速度通过该信号机。

（2）黄色：允许信号，信号处于有限开放状态，要求列车注意或减速运行。

（二）辅助颜色

（1）月白色：用于指示调车作业时，表示允许越过该信号机调车；用于指示正线列车作业时，同时显示一个红灯信号，构成引导信号，表示准许列车越过显示红灯的信号机，并随时准备停车。

（2）蓝色：用于调车信号机，表示禁止越过该信号机调车。

需要说明的是：我国城市轨道交通的信号系统没有对地面信号的显示方式和显示意义进行统一规定，因此信号显示存在一定差异，例如，有的城市轨道交通公司采用一个红色灯光和一个黄色的灯光构成引导信号。

（三）各种常用灯光的符号和代号（见表 2-2）

表 2-2　各种常用灯光的符号和代号

灯光颜色	红色	黄色	绿色	白色	蓝色
符　号	●	⊘	○	◎	⦿
代　号	H	U	L	B	A

四、地面信号机

(一) 设置原则

1. 设置于列车运行方向右侧

城市轨道交通采用右侧行车制，不论在正线还是车辆段，地面信号机应设置于列车运行方向的右侧，地面信号机地下部分一般安装在隧道壁上。特殊情况下（如因设备限界、其他建筑物或线路条件等影响），可以设置在列车运行方向左侧或其他位置。

2. 信号机柱的选择

高柱信号机具有显示距离远，观察位置明确等优点，因此车辆段的进段、出段信号机（以及停车场的进场、出场信号机）均采用高柱信号机。

而其他信号机由于对显示距离要求不高，以及隧道内安装空间有限，一般采用矮型信号机。

3. 信号机限界

设备限界是用以限制设备安装的轮廓线，信号机不得侵入设备限界。车辆轮廓线是限制列车横断面最大容许尺寸的轮廓，将其扩大一定尺寸后，构成车辆限界。直线地段的设备限界是在直线地段车辆限界外扩大一定安全间隙后形成的。曲线地段设备限界应在直线地段设备限界的基础上，按平面曲线不同半径超高或欠超高引起的横向或竖向偏移量，以及车辆、轨道参数等因素计算确定。在城市轨道交通公司的《行车组织规则》中对各限界的数据有具体说明。

(二) 信号机的设置

城市轨道交通的信号设置不同于铁路，规定 CBTC（基于通信的列车自动控制系统）控制区域的线路上道岔区设防护信号机和道岔状态表示器，其他类型的信号机可根据需要设置。《地铁设计规范》对信号机的设置未做具体规定，各地城市轨道交通信号机设置可能不尽相同。

1. 正线上的信号机设置

（1）防护信号机。如图 2-4 所示，防护信号机设于正线道岔岔前或岔后适当地点。具有出站性质的道岔防护信号机应设引导信号，具有两个以上运行方向的信号机可设进路表示器。

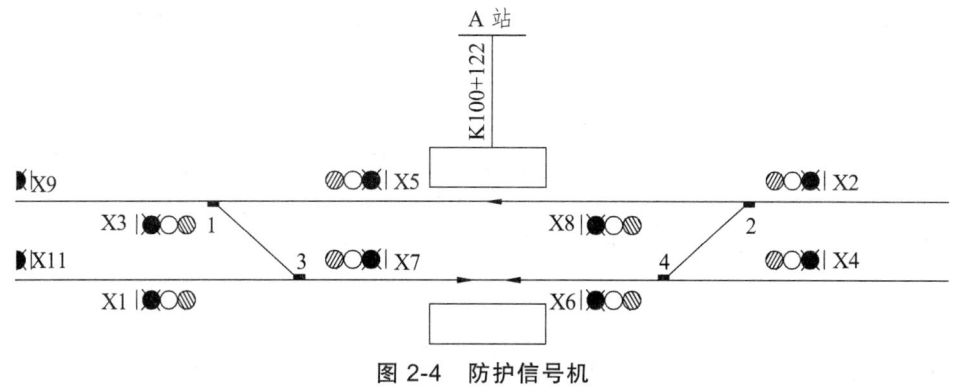

图 2-4　防护信号机

（2）通过信号机。采用 CBTC 的城市轨道交通，自动闭塞通过信号机已失去主体信号的作用，所以区间分界点一般不设通过信号机。当 ATP（列车自动保护）车载设备发生故障时，为便于司机掌握列车运行位置，可结合系统特点设置必要的地点标志，根据需要也可设置通过信号机（例如，行车间隔较大采用自动闭塞作为过渡方式时）。

（3）进、出站信号机。如图 2-5 所示，车站一般不设进、出站信号机，在正向出站方向的站台侧列车停车位置前方适当地点设置发车指示器。也可以根据需要设进、出站信号机，以及进站信号机的预告信号机，或者只设出站信号机。

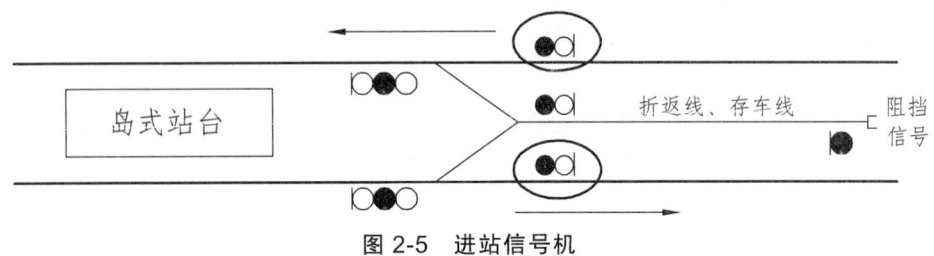

图 2-5　进站信号机

（4）阻挡信号机。如图 2-6 所示，在线路尽头处设置阻挡信号机，表示列车停车位置。阻挡信号机采用单显示机构，只有一个红灯。当阻挡信号机显示红灯时，列车应在距信号机至少 10 m 的安全距离前停下。

（5）发车表示器（倒计时发车牌）。如图 2-7 所示，在正向出站方向站台一侧，列车停车位置前方适当地点设置发车表示器，向驾驶员表示能否关闭车门及发车的时间。发车表示器平时不亮灯，列车停靠后无显示，表示不能关闭车门、发车；距发车还有 5 s 时白色闪光，提醒驾驶员关闭车门；显示白色稳定灯光表示可以发车。

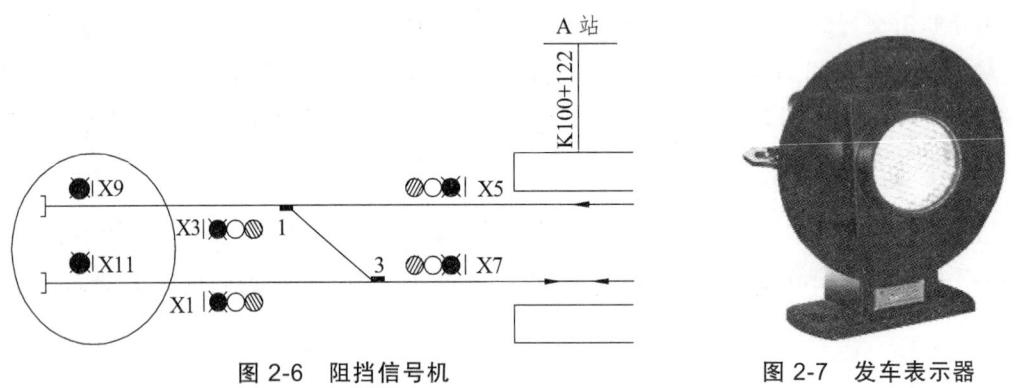

图 2-6　阻挡信号机　　　　　　图 2-7　发车表示器

2. 车辆段（停车场）的信号机设置

在车辆段（停车场）入口处设进段（进场）信号机，在车辆段（停车场）出口处设出段（出场）信号机。在同时能存放两列及以上列车的停车线中间进段方向设列车阻挡信号机（可兼作调车信号机）。车辆段（停车场）内其他地点根据需要设调车信号机。

（三）信号机的命名

正线上的防护信号机、阻挡信号机冠以"X"或"S""F""Z"，下缀编号，下行方向编为单号,上行方向编为双号,从站外向站内顺序编号。为区别所在车站,可在编号后缀车站编号,用字母表示,如 X3E,指的是该线第五个车站的 X3 信号机;或在编号前缀车站编号,用数字表示,如 X1001,指的是该线第十个车站的 X1 信号机。

车辆段(停车场)的进段(场)信号机冠以"XJ",如图 2-8 所示。出段(场)信号机冠以"SC",如图 2-9 所示。一般为两条进出段(场)线,后缀编号,可以 A、B 区分。列车阻挡信号机和调车信号机冠以"D",如图 2-10 所示,下缀编号,下行咽喉编为单号,上行咽喉编为双号,从段外向段内顺序编号。

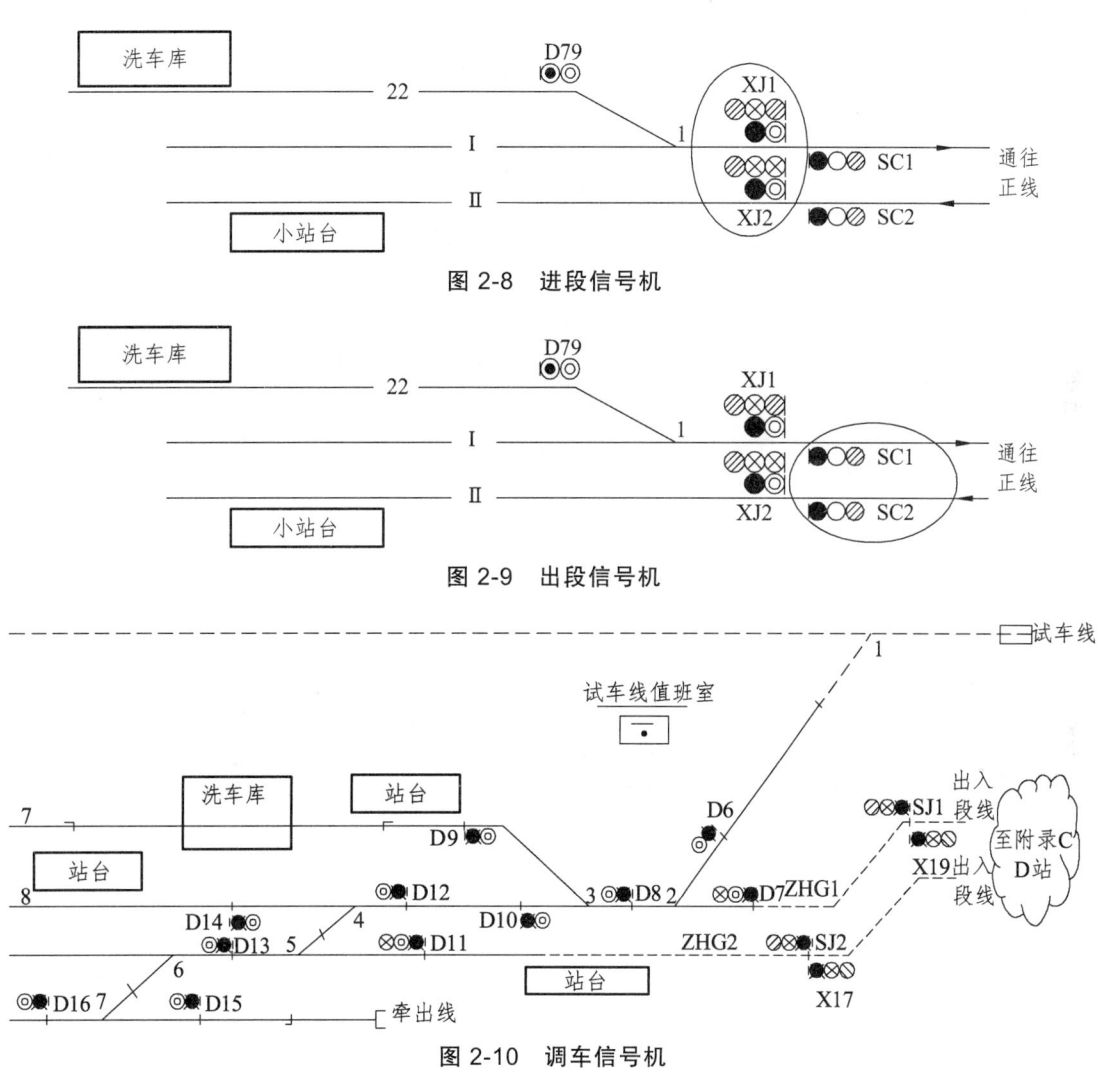

图 2-8 进段信号机

图 2-9 出段信号机

图 2-10 调车信号机

五、信号显示

(一)信号显示颜色的选择

城市轨道交通信号颜色的选择应能达到显示明确、辨认容易、便于记忆和具有足够的显示距离等基本要求。经过理论分析和长期实践,信号的基本色为红、黄、绿三种,再辅以蓝色、月白色和紫色（仅做道岔状态表示器用），构成信号的基本显示系统。

城市轨道交通信号的光源为白炽灯产生的白色光。白光是一种复合光，由红、橙、黄、绿、青、蓝、紫七种颜色的光混合而成。其中红光波长最长，紫光波长最短。一般来说，光的波长越长，穿透周围介质（如空气、水汽等）的能力越强，显示距离越远。

同样强度的光，红光最诱目，因为人眼对红色辨认最敏感且红色比其他颜色的光都更能引人注意，让人产生不安全感，所以规定红色灯光为停车信号是最理想的。

黄色（实际上是橙黄色，简称黄色）玻璃透过光线的能力较强，显示距离较远，又具有较高的分辨力，辨认正确率接近100%，故采用黄色灯光作为注意和减速信号。

绿色和红色的反差最大，容易分辨，而绿色灯光显示距离亦较远，能满足信号显示的要求，故采用绿色灯光作为按规定速度运行的信号。

调车信号机一般不采用红色灯光，而选用蓝色灯光作为禁止调车信号较合适，因其具有较高的诱目性和较大的辨认率。但在某些城市的轨道交通中、车辆段的调车信号机有采用红色灯光作为禁止调车信号的。调车信号机的允许信号采用月白色灯光，主要目的是可与一般普通照明电源相区别。蓝色、白色灯光虽显示距离较近，但因为调车速度较低，所以能满足调车作业的需要。

紫色灯光具有较高的区别性，作为道岔状态表示器表示道岔在直向开通的灯光，基本上能满足需要。

（二）机构选用和灯光配列

色灯信号机的机构有单显示、二显示、三显示。单显示机构仅用于阻挡信号机；二显示和三显示可以单独使用，也可以组合（以及与单显示机构组合）构成各种信号显示。

1. 色灯信号机灯光配列和应用的规定

（1）当根据实际情况需减少灯位时，应用空位停用方式处理。减少灯位的处理方式可以维持信号机应有的外形，以防误认，如防护信号机若无直向运行方向时，仍采用三显示机构，将绿灯封闭；存车线中间进段方向的列车阻挡信号机采用三显示机构，将绿灯封闭。

（2）以两个基本灯光组成一种显示时，应有一定的间隔距离，以保证显示清晰，如防护信号机的红灯和黄灯同时点亮表示引导信号，应间隔开一个绿灯灯位。

（3）双机构加引导信号是一种专门的信号机形式，需要时进段（场）信号机可采用此形式。

2. 各种信号机的灯光配列

1）防护信号机

防护信号机采用三显示机构，自上而下灯位为黄、绿、红。若设正线出站信号机，灯光配列同防护信号机。

2）通过信号机

通过信号机采用三显示机构，自上而下灯位为黄、绿、红。

3）进、出站信号机

车站可根据需要设置进、出站信号机，或仅设置出站信号机。进站信号机设置在车站入口外方适当距离，用于防护车站内作业安全。出站信号机设置在车站出口，即列车由车站向区间发车处前方，指示列车能否由车站进入区间。

4）阻挡信号机

阻挡信号机采用单显示机构，为一个红灯。

5）进段（场）信号机

进段（场）信号机一般设置在车辆段（场）的入口，转换轨外侧，它采用三灯位显示机构；出段（场）信号机一般设置在车辆段（场）的出口处，采用三灯位显示机构。

6）调车信号机

调车信号机采用二显示机构，自上而下灯位为白、蓝（红）。

（三）信号显示制度

1. 信号显示基本要求

1）信号机定位

将信号机经常保持的显示状态作为信号机的定位。信号机定位的确定，一般是考虑保证行车安全，提高运输效率及信号显示自动化等因素。除采用自动闭塞时，通过信号机显示绿灯为定位外，其他信号机一律显示禁止信号（红灯或蓝灯）为定位。

2）信号机关闭时机

除调车信号机外，其他信号机当列车第一轮对越过该信号机后及时地自动关闭。调车信号机在调车车列全部越过调车信号机后自动关闭。

3）视作停车信号

信号机的灯光熄灭、显示不明或显示不正确时，均视为停车信号。但是在某些信号控制系统中，正常模式状态下规定信号机灭灯，后备模式才点亮信号机。

4）区分运行方向

有两个以上运行方向而信号显示不能区分运行方向时，应在信号机上装进路表示器，由进路表示器指示开通的运行方向。

2. 信号显示意义

《地铁设计规范》对信号显示未做统一规定。一般情况下，除预告信号机外，所有正线信号机的主体信号均为绿、红、黄（或月白）三显示，绿灯表示运行，开通直股；黄灯（或月白）表示运行，开通弯股；红灯表示停车。

各地可对信号显示做出有关规定。例如，上海地铁一号线信号机的显示为：红色——停车，ATP 速度命令为零；绿色——运行前方道岔在直股（定位），按 ATP 速度命令运行；月白色——运行前方道岔在侧股（反位），按 ATP 速度命令运行，一般限制为 30 km/h。红色 + 月白色——引导信号，准许列车在该信号机处继续运行，但需准备随时停车，仅对防护站台的信号机设引导信号。站台还设有发车表示器，发车前 15 s 闪白光，发车时间到亮白色灯光稳定，列车出清站台轨道后灭灯。

在有些城市采用 CBTC 的轨道交通线路，正线信号机增加蓝灯显示。CBTC 正常运用时显示蓝灯，使用降级模式时才按照联锁显示相应灯光。

3. 信号显示距离

各种轨旁信号机及表示器的显示距离应符合下列规定：

（1）行车信号和道岔防护信号应不小于 400 m。

（2）调车信号和道岔状态表示器应不小于200 m。
（3）引导和道岔状态表示器以外的各种表示器应不小于100 m。
（4）各种轨旁信号机和表示器显示距离为无遮挡条件下的最小显示距离。

五、色灯信号机

城市轨道交通的信号机一般采用色灯信号机。色灯信号机以其灯光的颜色、数目和亮灯状态来表示信号。按显示方式和结构不同，色灯信号机可分为透镜式色灯信号机、组合式色灯信号机、LED色灯信号机。现多采用透镜式色灯信号机，因其结构简单，安全方便，控制电路所需电缆芯线少，所以得到广泛采用。组合式色灯信号机则是为了提高在曲线上的显示距离而研制的新型信号机。

（一）透镜式色灯信号机

1. 透镜式色灯信号机的组成

透镜式色灯信号机有高柱和矮型两种类型，高柱信号机的机构安装在钢筋混凝土信号机柱上，矮型信号机的机构安装在信号机水泥基础上。

高柱透镜式色灯信号机如图2-11所示，它由机柱、机构、托架、梯子等部分组成。机柱用于安装机构和梯子。机构的每个灯位都配备有相应的透镜组和单独点亮的灯泡，给出信号显示。

托架用来将机构固定在机柱上，每一机构需上、下托架各一个。梯子用于给信号维修人员攀登及作业。

矮型透镜式色灯信号机用螺栓固定在信号机基础上，没有托架，更不需要梯子。色灯信号机可构成二显示、三显示和单显示信号机。图2-11所示即为二显示信号机。各种信号机根据需要还可以分别带引导信号机构或进路表示器。

2. 透镜式色灯信号机的机构

透镜式色灯信号机的每个灯位由灯泡、灯座、透镜组、遮檐和背板等组成，如图2-12所示。

（1）灯泡：是色灯信号机的光源，目前绝大多数信号机均采用直丝双丝铁路信号灯泡。当平时点亮的主灯丝断丝时，外接的自动转换设备会点亮副灯丝。

（2）灯座：用来安放灯泡，采用定焦盘式灯座，在调整好透镜组焦点后固定灯座，更换灯泡时无须再调整。

（3）透镜组：装在镜架框上，由两块带棱的凸透镜组成，里面是有色带棱外凸透镜（可有红、黄、绿、蓝、月白、无色六种颜色），外面是无色带棱内凸透镜。之所以采用两块透镜组成光学系统，是利用光的折射和反射原理，将光源发出的光线集中射向所需要的方向，即增强该方向的光强度。这样就能满足信号显示距离远而且具有很好的方向性的要求。信号机构的颜色取决于有色透镜，可根据需要选用。

（4）遮檐：用来防止阳光等光线直射时产生错误的幻影显示。

（5）背板：是黑色的，构成较暗的背景，可衬托信号灯光的亮度，改善瞭望条件。只有高柱信号机才有背板，一般信号机采用圆形背板。

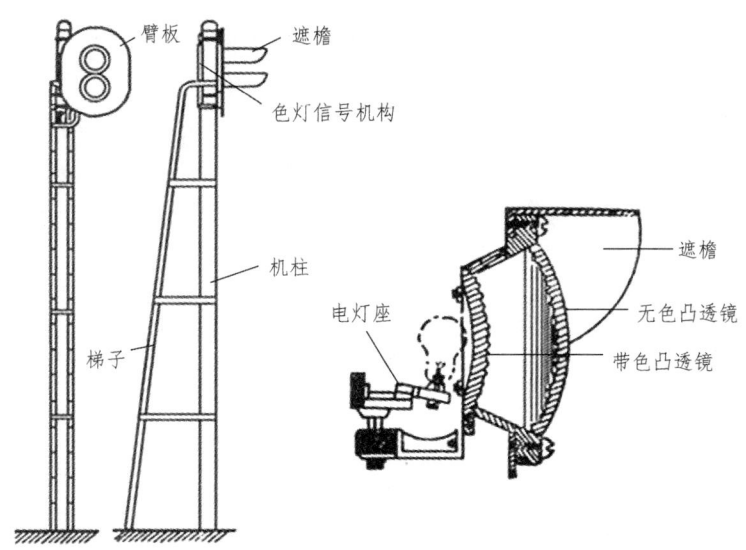

图 2-11 高柱透镜式色灯信号机　　图 2-12 透镜式色灯信号机的机构

3. 透镜式色灯信号机的分类

透镜式色灯信号机机构分为高柱和矮型两种类型。

高柱、矮型信号机机构按结构又分为二显示、三显示两种。二显示机构有两个灯室，三显示机构有三个灯室。每个灯室内有一组透镜、一副灯泡和遮檐。灯室间用隔板分开，以防止相互串光，保证信号显示正确。背板是一个机构共用的。各种信号机可根据信号显示的需要选用机构，再按灯光配列对信号灯位颜色的规定安装各灯位的有色内透镜。

4. 透镜式色灯信号机的光系统

如果直接采用向周围空间以相同光强发射光线的光源，那样光线不集中，大部分光线被散射掉，还会造成其他方向误认信号，不适用于信号系统。信号显示要求远且具有方向性，还要显示角度较小。为此，必须选用适当的光系统，将光源发出的光线集中射向所需的方向，以增加所需要方向上的光强。

理论和实践证明，两块透镜组成的光系统的增强率比单透镜系统大。所以色灯信号机一般采用透镜组。

透镜式色灯信号机的主要优点是：结构简单、维修容易、昼夜显示一致、使用方便，因而广泛应用。但是它也存在着一些缺点，如光源照向阶梯（棱）的侧面光被损失掉，形成暗圈，光通量未得到充分利用。更突出的是，在阳光等的直接照射下会形成不该亮的灯位也呈现出色光的幻觉，干扰对信号显示的辨认，为此不得不将背板涂成黑色，以减小背板的反射，且每一凸透镜组都带遮檐。

（二）组合式色灯信号机

透镜式色灯信号机构的光系统射出的平行光线，两侧分别只有 2°的散角，覆盖面很窄，在曲线线段上只能在局部范围内能看到，即使加了偏光镜也很难在整个曲线范围内得到连续显示。为解决曲线区段信号显示连续性的问题，20 世纪 80 年代，从德国引进 V136 型信号机构，并据此研制出了适合我国需要的新型组合式信号机构，这是信号机比较理想的更新换代产品。组合式色灯信号机适用于瞭望困难的线路，适用于曲线半径 300～20 000 m 的各种曲线和直线轨道，可在距信号机 5～1 000 m 距离内得到连续信号显示。该信号机光系统设计合理，光能利用率高，显示距离远，主光源显示距离可达 1 000 m，如不加偏散镜可达 1 500 m。曲线折射性能强，偏散角度大，可见光分布均匀，能见度高，有利于司机瞭望。组合式信号机的每个机构只有一个灯室，使用时可根据信号显示要求分别组装成二显示、三显示及单显示机构，故称为组合式。灯室间无窜光的可能。

1. 组合式信号机构种类

组合式信号机构按非球面透镜的直径分为 XSZ-135 型、XSZ-150 型和 XSZ-200 型，其中应用最早、最多的是 XSZ-135 型。

按使用的偏散镜不同，分为 1 型、2 型、3 型、4 型四种类型。

2. 组合式信号机构结构

组合式信号机构由光系统、机构壳体、遮檐、瞄准镜插孔五部分组成，如图 2-13 所示。

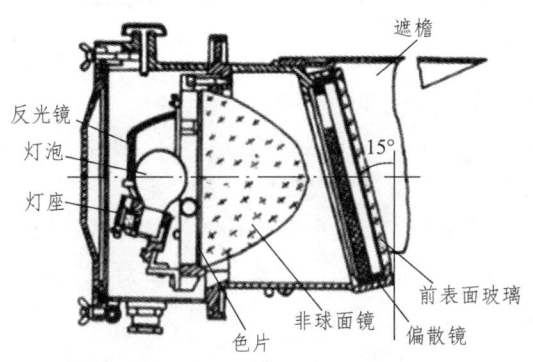

图 2-13 XSZ-135 组合式色灯信号机机构

1）光系统

组合式信号机构的光系统由反光镜、灯泡、色片、非球面镜、偏散镜及前表面玻璃组成。

（1）反光镜：是椭球面镜，用来将光源发出的光反射后聚焦起来。

（2）灯泡：采用双丝直丝灯泡。

（3）色片：机构内可装由红、黄、绿、蓝、月白五种颜色组合成的 20 个品种。

（4）非球面镜：用于聚光，XSZ-135 型的非球面镜的直径 135 mm、通光孔径 130 mm、焦距 30 mm，采用 K9 光学玻璃经研磨加工而成。它的通光孔径大、焦距短、球面像差小、光能利用率高。

（5）偏散镜：全称偏散透镜，由多个棱镜及曲面镜组成，是使部分光线按所需方向偏散一定角度的光学元件，用光学性能极好的聚甲基丙烯酸甲酯（俗称有机玻璃）制造，精确度高、透光性能好且性能较稳定。偏散镜设计成四种型号，分别称 1 型、2 型、3 型、4 型，每种偏散镜均分为 A 面和 B 面，双面使用。其中 1 型偏散镜可根据定位槽旋转 4 个角度位置，其余三种不能旋转，只有一个合适的工作位置，由定位槽准确定位。各种偏散镜和 1 型偏散镜的 4 个不同位置及其 A 面和 B 面分别适用于不同的曲线范围，应根据线路曲线半径范围，正确选用偏散镜。偏散镜还可增强部分近距离能见度，使得在距信号机 5 m 处时也能看到信号显示。

（6）前表面玻璃：为了防止信号机因反光造成信号误认，信号机的前表面玻璃罩设计成向后倾斜15°。当外界光直射信号机时，可以将反射光反射到机构上方的遮檐上而被散射或吸收，从而杜绝了由于反光造成误认信号的现象。

2）机构壳体

机构的外壳用硅铝合金压铸而成，内外表面均涂无光黑漆，可防止光反射。结构合理，密封性能好且体积小、质量小，每个机构包括遮檐约为7 kg，便于携带安装。

3）遮檐

机构的遮檐采用玻璃纤维增强不饱和聚酯（俗称玻璃钢）制造。质量小、耐腐蚀性能好、强度高。其几何形状设计成既能遮挡阳光，又能满足偏散光显示的需要。

4）瞄准镜插孔

信号机构右下方有一个瞄准镜插孔，在调整信号机显示方向时使用。现场调整信号机时，将专用的8倍瞄准镜插入插孔内，调整信号机构的转向机构，在瞄准镜中能很容易地找到信号机前面信号显示需要达到的最远目标点。因瞄准镜孔中心与信号机构的主光轴是相互平行的，所以瞄准镜中找到的目标点也就是信号机主光轴能照射到的地方，从而加快了信号机的调整速度。

3. 组合式信号机的光学原理

组合式信号机的光学原理示意图如图2-14所示，由光源（信号灯泡）发出的光，通过滤色片变成色光，经过非球面透镜将散射的色光会聚成平行光，再经过偏散镜进行折射偏散，将其中的一部光保持原方向射出，称之为主光；另一部分光按偏散镜的偏散角度射出，称之为偏光。主光主要用于远距离显示，光强较高；偏光主要用于曲线部分。随着列车的运行，逐渐接近信号机，对于光强的需要也逐渐减弱，所以偏光的光强也随着偏散角度加大相应地逐渐减弱，从而充分有效地利用了光源，使得在曲线上各位置看到的信号灯光亮度均匀一致。

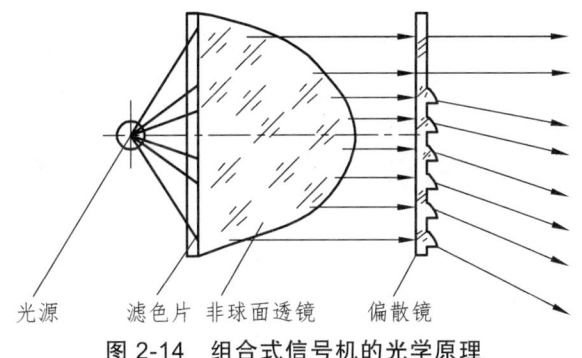

图 2-14 组合式信号机的光学原理

光源　滤色片　非球面透镜　偏散镜

4. 信号光源

1）直丝信号灯泡

信号灯泡是色灯信号机和信号表示器的光源，目前均采用直丝信号灯泡，其灯丝为双螺旋直丝，克服了原U形灯丝光强度峰值不在主光轴上的缺点，光衰小，提高了显示距离，并减小了维修工作量。

透镜式色灯信号机用直丝灯泡为 TX$\frac{12-25}{12-25}$A型，其外形和主要尺寸如图2-15所示。T表示铁路，X表示信号，$\frac{12-25}{12-25}$表示双丝灯泡，均为12 V、25 W。

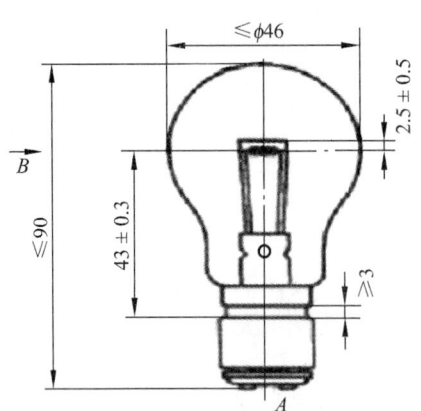

图 2-15 TX$\frac{12-25}{12-25}$A 型信号灯泡

主灯丝和副灯丝呈直线状且平行。主灯丝在下，其轴心线与灯头的中心线相垂直；副灯丝在上，其轴心线距离主灯丝轴心线（2.5＋0.5）mm。主灯丝在前，副灯丝在后，间距为 2.5 mm，以防止副灯丝挡住主灯丝的光。主灯丝在下可避免主灯丝断丝时，灯丝落下碰到副灯丝，影响副灯丝正常工作，有利于安全使用。

为保证信号灯泡的质量，在使用前，必须对信号灯泡进行检验和点灯试验。检验信号灯泡就是察看灯泡外观，并用必要的量具和器具检查灯泡灯丝，检验结果均应符合灯泡的技术标准。

点灯试验应在额定电压和额定功率的条件下进行。试验时间为主灯丝 2 h，副灯丝 1 h。点灯试验时间是经过大量调查和试验后确定的。在 2～4 h 内出现主灯丝断丝的概率很小，规定试验时间 2 h，既满足了质量检验的要求，又减少了能耗。

2）定焦盘式信号灯座

与直丝信号灯泡配套的灯座是定焦盘式信号灯座。定焦盘灯座三维（上下、左右、前后）可调，可调整光源位置，使主灯丝位于透镜组的焦点上，获得最佳显示效果。定焦盘灯座具有以下特点：

（1）灯泡和灯座是平面接触，基本上可以保证光中心高度的一致性。

（2）灯头冲压成翻边结构，一般不会变形，从而提高了灯泡和灯座的配合精度。

（3）防止电接触片受过压造成变形或弹力减小，从而避免电接触片与灯泡的接触不良或发热熔化等故障。

（4）灯座与灯泡的连接，用内六方螺丝固定，灯口不易移位。

（5）更换灯泡时，一般不用重新调整显示，信号显示比较稳定。

因此，定焦盘灯座对提高信号显示的稳定性和减少维修工作量起着积极作用。

（三）LED 组合式色灯信号机

1. LED 的优点

LED 信号机构采用铝合金材料，信号点灯单元由 LED（发光二极管）构成。LED 信号机构及控制系统在与现有点灯控制电路兼容、LED驱动电路与二极管供电方式的设计方面取得突破，从机械结构到电路的安全可靠性，以及现场安装、操作、更换等方面，经不断完善、改进已形成系列产品。LED信号显示系统作为一种节能、免维护的新型光源被成功运用。

在城市轨道交通中，为了减小设备限界对安全运营的影响，采用机构比较小的LED信号机构。

LED信号机构采用轻便、耐腐蚀的单灯铝合金机构，组合灵活、安装简单。显示距离超过1.5 km且清晰可辨，安全可靠。通过监测控制系统的电流，可监督信号显示系统的工作状态，预警异常情况，有助于准确判断故障点，并及时处理。LED信号机构质量小，便于施工安装，密封条件好，使用寿命长（可达 10^5 h）。用LED取代传统的双丝信号灯泡和透镜组，彻底消除灯丝断丝这一多发性的信号故障，从而结束了普通信号机定期更换信号灯泡的维修方式，减少了维修工作量，节省了维修费用。用发光盘（见图2-16）取代信号灯泡具有以下的显著优点：

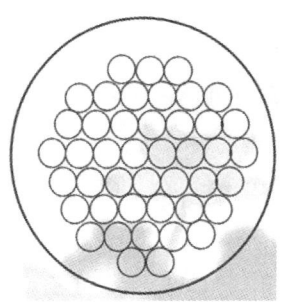

图 2-16　LED 发光盘

1）可靠性高

发光盘是用上百只发光二极管和数十条支路并联工作的，在使用中即使个别发光二极管或支路发生故障也不会影响信号的正常显示，提高了信号显示的可靠性。

2）寿命长

发光二极管的寿命是信号灯泡的100倍，改用发光盘后可免除经常更换灯泡的麻烦且有利于实现免维修。

3）节省能源

传统信号灯泡耗电为25 W，而发光盘的耗电量还不到信号灯泡的1/2。

4）聚焦稳定

发光盘的聚焦状态在产品设计与生产中已经确定，现场不需调整，给安装与使用带来方便，并能始终保持良好的聚焦状态。

5）光度性好

发光盘除有轴向主光束外，还有多条副光束，有利于增强主光束散角之外及近光显示效果。

6）无冲击电流

点灯时没有类似信号灯泡冷丝状态的冲击电流，有利于延长供电装置的使用寿命，并减少对环境的电磁污染。

2. LED 信号机组成和工作原理

现使用的 LED 信号机构有 XSLE 型、XLL 型、XSZ（G、A）型、XLG（A、Y）型和 XSL 等。

现以 XSL 型 LED 信号机为例进行介绍。XSL 型 LED 信号机由铝合金信号机构、PFL-I 型 LED 发光盘和 FDZ 型发光盘专用点灯装置组成。

1）铝合金信号机构

铝合金信号机构分为高柱机构和矮型机构。

高柱信号机构由背板总成、箱体总成、遮檐和悬挂装置 4 部分组成。背板总成带有背板，并用来安装箱体总成。背板总成分为二灯位背板总成（设有两个灯位安装孔）和三灯位背板总成（设有三个灯位安装孔）两种，两种背板总成的高度不同。把每个灯位组装成一个整体称为高柱箱体总成。箱体总成也分为二灯位箱体总成和三灯位箱体总成两种，两种机构除背板总成不同外，其余均相同。用两个箱体总成分别固定在二灯位背板总成上，即构成二灯位高柱信号机构。用三个箱体总成分别固定在三灯位背板总成上，即构成三灯位高柱信号机构。箱体总成的玻璃卡圈换上透镜组用双丝信号灯泡点灯，也能作为色灯信号机用。遮檐用螺钉装在机构箱体上的玻璃卡圈上。悬挂装置将背板总成固定在信号机水泥机柱上，采用现有的上部托架、下部托架等设备并经特殊的喷涂表面处理，以增强其抗锈蚀能力。

矮型机构分为二灯位矮型机构和三灯位矮型机构两种，其安装方法与透镜式信号机构相同，即厂家已按二灯位（或三灯位）组装成一个整体。

2）PFL-I 型 LED 发光盘

PFI-I 型 LED 发光盘（简称发光盘）是采用发光二极管制成的信号灯的新光源，分为高柱发光盘、矮型发光盘和表示器发光盘。

发光盘为圆形盘状结构，可与多种传统信号机构兼容，其上安装众多发光二极管。

发光盘前罩上有鉴别销，以确认该灯位的颜色。只有发光盘的灯光颜色与该灯位灯箱玻璃卡圈上的鉴别槽相吻合时才能安装。

发光盘前罩上有三个突出的卡销，用来在安装时对准灯箱玻璃卡圈上的三个卡槽，以安装牢固。

为满足曲线轨道的信号显示，可根据现场实际需要，安装偏散镜片，叠装在需要偏散的发光盘的前面。

发光盘后面有一个凸起的防雷盒。

第二节　铁路信号概述

一、铁路信号含义

从简单的意义上理解，所谓铁路信号是指在铁路行车和调车作业过程中，向行车有关人员发出的指示和命令。

从深层意义上分析，铁路信号不仅仅是简单的红灯、绿灯等信号显示，其含义是指在铁路运输系统中保证铁路运输安全、提高运输作业效率的综合自动控制系统。它包括车站控制、区间控制、列车运行控制、行车指挥控制、列车解体编组控制等。

二、铁路信号的分类

铁路信号的分类方式很多，主要有以下几种。

（一）按用途分类

按用途分类，铁路信号分为信号机和信号表示器。
（1）信号机。信号机用来防护站内进路、防护区间、防护危险地点，具有严格的防护意义。
（2）信号表示器。信号表示器用来对行车人员传达行车或调车意图，或对信号进行某些补充说明，没有防护意义。

（二）以人识别信号的方式分类

以人识别信号的方式分类，铁路信号分为听觉信号和视觉信号。
（1）听觉信号。听觉信号是指以声音方式提供的指示信号，如号角、口笛、机车鸣笛、响墩等。
（2）视觉信号。视觉信号是指以不同颜色的灯光、旗帜、标牌等提供的指示信号，如信号机、信号灯、信号旗、信号牌、信号表示器等。视觉信号又以设置的位置不同分为手信号、移动信号、固定信号。手信号是指车务人员手握的信号旗、手提的信号灯等；移动信号是指在地面上临时设置的可移动的信号牌；固定信号是指设在地面或机车上固定不动的信号。平时所说的信号专指固定信号。

（三）按设置部位不同分类

按设置部位不同分类，铁路信号分为地面固定信号和机车信号。
（1）地面固定信号。地面固定信号是指常设于固定地点的信号机或信号表示器等，防护站内进路或区间闭塞分区及道口。
（2）机车信号。机车信号是指设在机车驾驶室内的信号机或显示器等，复示地面信号，正逐步作为主体信号使用。

（四）按信号机的显示方式分类

按信号机的显示方式分类，铁路信号机分为色灯信号机和臂板信号机。
（1）色灯信号机。色灯信号机以其灯光的颜色、数目和亮灯状态来表示信号。色灯信号机按信号机构的构造又分为透镜式、组合式、LED等。目前广泛使用透镜式色灯信号机，其有高柱（进站、正线出站、通过、预告、接车进路等）和矮型[站线出站、发车进路信号机，调车信号机（一般情况）]两种类型。

（五）按信号机的用途分类

按信号机的用途分类，铁路信号可分为进站、出站、通过、进路、预告、接近、遮断、轮峰、轮峰辅助、复示、调车信号等。其中，进站、出站、通过、进路、驼峰、调车等信号机都能独立构成信号显示。预告信号机从属于进站信号机、站间区间的通过信号机和遮断信号机。复示信号机从属于进站、进路、出站、驼峰、调车等信号机。

（六）按信号机的地位分类

按信号机的地位分类，铁路信号可分为主体信号机和从属信号机。
（1）主体信号机。主体信号机能够独立显示信号，指示列车或调车列。
（2）从属信号机。从属信号机不能独立存在，而必须从属于某种信号机、复式信号机。

（七）按停车信号的显示意义分类

按停车信号的显示意义分类，铁路信号可分为绝对信号和容许信号。
（1）绝对信号。绝对信号是指当显示停止运行的信号时，列车、调车车列必须无条件遵守的信号显示。所有站内信号机的禁止信号均显示为绝对信号。
（2）容许信号。容许信号是指在列车信号机显示红灯、显示不明、灯光熄灭时允许列车限速通过，并随时准备停车的信号。

三、铁路信号的设置原则

我国铁路运输采用左侧行车制，因此铁路地面固定信号机一般都设置于线路左侧。在特殊情况下，需将信号机设置于线路右侧时，一般应由国铁集团批准。各种信号机有着不同的防护作用，其具体位置的设置，根据用途的不同有着不同的具体规定。

四、铁路信号机的命名

（一）进站信号机的命名

进站信号机的命名规则如下：
（1）上行用 S，下行用 X。
（2）当在车站一端有多个方向线路接入时，在字母 S 或 X 的右下角加该信号机所属线路名的汉语拼音字头，如 X_D。

（二）出站信号机的命名

出站信号机的命名规则如下：
（1）上行用 S，下行用 X，在字母右下角加上股道号，如 S_1、S_{II} 等。
（2）当有多个车场时，先在右下角加车场号，再在车场号后面加股道号，如 S_{II4}。

（三）通过信号机的命名

自动闭塞区段上的通过信号机的名称以该信号机所在地点坐标的千米数和百米数来表示，下行为奇数，上行为偶数，如在 100 km + 350 m 处设置通过信号机，下行方向的编号为 1003，上行方向的编号为 1004。

（四）预告信号机和接近信号机的命名

预告信号机和接近信号机的命名规则如下：

（1）预告信号机的第一个字母为 Y，后面缀以主体信号机的名称，如 YX_D。

（2）接近信号机的第一个字母为 J，后面缀以主体信号机的名称，如 JX、JS。

（五）调车信号机的命名

调车信号机的命名规则如下：

（1）调车信号机用 D 表示，在其右下角缀以顺序号。从列车到达方向顺序编号，上行用双号，下行用单号，如下行咽喉 D_1、D_3 等，上行咽喉 D_2、D_4 等。

（2）当有若干个车场时，以百位数表示车场，如 I 场的 D_{101}、D_{103}。

车站信号机命名举例如图 2-17 所示。

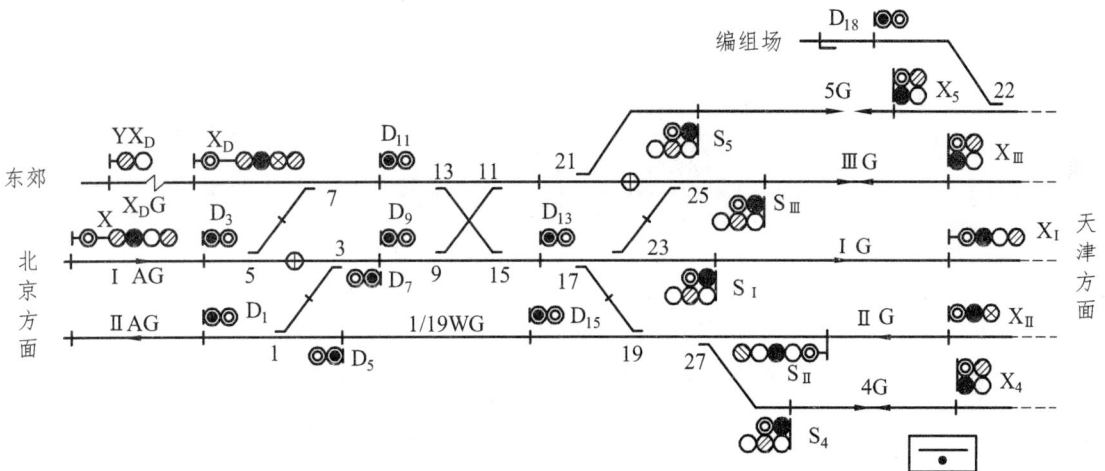

图 2-17　车站信号机命名举例

五、铁路信号机的设置

（一）进站信号机

在每一个车站接车线路的入口必须装设进站信号机。进站信号机应设在距进站最外方道岔尖轨尖端（顺向为警冲标）不小于 50 m 的地方，如因调车作业或制动距离的需要，可以向站外方向移设，但一般不得超过 400 m，进站信号机的设置如图 2-18 所示。

设置进站信号机的作用是防护车站。进站信号机是车站与区间的分界点，只有进站信号开放，才能允许列车进入站内。以进站信号机的不同显示指示列车的运行条件。并且进站信号机开放后，其他与之敌对的信号机不得开放，即与敌对的信号机发生联锁关系。

铁路车站进站信号机的灯光配列基本相同，即从上至下的灯位排列为黄、绿、红、黄、白，进站信号机的灯光配列如图 2-19 所示。

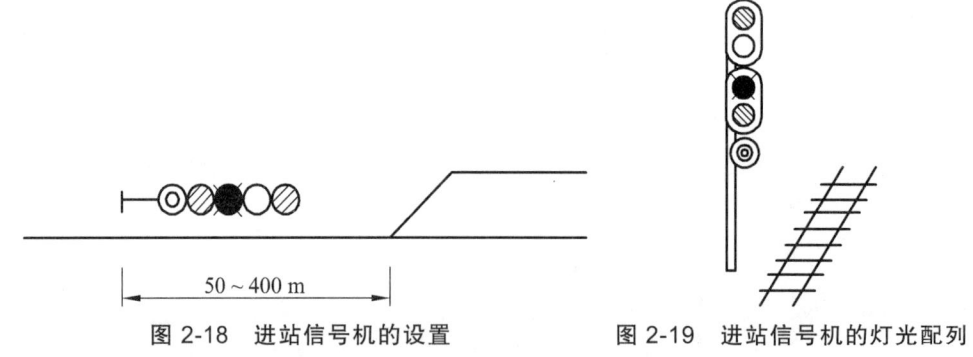

图 2-18 进站信号机的设置　　　　图 2-19 进站信号机的灯光配列

（二）出站信号机

在车站的正线和到发线上都应装设出站信号机。在电气集中的车站，出站信号机均兼作调车信号机，因此称其为出站兼调车信号机。出站信号机的位置设置依据其内方道岔的方向确定，大多数出站信号机的内方为顺向道岔，在两线路中间且距离两线路中心不小于 2 m 的位置设置警冲标。出站信号机应设在每一发车线的警冲标的内方，距警冲标 3.5～4.0 m，出站信号机的设置如图 2-20 所示。

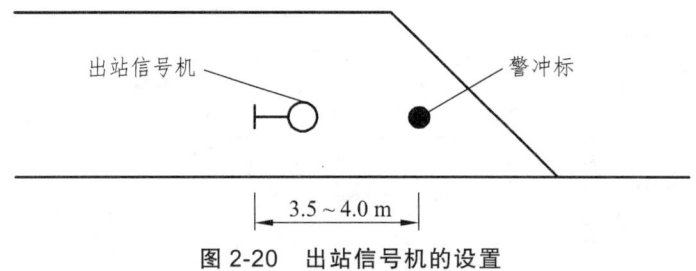

图 2-20 出站信号机的设置

若股道的出站信号机内方的第一个道岔为对向道岔，则出站信号机应设在对向道岔尖轨端外方对应的基本轨轨缝的位置。

出站信号机的作用就是防护发车进路和区间，同时指示列车在站内的停车位置，即机车的最凸出部分不准超过未开放的出站信号机。出站信号机的允许灯光显示作为列车占用区间的凭证，同时指示列车的运行条件。出站信号机开放后，其他与之敌对的信号机不得开放，即与敌对信号机发生联锁关系。

出站信号机的灯位配置、排列及显示不仅与车站的联锁制式有关，还与区间的闭塞方式有关。

（三）通过信号机

在自动闭塞区段，将区间划分成若干个小段，每一小段称为一个闭塞分区。在每一闭塞分区的入口处设置一架通过信号机，用以防护闭塞分区。在高速铁路自动闭塞区间，由于列车运行速度高，人工辨认地面信号显示已非常困难，因此取消了区间地面通过信号机，而改由列车控制系统自动控制列车的运行。

在自动闭塞区段区间，通过信号机的灯光显示可以随着列车的运行自动变换，三显示和四显示区间列车位置与通过信号机的关系如图 2-21 所示。

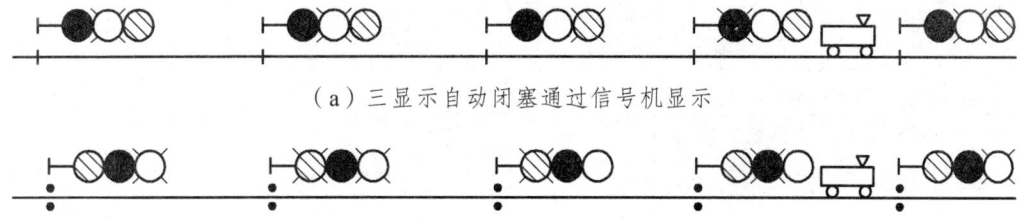

(a) 三显示自动闭塞通过信号机显示

(b) 四显示自动闭塞通过信号机显示

图 2-21 三显示和四显示区间列车位置与通过信号机的关系

进站信号机、出站信号机、通过信号机的设置举例如图 2-22 所示。

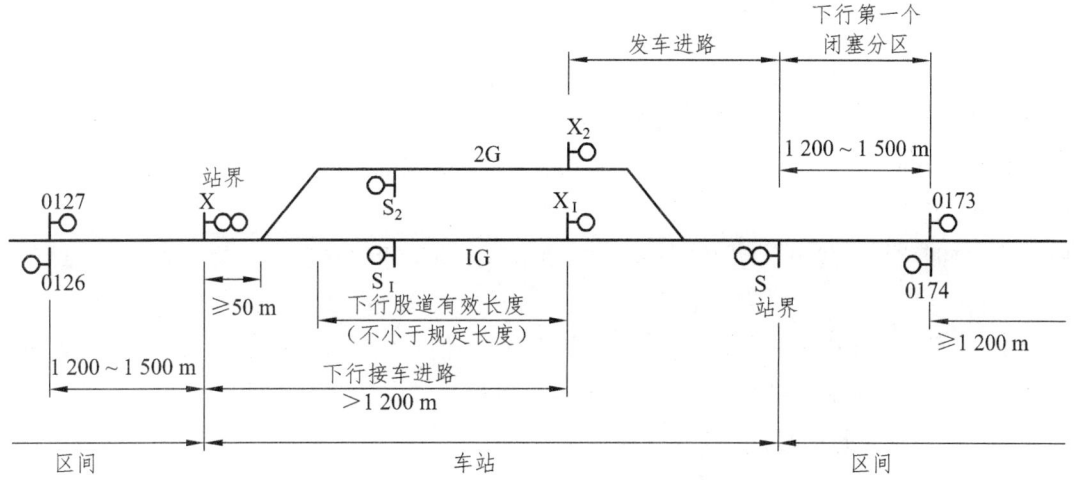

图 2-22 进站信号机、出站信号机、通过信号机的设置举例

（四）进路信号机

对于规模较大的区段站或编组站，一个车站将由多个车场组成。在有多个车场的车站，为使列车由一个车场开往另一个车场，应装设进路信号机。进路信号机的作用就是防护转场进路。进路信号机的设置如图 2-23 所示，在车场入口处设置的列车信号机与进站信号机相似（X_L），称为接车进路信号机，用以指示列车进入车场的运行条件；在车场股道端部设置的列车信号机与出站信号机相似（X_{I1}-X_{I3}），称为发车进路信号机，用以指示列车运行到下一列车信号机。

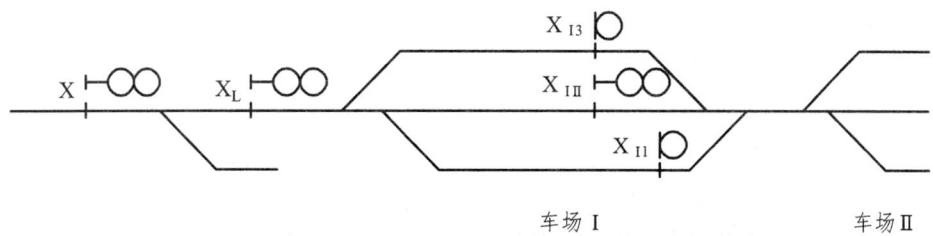

图 2-23 进路信号机的设置

当两个车场距离较近时，可不设接车进路信号机，而用前一车场的发车进路信号机指示列车进入下一个车场的运行条件，即一架进路信号机兼有接车和发车两种指示功能，该进路信号机称为接发车进路信号机。

（五）遮断信号机

为了防止紧急情况突发时列车进入危险地点，在有人看守的铁路与公路平面交叉的道口应装设遮断信号机；在有人看守的桥隧建筑物及可能危及行车安全的塌方落石地点，应根据需要装设遮断信号机。遮断信号机距离防护地点不得不小于 50 m。

（六）预告色灯信号机

预告信号机的作用就是预告主体信号机的显示。《铁路技术管理规程》（TG/01—2014）的条文中对预告信号机的设置要求如下：

（1）半自动闭塞区段、自动站间闭塞区段，进站信号机为色灯信号机时，应设色灯预告信号机或接近信号机。

（2）遮断信号机或半自动闭塞区段、自动站间闭塞区段线路所通过信号机，应装设预告信号机。

（3）列车运行速度不超过 120 km/h 的区段，预告信号机与其主体信号机的安装距离不得小于 800 m；当预告信号机的显示距离不足 400 m 时，其安装距离不得小于 1 000 m。

进站预告信号机的设置如图 2-24 所示。

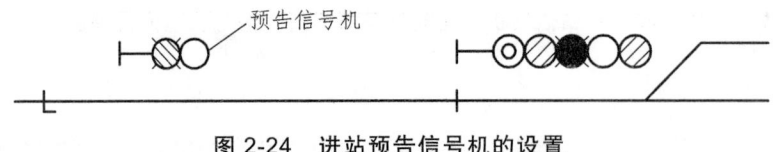

图 2-24　进站预告信号机的设置

（七）接近信号机

接近信号机的作用与进站预告信号机相同。对于半自动闭塞区段、自动站间闭塞区段进站信号机外方接近区段和接近信号机的设置。《铁路技术管理规程》条文要求：列车运行速度超过 120 km/h 区段，应设置两段接近区段，在第一接近区段和第二接近区段的分界处设接近信号机，在第一接近区段入口 100 m 处设置机车信号接通标。

接近信号机的设置如图 2-25 所示。

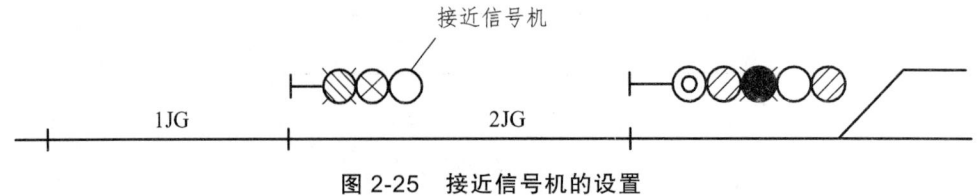

图 2-25　接近信号机的设置

（八）调车信号机

调车信号机的作用是防护调车进路，指示调车作业。设置调车信号机的目的是满足站内调车作业的需要。

1. 调车信号机的分类

一般将调车信号机按照设置位置的特点进行如下分类：

（1）尽头调车信号机：尽头调车信号机是指设在尽头线或岔线入口的调车信号机，该信号机的前方没有本咽喉的其他信号机或道岔。

（2）单置调车信号机：单置调车信号机是指设在咽喉区岔群中间、单个设置的调车信号机。

（3）并置调车信号机：并置调车信号机是指在咽喉区岔群中间同一坐标线路两侧成对设置的两架方向相反的调车信号机。

（4）差置调车信号机：差置调车信号机是指成对设置在咽喉区中间一个无岔区段两端线路两侧不同坐标上的两架方向相反的调车信号机，即无岔区段夹在两差置调车信号机之间。

2. 调车信号机的显示意义

（1）一个月白色灯光：表示准许越过该信号机调车。

（2）一个月白色闪光灯光：表示当装有平面溜放调车区集中联锁设备时，准许溜放调车。

（3）一个蓝色灯光：表示不准越过该信号机调车。

3. 调车信号机的设置

调车信号机的灯位配置很简单，大多数调车信号机都采用一个白灯、一个蓝灯的矮型双灯机构。

不办理闭塞的站内岔线，在岔线入口处设置的调车信号机可采用高柱信号机，并用红色灯光代替蓝色灯光。

在尽头式到发线上设置的起阻挡列车运行作用的调车信号机，应采用矮型三显示机构，并用红色灯光代替蓝色灯光。当该信号机的红色灯光熄灭、显示不明或显示不正确时，应视为列车的停车信号。

（九）复示信号机

复示信号机的作用是复示主体信号机的显示。各种信号机必须达到规定的显示距离时才能满足作业需要，但是由于受到地形和地物的影响，有时信号的显示距离达不到要求，此时就需要在主体信号机前方的适当位置设置复示信号机。

思考与练习

一、填空题

1. 铁路信号的基本色是_____；辅助色是_____。
2. 铁路进站信号机的灯光配列是_____。
3. 城市轨道交通通过信号机灯光配列_____。

4. 城市轨道交通采用_____行车原则。

5. _____是确保行车安全，不允许超越轮廓尺寸线。

6. _____是信号标志的一种，设在两会合路线间距离为4 m的中间，用来指示机车车辆的停留位置，防止机车车辆的侧面冲撞。

7. 信号机灯丝继电器采用_____。

8. 进站信号机、通过信号机、复示信号机属于_____，预告信号机、接近信号机属于_____。

9. 调车信号机按照设置位置的特点可分为_____、_____、_____、_____。

10. 我国铁路运输采用_____，因此铁路地面固定信号机一般都设置于线路_____。

二、选择题

1. 防护车站，指示列车能否进入车站的是（　　）。
   A. 通过信号机　　　　　B. 出站信号机
   C. 调车信号机　　　　　D. 进站信号机

2. 调车信号机中，表示禁止调车的是（　　）。
   A. 黄灯　　　　　　　　B. 蓝灯
   C. 白灯　　　　　　　　D. 红灯

3. 防护区间，指示列车能否进入区间的是（　　）。
   A. 通过信号机　　　　　B. 出站信号机
   C. 调车信号机　　　　　D. 进站信号机

4. 关于股道编号原则说法正确的是（　　）。
   A. 双线铁路上行单数下行双数
   B. 单线铁路由站房开始向内侧顺序编号
   C. 站内站线规定用罗马数字编号（Ⅰ，Ⅱ，Ⅲ，…）
   D. 站线用阿拉伯数字编号（1，2，3，…）

5. （　　）设于正线道岔岔前或岔后适当地点。
   A. 防护信号机　　　　　B. 阻挡信号机
   C. 调车信号机　　　　　D. 进站信号机

三、判断题

1. 在曲线地段一般采用透镜式色灯信号机。　　　　　　　　　　　　　　（　　）
2. 矮型色灯信号机的显示距离远，视线好。　　　　　　　　　　　　　　（　　）
3. 进站信号机的命名，上行用S，下行用X，并在字母右下角加股道号。　（　　）
4. 在曲线地段一般采用透镜式色灯信号机。　　　　　　　　　　　　　　（　　）
5. 同样强度的光，红光最诱目，更能引人注意，对人会产生不安全感，所以规定红色灯光为停车信号是最理想的。　　　　　　　　　　　　　　　　　　　　　　　　（　　）
6. 主灯丝和副灯丝呈直线状且平行。主灯丝在上，副灯丝在下。　　　　（　　）

四、简答题

1. 简述通过信号机四显示自动闭塞的显示意义。
2. 简述铁路调车信号机命名原则。
3. 简述铁路进站信号机的命名规则。
4. 简述各种常用灯光的符号和代号。
5. 简述组合式信号机构结构。

第三章　转辙机

道岔的转换和锁闭是直接关系行车安全的关键，由转辙机转换和锁闭道岔，易于集中操纵，实现自动化。转辙机是重要的信号基础设备，对于保证行车安全，提高运输效率，改善行车人员的劳动强度，起着非常重要的作用。

【知识要点】

- 掌握道岔的基础知识。
- 掌握转辙机的作用、基本要求、分类和设置。
- 掌握 ZD6 型电动转辙机的结构及各部件作用。
- 掌握 S700K 型电动转辙机的结构和工作原理。
- 理解常见转辙机故障的处理方法。
- 理解道岔的锁闭方式。

第一节　道　岔

一、道岔的概念

列车在线路运行过程中，不可避免地需要在线路之间进行牵出、折返、过渡等作业，这就需要在线路之间设置转换和过渡装置。道岔是将一条轨道分支为两条或两条以上的设备，它是轨道线路中最关键的特殊设备，也是信号系统的主要控制对象之一。

二、道岔的结构

道岔结构复杂、零件多、养护较难，是线路上的薄弱环节，它的质量直接影响行车安全。道岔一般由转辙、连接和辙叉三部分组成，如图 3-1 所示。

（1）转辙部分：由尖轨、基本轨、连接零件及转辙机械组成。操作转辙机械，可以改变尖轨位置，设定道岔开通方向。

（2）连接部分：由两根曲线导轨、两根基本轨组成，其作用是将转辙部分和辙叉部分连接在一起成为完整的道岔。

（3）辙叉部分：由辙叉心、翼轨、护轮轨等组成，其作用是保证车轮安全通过两股轨线的交叉处。

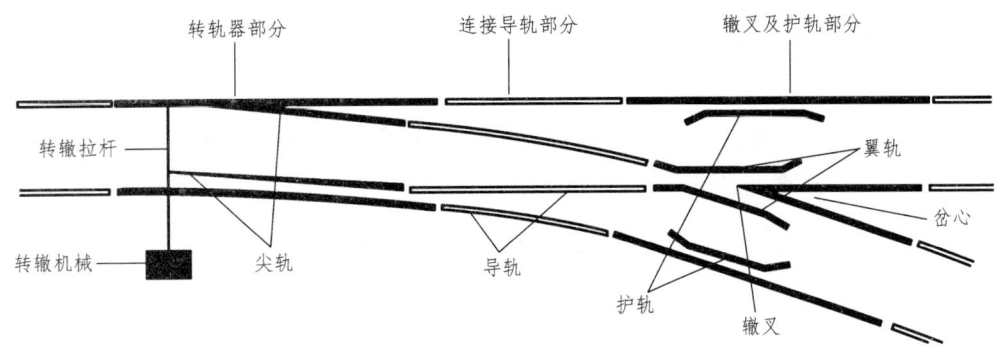

图 3-1　道岔结构图

三、道岔的分类

（一）按道岔几何形状分类

按几何形状不同，道岔可分为单开道岔、对称道岔、三开道岔和交叉道岔四种。

（1）单开道岔：将一条线路分为两条，如图 3-2 所示，主线为直线方向，侧线由主线向左或右侧岔出。单开道岔是现场应用较多的一种道岔。

（2）对称道岔：将直线轨道分为左右对称两条轨道的道岔，如图 3-3 所示。

图 3-2　单开道岔

图 3-3　对称道岔

（3）三开道岔：主线为直线，将一条轨道分为三条，两侧分支可以对称也可以不对称，如图 3-4 所示。

（4）交叉道岔：两条线路互相相交，形成交叉，可以是直角或菱形交叉，如图 3-5 所示。

图 3-4　三开道岔

图 3-5　交叉道岔

（二）按道岔号数分类

道岔号数是道岔辙叉角的余切值。城市轨道交通线路常用的标准道岔号数有7号、9号、12号。为了行车安全平稳，列车通过道岔时速度应有一定的限制，如表3-1所示。车场内基本为7号道岔，正线及折返线上统一用9号道岔。

表 3-1 道岔侧向允许通过速度

道岔号数（N）	导曲线半径/m	道岔全长/m	侧线允许速度/（km/h）
9	180	28.848	30
12	330	36.815	45
18	800	54.00	80

（三）按道岔转换时的控制方式分类

按道岔转换时的控制方式不同，道岔可分为单动道岔和双动道岔。扳动一根道岔握柄或按压一个道岔按钮，仅能使一组道岔转换，该道岔称为单动道岔。如果能使两组道岔同时或顺序转换，则称为双动道岔（联动道岔）。

四、道岔的位置

道岔有两根可以移动的尖轨，一根密贴于基本轨，另一根离开另一基本轨。如果同时改变两根尖轨的位置，则原来密贴的分离，原来分离的密贴。可见，道岔有可以改变的两个位置。

我们通常把道岔经常开通的位置叫作定位，排列进路时临时改变的位置叫作反位。

为改变道岔的两个位置，在道岔尖轨处需要安装道岔转辙设备。

五、顺向道岔和对向道岔

列车顺着道岔尖轨运行时，该道岔叫顺向道岔，如图3-6所示；列车迎着道岔尖轨运行时，该道岔叫对向道岔，如图3-7所示。

当列车顺着岔尖运行，如果道岔位置不对，车轮轮缘可以从尖轨与基本轨挤进去，并推动另一根尖轨靠近基本轨。发生这种情况，叫挤岔，挤岔有可能使道岔和道岔转换器遭到伤。

图 3-6 顺向道岔

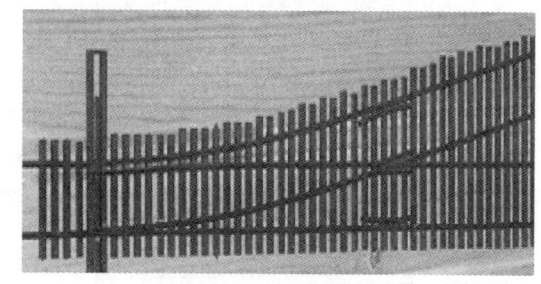

图 3-7 对向道岔

当列车迎着岔尖运行,如果道岔位置扳错了,则列车就被接向另一条线路,造成列车冲撞。如果道岔位置虽然对,但其尖轨与基本轨不密贴,则车轮轮缘有可能将密贴的一根尖轨挤开,造成"四开",从而引起列车颠覆事故。

第二节 转辙机概述

转辙机是转辙装置的核心和主体,除转辙机本身外,还包括外锁闭装置和各类杆件、安装装置,他们共同完成道岔的转换和锁闭。

一、转辙机的作用

(1)转换道岔的位置,根据需要转换至定位或反位。
(2)道岔转换到所需位置而且密贴后,实现锁闭,防止外力转换道岔,如图3-8所示。
(3)正确反映道岔的实际位置,道岔尖轨密贴于基本轨后,给出相应的道岔位置表示。
(4)道岔被挤或因故处于"四开"位置时,应及时切断道岔表示,并在室内给出报警提示,如图3-9所示。

图 3-8 道岔的密贴锁闭

图 3-9 道岔的"四开"

二、转辙机的基本要求

(1)作为转换装置,应具有足够大的拉力,以带动尖轨作直线往返运动;当尖轨受阻不能运动到底时,应随时可以通过操纵使尖轨回复原位。
(2)作为锁闭装置,当尖轨和基本轨不密贴时,不应进行锁闭;一旦锁闭,应保证不致因车通过道岔时的震动而错误解锁。
(3)作为监督装置,应能正确地反映道岔的状态。
(4)道岔被挤后,在未修复前不应再使道岔转换。

三、转辙机的分类

（一）按动作能源和传动方式分类

按动作能源和传动方式不同，转辙机可分为电动转辙机、电动液压转辙机（电液转辙机）和电空转辙机。

（1）电动转辙机由电动机提供动力，采用机械传动。多数转辙机都是电动转辙机，包括ZD6系列转辙机和S700K型电动转辙机。

（2）电动液压转辙机简称电液转辙机，由电动机提供动力，采用液力传动。ZYJ7型转辙机即为电液转辙机。

（3）电空转辙机由压缩空气作为动力，由电磁换向阀控制。

（二）按锁闭道岔的方式分类

按锁闭道岔方式不同，转辙机可分为内锁闭转辙机和外锁闭转辙机。

（1）内锁闭转辙机：指当道岔由转辙机带动转换至某个特定位置后，在转辙机内部进行锁闭，由转辙机动作杆经外部杆件对道岔实现位置的固定。依靠转辙机内部的锁闭装置锁闭道岔尖轨，是间接锁闭方式，如ZD6型电动转辙机和ZY（ZYJ）7型单机联动牵引系列转辙机。内锁闭转辙机锁闭可靠程度较差，列车对转辙机的冲击较大。

（2）外锁闭转辙机：当道岔由转辙机带动转换至某个特定位置时，通过本身所依附的锁闭装置，直接把尖轨与基本轨或心轨和翼轨密贴夹紧并固定。虽然内部也有锁闭装置，但主要依靠转辙机外的外锁闭装置锁闭道岔，将密贴尖轨直接锁于基本轨，斥离尖轨锁于固定位置，是直接锁闭方式，如S700K转辙机。外锁闭转辙机锁闭可靠，对转辙机几乎没有冲击，寿命长。

（三）按供电电源分类

按供电电源不同，转辙机可分为直流转辙机和交流转辙机。

（1）直流转辙机：采用直流电动机，工作电源是直流电。ZD6系列电动机转辙机就是直流转辙机。由直流220 V供电，直流电动机的缺点是，由于存在换向器和电刷，因而易损坏、故障率较高。

（2）交流转辙机：采用三相交流电源或单相交流电源，由三相异步电动机或单相异步电动机作为动力，如S700K型电动转辙机和ZY（ZYJ）7型电液转辙机。交流转辙机采用感应式交流电动机，不存在换向器和电刷，因此故障率低，可以做到在额定的动作次数内免维护，且单芯电缆控制距离远。

（四）按是否可挤分类

按是否可挤，转辙机可分为可挤型转辙机和不可挤型转辙机。

（1）可挤型转辙机：内设挤岔保护装置（挤切或挤脱）。当道岔被挤时，动作杆解锁，保护整机。

（2）不可挤型转辙机：机内不设挤岔保护装置。当道岔被挤时，若挤坏动作杆与整机连接结构，应整机更换。

电动转辙机和电液转辙机都有可挤型和不可挤型。

（五）按动作速度分类

（1）普通动作转辙机：转换道岔时间在 3.8 s 以上，大多数属于此类。

（2）快动转辙机：转换道岔时间在 0.8 s 以下，主要用于驼峰调车场，以满足分路道岔快速转换的要求。

四、转辙机的设置

一台转辙机牵引一组道岔，称为单机牵引；两台转辙机牵引一组道岔，称为双机牵引；由两台以上转辙机牵引一组道岔，称为多机牵引。通常，一组道岔由一台转辙机牵引，如果正线采用 9 号道岔，尖轨部分需要两台转辙机牵引。

（一）未提速区段

（1）在非提速区段车站和提速区段、客运专线、高速铁路车站的非正线上，联锁区域内一般每组道岔岔尖处均设一台转辙机。

（2）采用 12 号 AT（矮型特种钢）道岔时，因其为弹性可弯道岔，尖轨加长且有弹性，尖轨加长且有弹性，需两台转辙机来牵引，一台牵引尖轨尖端（第一牵引点），另一台牵引尖轨腰部（第二牵引点）。

（3）可动心轨道岔的心轨需一台转辙机牵引。

（4）18 号道岔尖轨也需两个牵引点，可动心轨需两个牵引点。

（二）提速区段

（1）在提速区段、客运专线和高速铁路车站的正线上，采用了提速道岔，该道岔进一步加长了尖轨长度，为满足多点牵引多点检查的要求，需多台转辙机牵引。转辙机的数量要视道岔号码、固定辙岔（见图 3-10）还是可动心轨（见图 3-11）而定。

图 3-10 固定辙叉

图 3-11 可动心轨

（2）18号和30号是没有固定辙叉的提速道岔。

（3）提速区段采用的转辙机数量：

提速12号道岔：2+2或2。

提速18号道岔：3+2。

提速30号道岔：6+3。

第三节 ZD6系列电动转辙机

一、ZD6型号电动转辙机的用途

ZD6系列电动转辙机是我国城市轨道交通中使用最广泛的电动转辙机。ZD6型电动转辙机采用内锁闭方式，它主要用于非提速区段车站的正线、侧线上，以及高速铁路及客运专线各车站的侧线上。

二、ZD6型号电动转辙机型号及表示意义

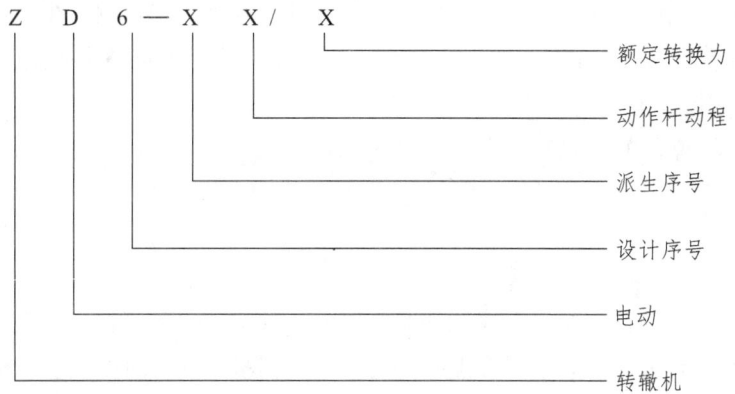

三、ZD6型电动转辙机主要结构

如图3-12所示，ZD6型电动转辙机由电动机、减速器、摩擦联结器、自动开闭器、表示杆、动作杆、锁闭齿轮、齿条块、移位接触器等组成。

（一）电动机

电动机是电动转辙机的动力源，要求具有足够的功率，以获得必要的转矩和转速。电动机需要较大的启动转矩，以克服尖轨与滑床板间的静摩擦。道岔需要向定、反位转换，要求电动机能够逆转。

ZD6型直流电动转辙机的结构

图 3-12　ZD6 电动转辙机实物结构图

ZD6 型转辙机采用直流串激电动机，直流电动机的正转和反转可通过改变激磁绕组（定子绕组）中或电枢（转子绕组）中的电流方向来实现。为配合四线制道岔控制电路，采用正转和反转分开定子绕组的方式，如图 3-13 所示。两个定子绕组通过公共端子分别与转子绕组串联。

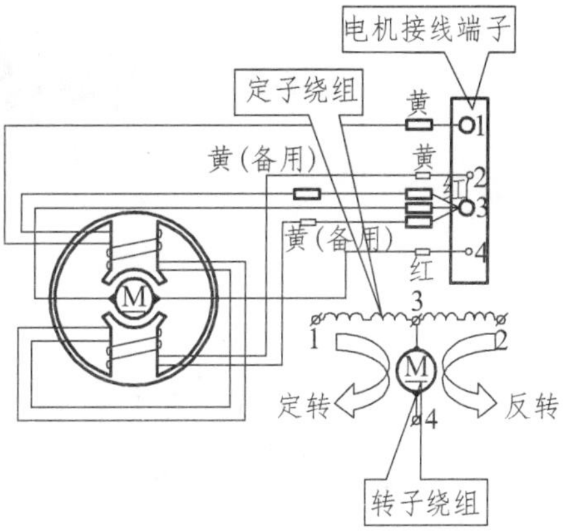

技术参数：

（1）供电电压：DC 220 V。
（2）额定电压：160 V。
（3）额定电流：2.0 A。
（4）额定转速：≥2 350 r/min。

图 3-13　电动机内部接线

（二）减速器

减速器是电动转辙机的主要部件，如图 3-14 所示，它的作用是将电机的高转速降低为适合道岔转换的低转速，与此同时，将电动机输入的低转矩增大到足以驱动带规定负载的道岔转换锁闭机构。

ZD6-A 型转辙机的减速器由两级组成：第一级为定轴传动外啮合齿轮，即小齿轮带动大齿轮，减速比为 103∶27；第二级为渐开线内啮合行星传动式减速器，减速比为 41∶1。因此，总减速比为 $103/27 \times 41/1 = 156.4$。

ZD6 型转辙机的减速器采用行星减速机构（见图 3-15）。内齿轮靠摩擦联结器的摩擦作用"固定"在减速器壳内，其里装有外齿轮。外齿轮通过滚动轴承装在偏心的轴套上，偏心轴套用键固定在输入轴上。外齿轮上有 8 个圆孔，每个圆孔内插入一根套有滚套的滚棒，8 根滚棒固定在输出轴的输出圆盘上。当外齿轮作摆式旋转时，输出轴就随着旋转。

当输入轴随第一级减速齿轮顺时针旋转时，偏心轴套也顺时针旋转，使外齿轮在内齿轮里沿内齿圈作逐齿啮合的偏心运动。当输入轴旋转一周，外齿轮也做一周偏心运动。外齿轮

41个齿，内齿轮42个齿槽，两者相差1齿。因此，外齿轮做一周偏心运动时，外齿轮的齿在内齿轮里错位一齿。在正常情况下，内齿轮静止不动，迫使外齿轮在一周的偏心运动中反方向旋转一齿的角度。当输入轴顺时针方向旋转41周，外齿轮逆时针方向旋转一周，带动输出轴逆时针方向旋转一周，这样就达到了减速的目的。

外齿轮既在输入轴的作用下做偏心运动，又与内齿轮作用做旋转运动，类似于行星的运动，即既有自转又有公转，所以外齿轮称为行星齿轮，该种减速器称为行星传动式减速器。

为了达到机械转动的平衡，内齿轮里有两个外齿轮，它们共同套在一个输出轴圆盘的8根滚棒上，两个外齿轮之间偏向成180°。

图 3-14 减速器

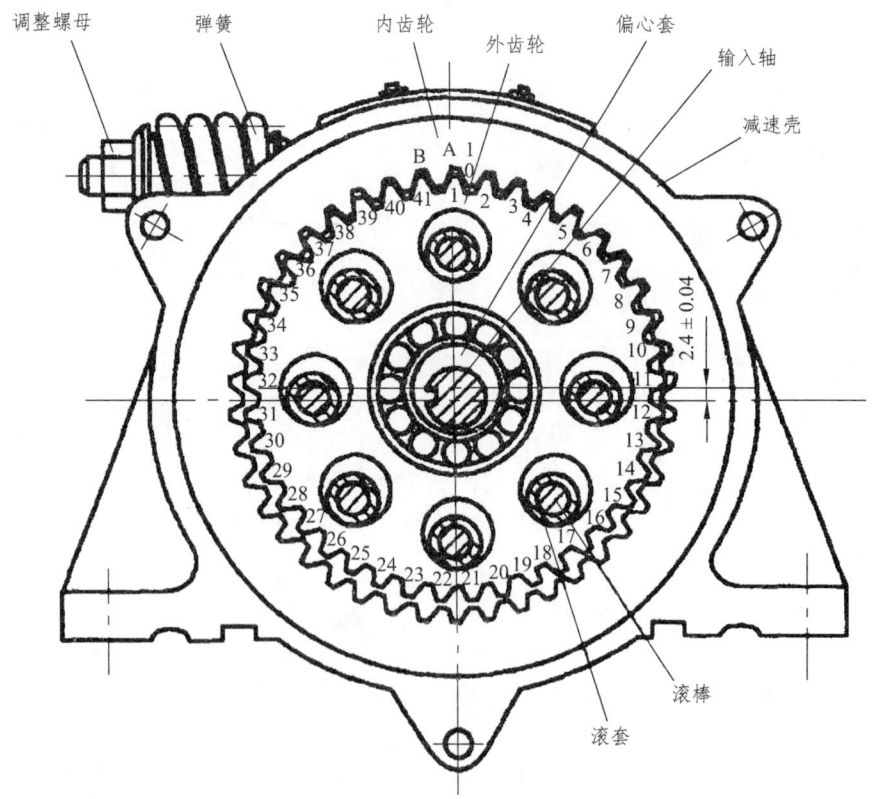

图 3-15 行星传动式减速器

（三）摩擦联结器

摩擦联结器是保护电动机和吸收转动惯量的联结装置，如图3-16所示。当道岔因故转不到底时，电动机电路不能断开，如果电动机突然停转，会因电流过大而烧坏。另外，在正常使用中，道岔转换到位，电动机的惯性将使内部机件受到撞击或毁坏。要解决这两个问题，又要在正常情况下能带动道岔转换，就要求机械传动装置不能采用硬性联结而必须采用摩擦联结。因此，ZD6-A型转辙机中在行星传动式减速器中安装了摩擦联结器。

ZD6-A型的摩擦联结器是在行星传动式减速器内齿轮延伸部分的小外圆上套以可调摩擦板构成的，如图3-17所示。

行星传动式减速器的内齿轮大外圆装在减速壳内，可自由滑动。内齿轮延伸的小外圆上装上有摩擦带的摩擦制动板。摩擦制动板下端套在固定于减速壳的夹板轴上，当上端由螺栓弹簧压紧时，内齿轮就靠摩擦作用而被"固定"。在正常情况下，依靠摩擦力，内齿轮反作用于外齿轮，使外齿轮做摆式旋转，带动输出轴转动，使道岔转换。当发生尖轨受阻不能密贴和道岔转换完毕电动机惯性运动的情况下，输出轴不能转动，外齿轮受滚棒阻止而不能自转，但在输入轴带动下做摆式运动，这样外齿轮对内齿轮产生一个作用力，使内齿轮在摩擦制动板中旋转（称为摩擦空转），消耗能量，以保护电动机和机械传动装置。

摩擦联结器的摩擦力要调整适当，过紧会失去摩擦联结作用，损坏电动机和机件；过松不能正常带动道岔转换。摩擦联结器的松紧用调整螺母调整弹簧压力来实现，调整的标准是：额定摩擦电流应为额定动作电流的1.3～1.5倍。

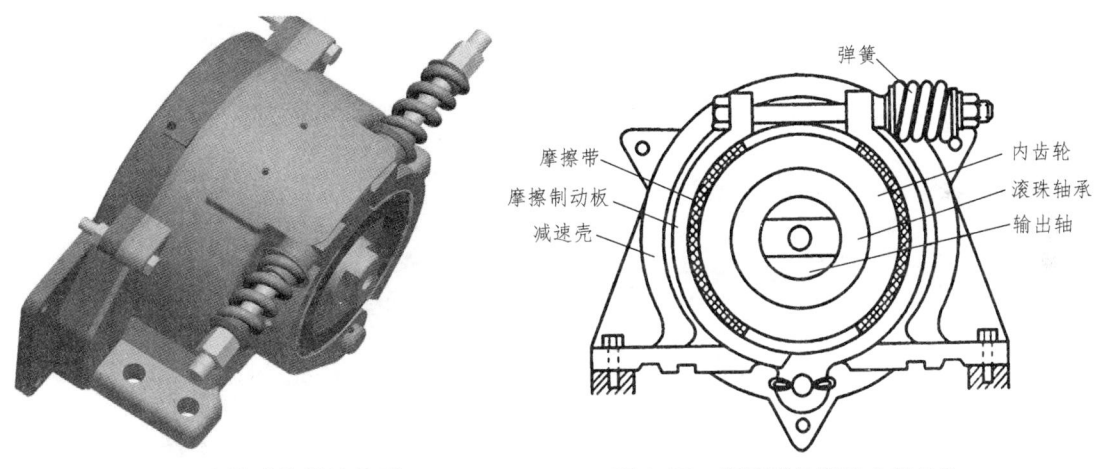

图3-16　摩擦联结器的外形　　　　图3-17　摩擦联结器的内部结构

（四）启动片

启动片是介于减速器和主轴间的传动媒介，如图3-18所示。它连接输出轴与主轴，利用其正、反两面互相垂直成"十"字形的沟槽，在旋转时自动补偿两轴不同心的误差。它还与速动片相配合，在解锁、锁闭过程中控制自动开闭器的动作。

启动片除了起连接主轴的作用外，还对自动开闭器起控制作用。启动片的十字连接方法使它与输出轴、主轴同步动作，因此能反映锁闭齿轮各个动作阶段（解锁、转换、锁闭）所对应的转角，用它来控制自动开闭器的动作最能满足要求。

启动片上有一梯形凹槽,道岔锁闭后总会有一个速动爪占据其中。道岔解锁时,启动片一方面带动主轴转动,另一方面利用其凹槽的坡面推动速动爪上的小滚轮,使速动爪抬起,以断开表示触点。在道岔转换过程中,两个速动爪均抬起。在道岔接近锁闭阶段,启动片的凹槽正好转到应速动断开道岔电机电路的速动爪下方,与速动片配合,完成自动开闭器的速动。

(五)速动片

速动片通过速动衬套套在主轴上。启动片上的拨片钉插入速动片的腰形孔中。道岔锁闭后,拨片钉总是在腰形孔的一端。道岔解锁后,主轴反转,拨片钉在腰形孔中空走一段才拨动速动片一起转动。

速动片套在速动衬套上,速动衬套又卡在触点座上,它不随主轴转动。速动片直径比启动片略大,正常情况下总有一个速动爪的小滚轮压在它上面,所以即使主轴转动,速动片也不会跟着转。它的转动只能靠拨片钉拨动。

速动片的速动原理可用图3-19来说明。在锁闭齿轮进入锁闭阶段时,齿条块已不再动,为了完成内锁闭,主轴还在转动,启动片和速动片也在转动。这时,启动片的梯形凹槽已经转到速动爪的下方,为速动爪的落下准备好条件。但是,速动片仍然支承着速动爪,使它不能落下。只有当速动片再转过一个角度,使速动爪突然失去支承,就在拉簧的强力作用下,迅速落向启动片凹槽底部,实现了自动开闭器的速动。因此速动的关键是尖爪从速动片的缺口尖角边(图中的ab)突然跌落。否则,尖爪沿启动片梯形凹槽边(图中的$a'b'$)下滑,就不会有速动效果。

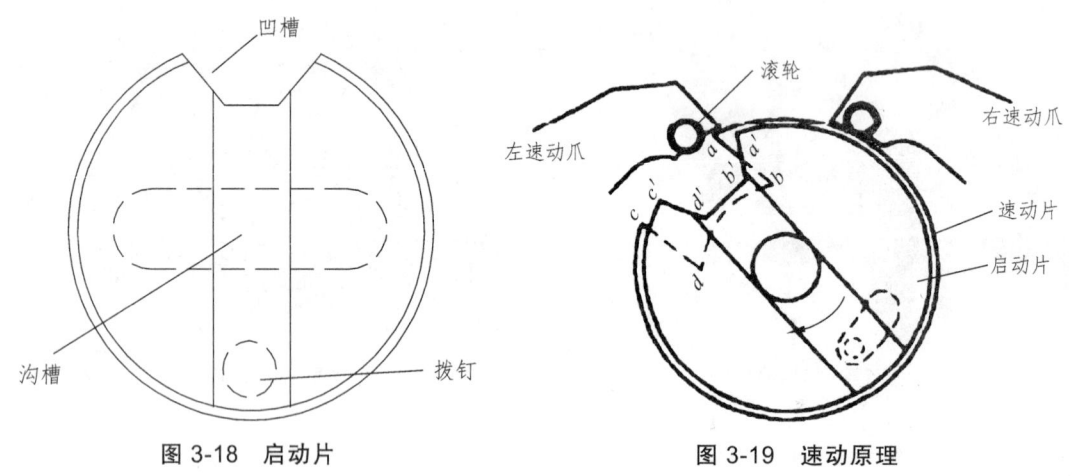

图3-18 启动片　　　　　图3-19 速动原理

(六)主 轴

主轴主要由主轴、主轴套、轴承、止挡栓等组成,如图3-20所示。主轴一端和启动片相连,另一端连接锁闭齿轮,主轴带动锁闭齿轮,通过与齿条块配合完成转换和锁闭道岔。主轴上的止挡栓用来限制主轴的转角,使锁闭齿轮和齿条块达到规定的锁闭角,并保证每次解锁以后都能使两者保持最佳的啮合状态,使整机动作协调。

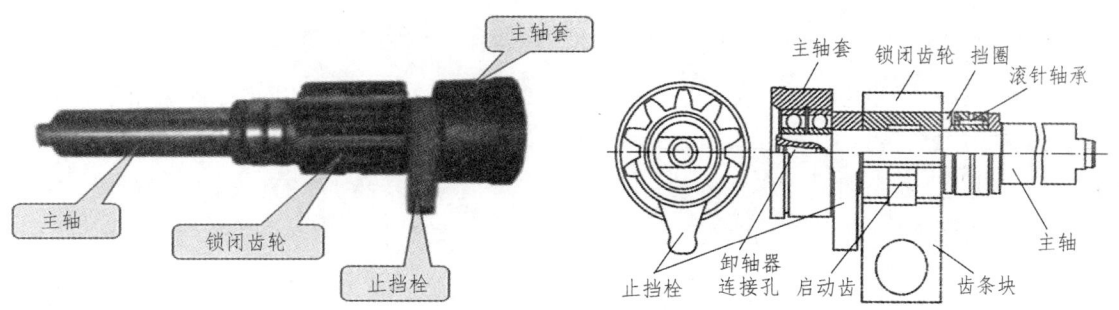

图 3-20　主轴实物图及组成

（七）锁闭齿轮与齿条块

锁闭齿轮如图 3-21（a）所示，共有 7 个齿，其中 1 和 7 是位于中间的起动小齿，在它们之间是锁闭圆弧。齿条块上有 6 个齿 7 个齿槽，如图 3-21（b）所示。中间 4 个是完整的齿，两边的两个是中间有缺槽的削尖齿。缺槽是为了锁闭齿轮上的起动小齿能顺利通过而设的。

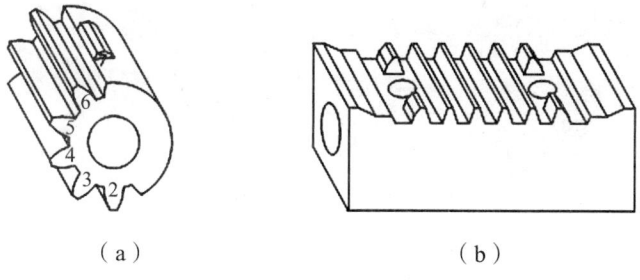

（a）　　　　　　　　　（b）

图 3-21　锁闭齿轮和齿条块

当道岔在定位或反位，尖轨与基本轨密贴时，锁闭齿轮的圆弧正好与齿条块的削尖齿弧面重合，如图 3-22 所示。这时如果尖轨受到外力要使之移动，或列车经过道岔使齿条块受到水平作用力，这些力只能沿锁闭圆弧的半径方向传给锁闭齿轮，齿轮不会转动，齿条块及固定在其圆孔中的动作杆也不能移动，这样就实现了对道岔的锁闭。

锁闭齿轮与齿条块的动作原理：在电动转辙机转换过程中，锁闭齿轮与齿条块都要完成解锁、转换和锁闭三个过程。

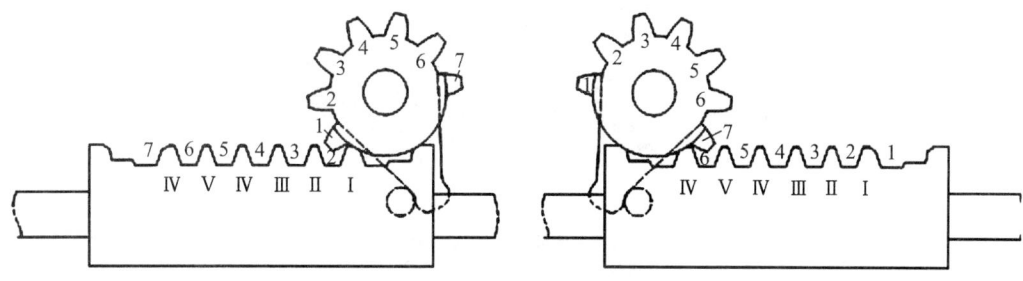

图 3-22　转辙机的内锁闭

（八）动作杆

动作杆是转辙机转换道岔的最后执行部件。动作杆一端与道岔的密贴调整杆相连接，带动尖轨运动，其通过挤切销和齿条块联成一体，正常工作时，它们一起运动。之所以用挤切销联结，是为了挤岔时动作杆和齿条块能迅速脱离联系，使转辙机内部机件不受损坏。挤切销分主销和副销，分别装于锁闭齿轮削尖齿中间开口处的挤切孔内。主销挤切孔为圆形，主销插入起主要连接作用。副销挤切孔为扁圆形，副销插入起备用连接作用。如果是非挤岔原因使主销折断，副销还能起到连接作用，这是因为副销挤切孔为扁圆形，齿条块在动作杆上有 3 mm 的窜动量。

（九）挤切销

两挤切销将动作杆与齿条块连成一体，如图 3-23 所示。正常转换时，由它带动道岔。当来自尖轨的挤岔力超过挤切削能承受的机械力时，主副挤切削先后被挤断，动作杆与齿条块迅速脱离关系动作杆在齿条块内移动，道岔即与电动转辙机脱离机械联系，保护了转辙机的主要机件和尖轨不被损坏。

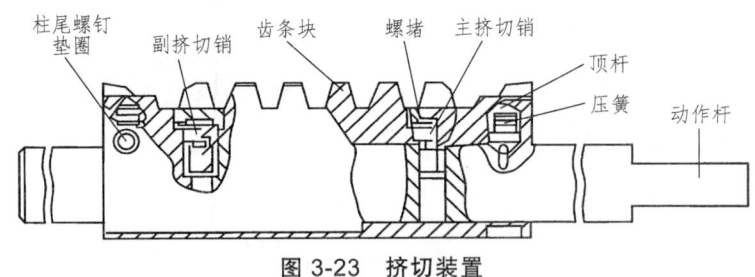

图 3-23 挤切装置

（十）自动开闭器

自动开闭器用来及时、正确反映道岔尖轨的位置，并完成控制电动机和挤岔表示的功能，如图 3-24 所示。它在解锁过程中用来切断原表示电路，接通准备反转的电机动作电路；锁闭后用于切断电机的动作电路，接通新的表示电路以反映道岔的正确位置。

图 3-24 自动开闭器的实物图

自动开闭器的触点如图 3-25 所示。

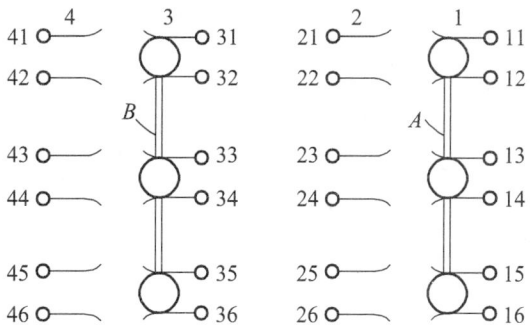

图 3-25 自动开闭器的触点

（1）有 2 排动触点，4 排静触点，编号是站在电动机处观察，自右向左分别为 1、2、3、4 排，每排有 3 组触点，自上向下顺序编号，如 11、12、13、14、15、16。

（2）定位状态时有第 1、3 排触点闭合或 2、4 排触点闭合。其中，2、3 排触点是表示用，1、4 排为动作用。

（3）道岔转换时，先断开表示触点组，最后断开动作触点组。

（十一）表示杆

电动转辙机的表示杆与道岔的表示连接杆相连，并随道岔动作，用来检查尖轨是否密贴，以及尖轨是在定位还是在反位。

（十二）移位接触器

移位接触器如图 3-26 所示，用来监督挤切销的受损状态。一共有两个移位接触器，分别与齿条块在伸出及拉入时的顶杆位置相对应。道岔被挤或者挤切销折断时，移位接触器均会断开道岔的表示电路。

（十三）遮断开关

遮断开关如图 3-27 所示。遮断开关又称安全触点，俗称电门。在维护道岔时，为了保证工作人员的安全，在转辙机上安装了遮断开关。

图 3-26 移位接触器

图 3-27 遮断开关

四、工作过程

当电动机通入规定方向的道岔控制电流时,电动机得电旋转,通过齿轮带动减速器旋转。此时输入轴按要求旋转,输出轴通过启动片带动主轴旋转,锁闭齿轮随主轴旋转,在旋转中完成解锁、转换、锁闭三个过程。然后,拨动齿条块,使动作杆带动道岔尖轨运动密贴后锁闭。同时,启动片、速动片带动自动开闭器的动作触点,与表示杆配合断开原接通触点,接通原断开触点,实现道岔位置的显示。

第四节 S700K 型电动转辙机

S700K 型电动转辙机是由于我国提速需要,从德国西门子公司引进设备和技术,经消化吸收和改进后,迅速在主要干线推广运用的转辙机。经数年的实践表明,该型转辙机结构先进、工艺精良,不但解决了长期困扰信号维修人员的电机断线、故障电流变化、触点接触不良、移位接触器跳起和挤切销折断等惯性故障,而且可以做到"少维护,无维修",符合中国运营的特点和发展方向,也适用于城市轨道交通。

城市轨道交通运行速度不高,可采用普通的直流转辙机,但采用三相交流电动转辙机优点十分明显。由于采用三相交流电动机,线路上的电能损失大大减少;又由于采用摩擦力非常小的滚珠丝杠传动装置,因此机械效率高。这样,在同样的控制电流下,可增大控制距离,或减小电缆芯线的截面。采用三相电动转辙机后,由于没有直流电动机的整流子,维修工作量大为减少。

一、S700K 型电动转辙机的型号含义

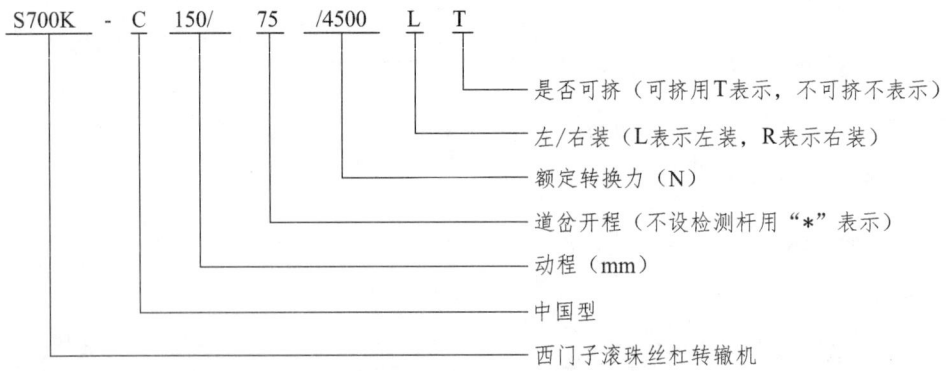

二、S700K 型电动转辙机的特点

S700K 型电动转辙机适用于采用外锁闭的道岔,具有以下主要特点:

(1)采用交流三相电动机,不仅从根本上解决了原直流电动转辙机必须设置整流子而引起的故障率高、使用寿命短、维修量大的不足,而且减少了控制导线截面,延长了控制距离,

当采用直径为 1.0 mm 的信号电缆时，单芯电缆控制距离可达 6.5 km。

（2）采用直径 32 mm 的滚珠丝杠作为驱动装置，延长了转辙机的使用寿命。

（3）采用具有簧式挤脱装置的保持联结器，并选用不可挤型零件，从根本上解决了由挤切销劳损造成的惯性故障。

（4）采用多片干式可调摩擦联结器，经工厂调整加封，使用中无须调整。

三、S700K 型电动转辙机的分类

S700K 型电动转辙机规格齐全，不仅能满足道岔尖轨、可动心轨的单机牵引，而且也能满足双机、多机牵引的需要。

S700K 型电动转辙机的机身是通用的，经配件组装可组成不同种类。不同种类的转辙机，动作杆有不同的动程，表示杆也有不同的动程，转换力不同，也可以根据需要重新组合成新的种类（见表 3-2）。

（1）左装：如图 3-28 所示，面对尖轨或心轨，转辙机安装在线路左侧。转辙机型号用字母 A 加上奇数表示，如 A13、A15。

（2）右装：如图 3-29 所示，面对尖轨或心轨，转辙机安装在线路右侧。转辙机型号用字母 A 加上奇数表示，如 A14、A16。

图 3-28　左装

图 3-29　右装

表 3-2　S700K 转辙机规格

代号 左/右装	型号	动作时间 /s	动程/mm	检测行程 /mm	额定转换力 /N	适用的提速道岔
A13/A14	220/160	≤6.6	220	160	3 000	9 号尖轨第一牵引点 12 号尖轨第一牵引点 18 号尖轨第一牵引点
A15/A16	150/75	≤6.6	150	75	4 500	9 号尖轨第二牵引点 12 号尖轨第二牵引点
A17/A18	220/120	≤6.6	220	120	3 000	18 号尖轨第二牵引点 30 号尖轨第一牵引点 12 号心轨第一牵引点
A19/A20	220/110	≤6.6	220	110	3 000	30 号尖轨第二牵引点

续表

代号 左/右装	型号	动作时间 /s	动程/mm	检测行程 /mm	额定转换力 /N	适用的提速道岔
A21/A22	220/100	≤6.6	220	100	2 500	30号尖轨第三牵引点 30号心轨第一牵引点
A23/A24	150/85	≤6.6	150	85	4 500	30号尖轨第四牵引点
A27/A28	220/75	≤6.6	220	75	3 000	30号心轨第二牵引点
A31/A32	220/100	≤6.6	220	100	3 000	18号心轨第一牵引点
A33/A34	150/65	≤6.6	150	65	4 500	18号尖轨第三牵引点 12号心轨第二牵引点
A35/A36	220/160	≤6.6	150	无检测杆	6 000	18号心轨第二牵引点

四、S700K型电动转辙机主要部件及作用

S700K型电动转辙机主要由外壳部分、三相交流电动机、齿轮组、摩擦连接器、滚珠丝杆、保持连接器、动作杆、锁闭块、检测杆、指示标、速动开关组、安全触点座等组成。如图3-30所示。

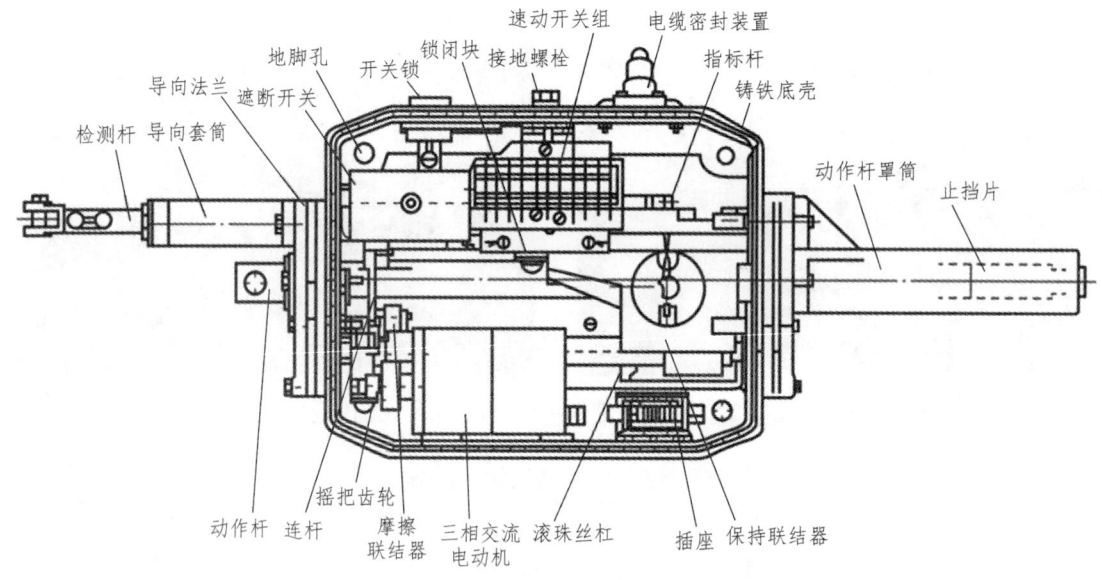

图3-30 S700K型电动转辙机结构

（一）三相交流电动机

三相交流电动机如图3-31所示，它为转辙机提供动力，控制距离长，启动力矩比较小。

（二）齿轮组

齿轮组如图3-32所示，由摇把齿轮、电机齿轮、中间齿轮、摩擦联结器齿轮组成。其中摇把齿轮与电机齿轮是一个传递系统，使得能用摇把对转辙机进行人工操纵。

齿轮组的作用：

（1）将电机的旋转驱动力传递到摩擦联结器上。

（2）将高速的旋转降速，以增加驱动力。这是 S700K 转辙机的一级减速。

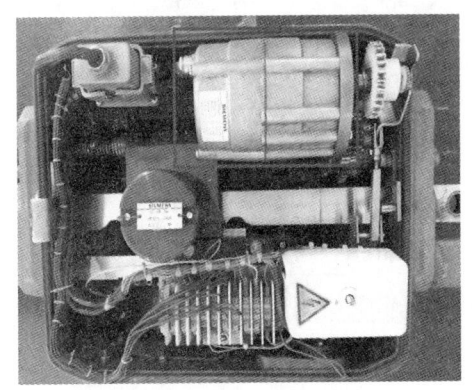

图 3-31　三相交流电动机

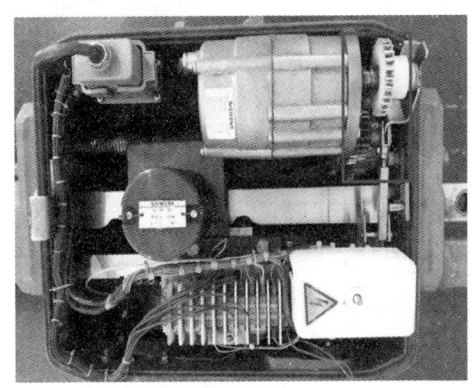

图 3-32　齿轮组

（三）摩擦联结器

摩擦联结器如图 3-33 所示，它将齿轮组变速后的旋转力传递给滚珠丝杠，摩擦联结器内有三对主被金属摩擦片，分别固定在外壳和滚珠丝杠上，摩擦片的端面有若干压力弹簧，通过调整弹簧压力，可以使主被摩擦片之间的摩擦结合力大小发生变化，实现了电动机和传动机构之间的软联结。这样，就可消耗因电动机转动惯性带来的电动机动作电路断开后的剩余动力，在尖轨转换中途受阻不能继续转换时不使电动机被烧毁，即当作用于滚珠丝杠上的转换阻力大于摩擦结合力时，主被摩擦片之间相对打滑空转，保护了电动机。

摩擦联结器的摩擦力必须能调节，使道岔在正常工作情况下，电动机能够带动转辙机工作，在道岔转换终了或尖轨被阻时，使电动机能克服摩擦联结器的压力而空转，以保证电动机不致被烧毁。所以摩擦联结器调整好的摩擦力必须稳定，才能保证转辙机的可靠工作。

对于交流转辙机来说，其动作电流不能直观地反映转辙机的拉力，现场维修人员不能像对直流转辙机那样，通过测试动作电流来对摩擦力进行监测，必须由专业人员用专业器具才能进行这一调整。转辙机在出厂时已对摩擦力进行了标准化测试调整，所以现场维修人员不得随意调整摩擦力。

电机齿轮、中间齿轮、摩擦联结器齿轮之间的关系如图 3-34 所示。

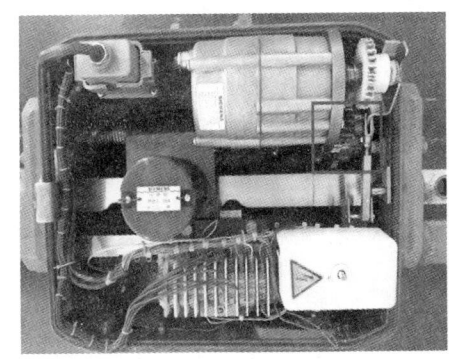

图 3-33　摩擦联结器

图 3-34　电机齿轮、中间齿轮、摩擦联结器齿轮之间的关系

（四）滚珠丝杆

滚珠丝杆如图 3-35 所示，其结构相当于一个直径 32 mm 的螺栓和螺母。

动作原理：当滚珠丝杆正向或反向旋转一圈时，螺母前进或后退一个螺距。

滚珠丝杆的作用：

（1）将电机的旋转运动变为直线运动。

（2）起到减速作用（二级减速），其减速比取决于丝杆的螺距。

（五）保持联结器

保持联结器是转辙机的挤脱装置，它利用弹簧的压力通过槽口式结构将滚珠丝杠与动作杆连接在一起，如图 3-36 所示。当道岔的挤岔力超过弹簧压力时，动作杆滑脱，起到保护整机不被损坏的作用，相当于 ZD6 型电动转辙机的挤岔装置。

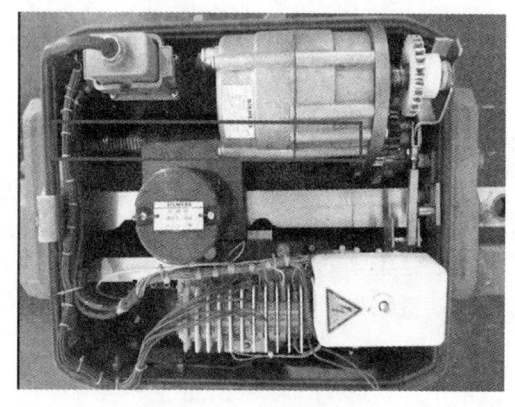

图 3-35　滚珠丝杆

图 3-36　保持联结器

根据现场实际需要，保持联结器可采用可挤型和不可挤型。可挤型是指保持联结器利用其内部弹簧的压力将滚珠丝杠和动作杆连接在一起，弹簧的挤岔阻力可分别设定为 9 kN、16 kN、24 kN、30 kN 等，当道岔的挤岔阻力超过弹簧设定压力时，动作杆滑脱，实现挤岔时的整机保护；不可挤型是工厂将保持联结器内部的弹簧取消，放一个止挡环，用于阻止与动作杆相连的保持栓的移动，成为硬连接结构。挤岔锁定力为 90 kN。当道岔挤岔阻力超过 90 kN 时，会挤坏硬连接结构的保持联结器，需整机送回工厂修理。

保持联结器的顶盖是加铅封的，维修人员不得随意打开。铅封打开后，必须由专职人员重新施封，以保证其安全可靠地运用。

（六）动作杆

动作杆如图 3-37 所示，动作杆和保持联结器连接在一起，随保持联结器的动作而动作。动作杆的一端通过连接铁和外锁闭装置连接在一起。

动作杆上设有一圆弧缺口，目的是道岔转换到规定位置时，保证锁闭铁和锁舌的正常弹出。

（七）锁闭块和锁舌

锁舌的正常弹出用于阻挡转辙机保持连接器的移动，实现转辙机的内部锁闭，如图3-38。锁舌的伸出量一般大于或等于10 mm，但最小伸出量不得小于9 mm。

转辙机开始动作时，锁舌在锁闭块的带动下应能正常缩入。锁闭块的缩入应可靠地断开表示触点。同时完成转辙机的内部解锁。

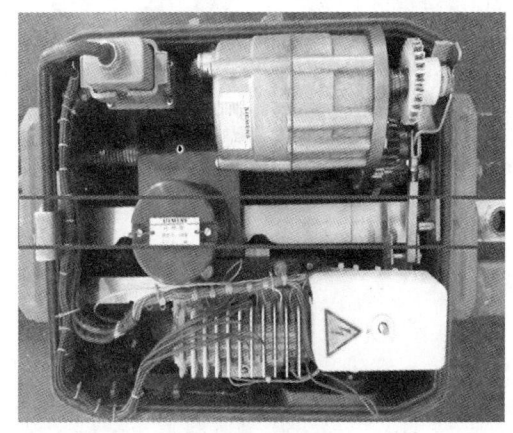 

图3-37　动作杆　　　　　　　　　图3-38　锁闭块和锁舌

（八）检测杆

检测杆如图3-39所示，它随着尖轨的转换而移动，用来监督道岔在终端位置时的状态。

检测杆有上、下两层，上层检测杆用于监督拉入密贴尖轨或可动心轨时的工作状态。下层检测杆用于监督伸出密贴的尖轨或可动心轨伸出时的工作状态。

上、下层检测杆之间设有连接或调整装置，外接两根表示杆分别进行调整。道岔转换时，由尖轨或可动心轨带动检测杆运动。当密贴尖轨或可动心轨密贴，斥离尖轨或可动心轨到达规定位置，上、下层检测杆的大小缺口对准转辙机的锁闭块时，锁舌才能弹出。也就是说，密贴尖轨或可动心轨，斥离尖轨或可动心轨到达规定位置时，才能给出有关表示。

（九）速动开关组

速动开关组如图3-40所示。速动开关实际上是采用了沙尔特堡触点组的自动开闭器。它随着尖轨或可动心轨的解锁、转换、锁闭过程中锁闭块的动作自动开闭，以自动开闭电动机动作电路和道岔表示电路。

速动开关包括定位动作触点（DD）、反位动作触点（FD）、定位表示触点（DB）、反位表示触点（FB）。在尖轨或可动心轨解锁以后，断开原表示电路，DB、FB都断开，表示道岔处于不密贴状态。然后闭合反转用的电机电路，为随时回转做好准备。在尖轨或可动心轨转换过程中，必须保证自动开闭器不动，排除DB、FB闭合的可能性。在尖轨或可动心轨锁闭后应及时断开电动机动作电路，接通表示电路。若尖轨或可动心轨不密贴，严禁表示触点闭合。道岔在"四开"位置应可靠断开表示电路。

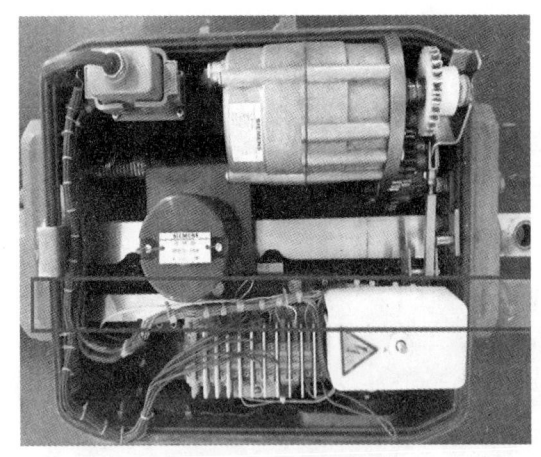
图 3-39　检测杆

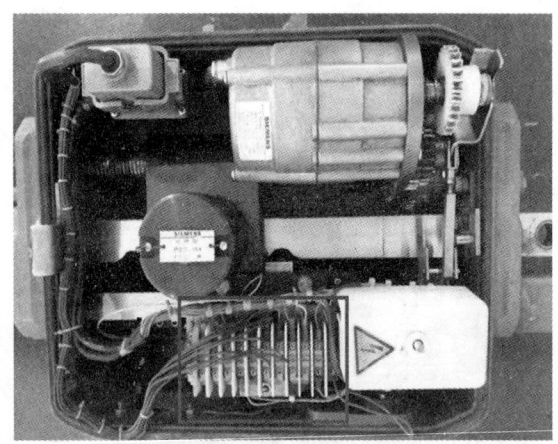
图 3-40　速动开关组

（十）遮断开关

遮断开关可靠断开电动机动作电路，防止电动机误动，保证人身安全。

遮断开关接通时，摇把挡板能有效阻挡摇把插入摇把齿轮。

断开遮断开关时，摇把能顺利插入摇把齿轮，此时电动机的动作电源将被可靠地切断，不经人工操纵和确认，不能恢复接通。

五、S700K 型电动转辙机的动作原理

（一）S700K 型电动转辙机传动过程

（1）电动机的转动通过减速齿轮组传递给摩擦联结器。
（2）摩擦联结器带动滚珠丝杠转动。
（3）滚珠丝杠的转动带动丝杠上的螺母水平移动。
（4）螺母通过保持连接器经动作杆、外锁闭杆带动道岔转换。
（5）道岔的尖轨或可动心轨经外表示杆带动检测杆移动。

（二）S700K 型电动转辙机的动作过程

电动转辙机的动作大致可分为三个过程：第一为解锁过程，即先断开表示，再机械解锁；第二为转换过程；第三为锁闭道岔及接通表示触点的过程，即先机械锁闭，再接通表示电路。现以 220 mm 动程转辙机定位拉入为例分述各过程。

1. 解锁及断开表示触点过程

当操纵道岔，需使转辙机动作杆由拉入变为伸出位置时，三相电动机得到 380 V 交流电源，使电动机顺时针方向旋转，经齿轮组及摩擦连接器使滚珠丝杠向顺时针方向旋转，从而使丝杠上的螺母向左侧运动。在运动过程中，由操纵板将锁闭块顶进，使表示触点断开，同时带动左锁舌向缩进方向运动，直至左锁舌完全缩进。

2. 转换过程

在转辙机解锁后，由于三相电动机继续转动，故滚珠丝杠上的螺母继续向左运动，带动保持联结器向左运动，而保持联结器与动作杆固定为一体，使动作杆向左侧（伸出方向）运动，带动道岔尖轨或可动心轨进行转换，当动作杆运动 220 mm 时，即完成了转换过程。

3. 锁闭及接通表示触点过程

当动作杆向左侧运动了 220 mm 时，检测杆在尖轨带动下运动了 160 mm，这时锁闭块弹出，接通表示触点，同时右锁舌也弹出，锁住保持联结器，使动作杆不得随意串动。

（三）S700K 型电动转辙机的动作程序

S700K 型电动转辙机的动作程序与 ZD6 型电动转辙机的动作程序大致相同，即：断表示→解锁→转换→锁闭→给出另一位置表示。

以 220 mm 动程的 S700K 型电动转辙机为例，其动作程序为：电动机转动→中间齿轮转动→摩擦联结器转动→滚珠丝杠转动→丝杠螺母移动→操纵板将锁闭块顶入，断开原表示→锁舌缩入，解锁→滚珠丝杠螺母带动保持联结器移动→外锁闭装置开始解锁→动作杆移动 60 mm 时外锁闭装置解锁完毕→道岔转换→动作杆移动 220 mm 时内检测杆缺口对准锁闭块，锁闭块弹出，进入检测杆缺口→锁舌伸出→断开启动电路，接通表示。与 ZD6 型电动转辙机不同的是，S700K 型具有表示电路自检锁闭功能，卡缺口时，锁舌伸不出来，内锁闭无法锁闭，不能接通表示电路，即有道岔表示时转辙机必须在内锁闭状态。而 ZD6 型表示电路不检查锁闭，检查柱不落槽，转辙机照样能实现内锁闭。

第五节　转辙机的锁闭方式

道岔的锁闭是指将尖轨或可动心轨等可动部分固定在某个开通位置，当列车通过时能够保证它们的位置不因外力作用而改变。道岔的锁闭方式可分为内锁闭和外锁闭两种。

一、内锁闭

内锁闭是指当道岔由转辙机带动转换至某个特定位置后，在转辙机内部进行锁闭，由转辙机动作杆经外部杆件对道岔实现位置的固定。

采用内锁闭方式锁闭道岔是对道岔的可动部分进行间接锁闭。内锁闭转换设备的特点有以下几条：

（1）结构简单，便于日常的维护和保养，且转换比较平稳，属于定力锁闭。

（2）道岔的两根尖轨由若干根连接杆组成框架结构，使尖轨部分的整体刚性较高，框式结构造成的反弹力和抗劲较大。

（3）由于两根尖轨由杆件连接，因此当杆件受到外力冲击时（如发生弯曲变形），会使密贴尖轨与基本轨分离，严重威胁行车安全。

（4）当列车通过道岔产生冲击时，其冲击力将经过杆件直接作用于转辙机内部，使转辙机的部件受损、接切销折断、移位接触器跳开等。

二、分动外锁闭

当道岔由转辙机带动转换至某个特定位置后，通过本身所依附的锁闭装置，直接把尖轨与基本轨密贴夹紧并固定，称为道岔的外锁闭，即道岔的锁闭主要不是依靠转辙机内部的锁闭装置，而是依靠转辙机外部的锁闭装置实现的（见图3-41）。

图3-41 道岔的外锁闭

由于外锁闭道岔的两根尖轨之间没有连接杆，在道岔转换过程中，两根尖轨是分别动作的，所以又称分动外锁闭道岔。分动外锁闭道岔转换设备的特点：

（1）改变了传统的框架式结构，使尖轨的整体刚性大幅度下降。

（2）尖轨分动后，转换启动力小，而且一根尖轨的变形不影响另一根尖轨，由此造成的反弹、抗劲等转换阻力均减小很多。

（3）两根分动尖轨在外锁闭装置作用下，无论是在启动解锁，还是密贴锁闭过程中，所需的转换力均较小，避开了两根尖轨最大反弹力的叠加时刻。

（4）同时承担两根尖轨弹性力的过程，是在密贴尖轨解锁以后到斥离尖轨锁闭以前这一较短的时间内，而此时正是电动机功率输出的最佳时刻，使电气特性和机械特性得到良好的匹配。

（5）外锁闭装置一旦进入锁闭状态，车辆过岔时，轮对对尖轨产生的侧向冲击力基本上不传到转辙机上，即具有隔力作用，有利于延长转辙机及各类转换部件的使用寿命。

（6）由于两尖轨间无连接杆，所以密贴尖轨很难在外力作用下与基本轨分离，可靠地保证了行车安全。

（7）由于密贴尖轨与基本轨之间由外锁闭装置固定，克服了内锁闭道岔靠杆件推力或拉力使尖轨与基本轨密贴易造成4 mm失效的较大缺陷。

外锁闭装置先后出现了燕尾式和钩式两种。燕尾式外锁式装置在结构受力和安装调整方面不适合我国道岔的实际情况，对道岔尖轨病害的适应能力差，卡阻现象时有发生，故障率较高，产品工艺性差，质量不易控制。鉴于这种情况又研制了钩式外锁闭装置。

三、钩式外锁闭装置

钩式外锁闭装置的锁闭方式为垂直锁闭。锁闭力通过锁闭铁、锁闭框直接传给基本轨。锁闭铁和锁闭框基本不承受弯矩，锁闭更加可靠。同时各配件全部经锻造调质处理，具有良好的综合机械性能，避免了原尖轨部分燕尾式外锁闭装置的锁闭铁因承受弯矩和铸造缺陷而出现的断裂现象。钩式外锁闭装置受力结构合理，能有效适应道岔尖轨的不良状态，锁闭可靠，安装调整方便。

钩式外锁闭装置分为分动尖轨用和可动心轨用两种，城市轨道交通中一般只用到分动尖轨用钩式外锁闭装置。

（一）分动尖轨用钩式外锁闭装置的结构

分动尖轨用钩式外锁闭装置由锁闭杆、锁钩、锁闭框、尖轨连接铁、锁轴、锁闭铁组成，如图3-42所示。

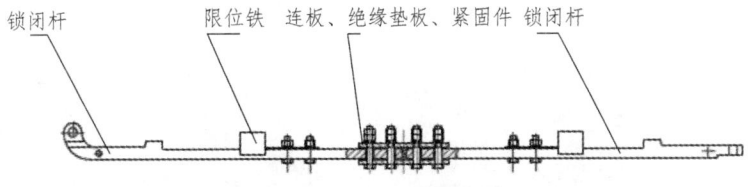

图3-42 钩式外锁闭装置

锁闭杆的作用是通过安装装置与转辙机动作杆相连，利用其凸台和锁钩缺口带动尖轨。第一牵引点锁闭杆与第二牵引点锁闭杆凸台尺寸不同，不能通用。锁钩头部与销轴连接，下部缺口与锁闭杆凸台作用，通过连接铁带动尖轨运动，尾部内斜面与锁闭铁作用锁闭密贴尖轨和基本轨。第一点牵引点锁钩与第二牵引点锁钩也不能通用。

锁闭框固定锁闭铁，支承锁闭杆。锁闭铁与锁钩作用锁闭尖轨和基本轨，导向槽在锁闭杆两侧槽内起导向作用。锁闭框用螺栓与基本轨连接，锁闭铁插入锁闭框方孔内，并用固定螺栓紧固。尖轨连接铁用螺栓与尖轨连接，由锁轴将其与锁钩连接。锁钩底部缺口对准锁闭杆的凸块，并与锁闭杆共同穿入锁闭框。

（二）分动尖轨用钩式外锁闭装置动作原理

当转辙机动作杆带动锁闭杆移动，密贴尖轨处的锁钩缺口随之入槽并移动。当动作到另一侧尖轨与基本轨密贴时，锁钩沿锁闭杆斜面向上爬起，锁钩升至锁闭杆凸块顶面时，锁钩同时被锁闭铁和锁闭杆卡住不能落下，实现了锁闭。本侧锁钩的缺口卡在锁闭杆的凸起处不能移动，保持尖轨与基本轨的开口基本不变。其解锁、转换、锁闭过程如图3-43～3-45所示。

图 3-43 解锁过程

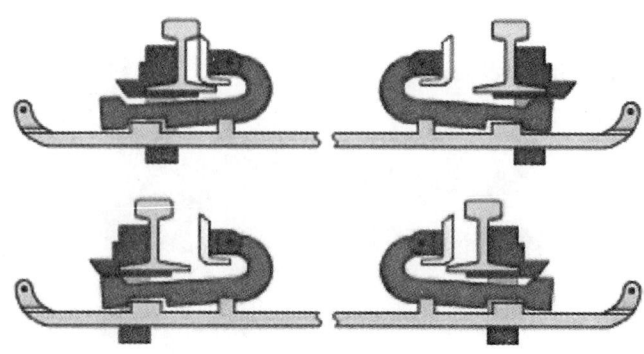

图 3-44 转换过程

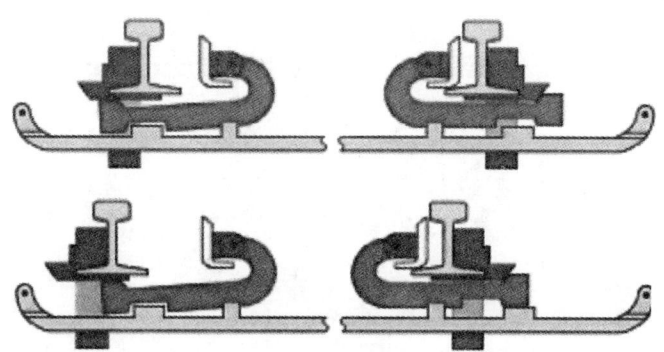

图 3-45 锁闭过程

思考与练习

一、填空题

1. 道岔号数与辙叉角成反比关系，∂ 越小，N_____，导曲线半径也_____，列车侧线通过道岔时_____，允许的侧线过岔速度也就_____。
2. S700K 电动转辙机的齿轮组，由_____、_____、_____、_____组成。
3. 转辙机按动作能源和传动方式的不同可分为_____、_____。
4. 列车顺着道岔尖轨运行时，该道岔叫_____；列车迎着道岔尖轨运行时，该道岔叫_____。
5. 内锁闭是指当道岔由_____带动转换至某个特定位置后，在_____进行锁闭，由_____经外部杆件对道岔实现位置的固定。
6. 当道岔由转辙机带动转换至某个特定位置后，通过_____，直接把_____密贴夹紧并固定，称为道岔的外锁闭。

二、选择题

1. ZD6 中保护电动机和吸收转动惯量的连接装置是（　　）。
   A. 自动开闭器　　　　　　　B. 减速器
   C. 接切削　　　　　　　　　D. 摩擦联结器

2. ZD6 中连接减速器输出轴、主轴，与速动片配合控制自动开闭器动作的是（　　）。
   A. 挤切销　　　　　　　　　B. 动作杆
   C. 启动片　　　　　　　　　D. 表示杆

3. ZD6 中带动锁闭齿轮，通过与齿条块配合完成转换和锁闭道岔的是（　　）。
   A. 移位接触器　　　　　　　B. 电动机
   C. 主轴　　　　　　　　　　D. 自动开闭器

4. 关于自动开闭器说法正确的是（　　）。
   A. 完成控制电动转辙机和挤岔表示的功能
   B. 用来及时正确反映道岔尖轨的位置
   C. 有 2 排动触点，4 排静触点
   D. 道岔转换时，先断开表示触点组，最后断开动作触点组

5. 关于 S700K 型电动转辙机的特点说法不正确的是（　　）。
   A. S700K 型电动转辙机适用于采用内锁闭的道岔
   B. 采用交流三相电动机
   C. 采用直径 32 mm 的滚珠丝杠作为驱动装置
   D. 选用不可挤型零件，从根本上解决了由挤切销劳损造成的惯性故障。

三、判断题

1. 我们通常把道岔经常开的位置叫作定位，排列进路时临时改变的位置叫作反位。（　　）
2. 道岔是把一条轨道分支为两条或两条以上的轨道。（　　）
3. ZD6 的动作杆通过挤切销与齿条块连成一体。（　　）
4. 辙叉的有害空间指从两翼轨最窄处到辙叉心实际尖端之间，存在着一段轨线中断的空隙。（　　）
5. S700K 中滚珠丝杠的作用是减速作用和将电机的旋转运动变为直线运动。（　　）
6. 城市轨道交通正线的列车运行速度较高一般铺设 7 号道岔。（　　）
7. 内锁闭指依靠转辙机内部的锁闭装置锁闭道岔的尖轨，是直接锁闭方式。（　　）
8. S700K 转辙机用于提速区段的线路上，因此采用的是内锁闭。（　　）
9. ZD6 转辙机属于交流电动机。（　　）
10. 外锁闭转辙机虽然内部也有锁闭装置，但对道岔的直接锁闭依靠转辙机的外锁闭装置。（　　）
11. 遮断开关又称安全触点，在维护道岔时，为了保证工作人员的安全。（　　）

四、简答题

1. 简述转辙机的作用。
2. 简述转辙机的基本要求。
3. 简述 ZD6 型转辙机的主要部件及作用。
4. 简述 S700K 电动转辙机传动过程。
5. 简述 S700K 型电动转辙机主要部件及作用。
6. 简述道岔的内锁闭的特点。
7. 简述道岔的外锁闭的特点。

第四章 轨道电路

【知识要点】

- 熟悉轨道电路的组成、工作原理及作用。
- 了解轨道电路的分类。
- 了解轨道电路的基本工作状态。
- 掌握轨道电路的划分和命名。
- 掌握道岔区段轨道电路的工作原理。
- 熟悉轨道绝缘设置和轨道电路常见故障。
- 掌握计轴器的工作原理。

第一节 轨道电路概述

一、轨道电路的组成

轨道电路是以铁路线路的两根钢轨作为导体,两端加以机械绝缘(或电气绝缘),接上送电和受电设备构成的电路,如图 4-1 所示。

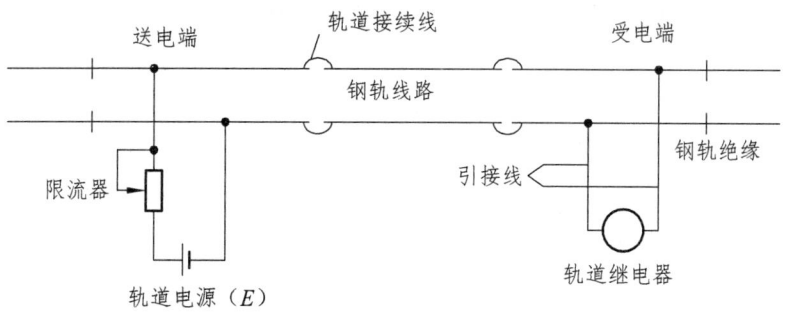

图 4-1 轨道电路的组成

(一) 导 体

两条钢轨是轨道电路的导体。为了减小钢轨接头的接触电阻,可增设轨端接续线。如图 4-2 所示。

图 4-2　接续线

（二）钢轨绝缘

钢轨绝缘（见图 4-3）安装在相邻两个轨道电路的衔接处，以保证相邻轨道电路在电气上的可靠隔离。城市轨道交通的正线多采用无缝线路，需要使用电气绝缘来分隔相邻轨道电路。

图 4-3　钢轨绝缘

（三）送电设备

轨道电路的送电设备可以是电源，用于向轨道电路供电；也可以是能够发送一定信息的电子设备，通过轨道电路向列车传递行车信息。

（四）受电设备

轨道电路的受电设备可以是轨道继电器，用于反映轨道电路范围内有无列车、车辆占用和钢轨是否完整；或者当轨道电路中包含有控制信息时，轨道电路的受电设备也可以是能够接收并鉴别电流特性的电子设备，根据接收到的不同特性电流，令有关继电器动作。

提示：送电和受电设备一般放在轨旁的变压器箱或电缆盒内，轨道继电器设在室内。送、受电设备由引接线（见图4-4）直接接向钢轨，或通过电缆过轨后由引接线接向钢轨。

图 4-4 引接线

（五）限流电阻

限流电阻的作用是保护电源不致因过负荷而损坏，同时保证列车占用轨道电路时，轨道继电器可靠落下。

二、轨道电路的工作原理

轨道电路有调整、分路、断轨三种状态，其工作原理分别如下。

（一）调整状态

当轨道区段内钢轨完整，且未被列车或车辆占用（即空闲）时，轨道电路的电流从电源正极经钢轨、轨道继电器线圈回到负极而构成回路，继电器处于吸起状态，接通绿灯，表示轨道区段内无车占用，此状态称为轨道电路的调整状态，如图 4-5 所示。

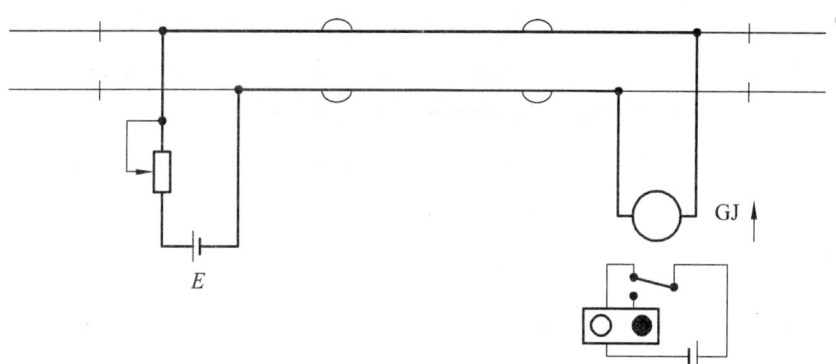

图 4-5 轨道电路调整状态原理图

（二）分路状态

当轨道区段有列车或车辆（即占用）时，由于列车的车轮轮对横跨在钢轨上，轮对的电阻比轨道继电器线圈的电阻小得多，送电端送出的轨道电流绝大部分被轮对分路，致使轨道继电器因得不到足够的电流而失磁落下，接通红灯，表示这个轨道区段已被车占用，此状态称为轨道电路的分路状态，如图 4-6 所示。

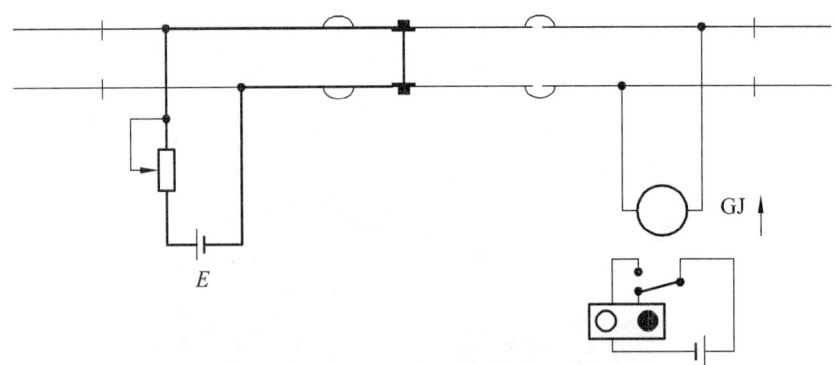

图 4-6 轨道电路分路状态原理图

（三）断轨状态

当轨道区段内发生断轨或断线等故障时，流经继电器线圈的电流中断，使继电器失磁落下，此状态称为轨道电路的断轨状态。

三、轨道电路的作用

（一）监督列车占用情况

利用轨道电路可监督列车在区间或列车和调车车列在站内的占用情况。当轨道电路反映该线段空闲时，可为开放信号、建立进路或构成闭塞提供依据；当轨道电路被占用时，可控制相应信号机自动关闭，实现信号系统自动控制。

（二）传递行车信息

在城市轨道交通的 ATP 子系统中，轨道电路传递的行车信息可为列车运行自动控制系统提供控制列车运行所需要的前行列车位置、运行前方信号机状态和线路条件等信息，以确定列车运行的目标速度，控制列车在当前运行速度下是否减速或停车。

提示：对于 ATC 系统来说，带有编码信息的轨道电路是车和地之间信息传输的通道之一。

四、轨道电路的分类

（一）按传输电流特性分类

按传输电流特性不同，轨道电路可分为工频交流轨道电路和音频轨道电路。

（1）工频交流轨道电路：采用工频 50 Hz 交流电源，又可分为工频连续式轨道电路和相敏轨道电路。目前城市轨道交通中广泛应用的是相敏轨道电路。

（2）音频轨道电路：又分为模拟式和数字编码式音频轨道电路。模拟式音频轨道电路采用调幅或调频方式，可传输较多信息，不仅能监督轨道占用状态，还能反映列车运行前方三个或四个闭塞分区的占用情况。数字编码式音频轨道电路采用数字调频方式，可传输更多信息，编码中包含了速度码、闭塞分区长度码、线路坡度码、纠错码等。

（二）按分割方式分类

按分割方式，轨道电路可分为有绝缘轨道电路和无绝缘轨道电路。

（1）有绝缘轨道电路用钢轨绝缘将轨道电路与相邻的轨道电路互相隔离，大部分轨道电路是有绝缘的。一般称轨道电路即为有绝缘轨道电路。

钢轨绝缘在车辆运行的冲击力、剪切力作用下很容易破损，使轨道电路的故障率较高。绝缘节的安装给无缝线路带来一定的麻烦，有时需锯轨，会降低线路的轨道强度，增加线路维护的复杂性。电气化轨道交通的牵引回流不希望有绝缘节，为使牵引回流能绕过绝缘节，必须安装扼流变压器或回流线。因此无缝线路和电气化轨道交通希望采用无绝缘轨道电路。

（2）无绝缘轨道电路在其分界处不设钢轨绝缘，而采用电气隔离的方法予以隔离。电气隔离式又称谐振式，利用谐振槽路，采用不同的信号频率来区分不同的轨道电路区段，谐振回路对不同频率呈现不同阻抗，来实现相邻轨道电路间的电气隔离。

无绝缘轨道电路与有绝缘轨道电路相比较，具有较明显的优点。由于去掉了故障率高的轨端机械绝缘，因而大大地提高了轨道电路的可靠性。在长轨区段安装不用锯轨，在电气化区段降低了轨道电路的不平衡系数，改善了钢轨线路的运营质量。

城市轨道交通正线上采用无绝缘轨道电路，取消了机械绝缘节和钢轨接头，大大减少了车辆轮对与钢轨接缝之间的碰撞，降低了轮对和钢轨的磨损，避免了列车过接缝对乘客的不舒适感。

（三）按使用处所分类

按照使用地点不同，轨道电路可分为区间轨道电路和车辆段内轨道电路。

（1）区间轨道电路用于正线，不仅要监督各闭塞分区是否空闲，还要传输有关行车信息，一般来说，区间要求轨道电路传输距离较长，并能满足闭塞分区长度的要求，其结构比较复杂。

（2）车辆段内轨道电路，用于段内各区段，一般只有监督本区段是否空闲的功能，不能发送其他信息。

（四）按是否包含道岔分类

车辆段内轨道电路分为无岔区段轨道电路和道岔区段轨道电路。

（1）无岔区段轨道电路内钢轨没有分支，结构简单，用于停车线、检车线、尽头线调车信号机接近区段，以及两个差置调车信号机之间的线路。

（2）道岔区段轨道电路结构比较复杂，包含了岔前线路、岔后直向位置线路和岔后侧向位置线路。根据道岔结构，不仅有关钢轨、杆件要增加绝缘，还要增加道岔跳线和接续线，当分支超过一定长度时，还必须设置多个受电端。

五、轨道电路的划分和命名

（一）轨道电路的划分

轨道电路之间采用钢轨绝缘或电气隔离的方法把两个轨道电路隔离成互不干扰的独立的电路单元，每个轨道电路单元称轨道电路区段。轨道电路要划分为许多区段，以满足列车运行的需要。轨道电路划分的原则是：

(1)信号机的内外方应划分为不同的区段。

(2)凡是能平行运行的进路,应用钢轨绝缘将它们隔开,形成不同的轨道电路区段。

(3)在一个轨道电路区段内,单动道岔最多不超过3组,复式交分道岔不得超过两组,道岔组数过多,轨道电路难以调整。

(4)有时为了提高咽喉使用效率,把轨道电路区段适当划短,使道岔能及时解锁,立即排列别的进路。

城市轨道交通的轨道电路分为正线轨道电路和车辆段(停车场)轨道电路两大类,它们的划分方式不同。

1. 正线轨道电路区段的划分

正线轨道电路区段的划分主要是满足 ATP 控车的需要,根据牵引计算把两列车之间的追踪距离划分为若干个轨道电路区段,例如 GRS 公司的音频无绝缘轨道电路把两列车之间的追踪距离划分为 7 个轨道电路区段。

有岔站内轨道电路的划分首先要划分为上、下行线,即渡线两端要划分为不同的区段,然后满足上述原则。

2. 车辆段(停车场)轨道电路区段的划分

车辆段(停车场)轨道电路区段的划分要保证轨道电路可靠工作,排列平行进路的需要和便于段(场)内作业。

除满足上述原则外,对于停车线要划分为两个区段,牵出线、洗车线、镟轮线、救援列车线等调车信号机外方要设接近区段。

(二)轨道电路的命名

道岔区段和无岔区段轨道电路的命名方法不同,具体如下。

1. 道岔区段

在道岔区段,轨道电路根据道岔编号来命名。

(1)包含一组道岔:用该组道岔名称命名,例如,只包含 1 号道岔的轨道区段为 1DG。

(2)包含两组道岔:用该两组道岔名称,以及中间加连字符命名,例如,包含 17 号和 23 号道岔的轨道区段为 17-23DG。

(3)包含三组道岔:用该三组道岔最大和最小道岔号名称,以及中间加连字符命名,例如,包含 15、16、18 号道岔的轨道区段命名为 15-18DG。

2. 无岔区段

无岔区段轨道电路的命名方法分以下几种情况。

(1)进站信号机内方无岔区段:根据所衔接的股道编号加 A(下行咽喉)及 B(上行咽喉)来表示,如ⅠAG、ⅡBG(见图 4-7)。

(2)调车信号机前方无岔区段:在调车信号机名称后加 G 来表示,如 D_2G。

(3)差置调车信号机之间的无岔区段:以两端道岔编号写成分数形式再加 WG 表示,如 1/19GWG(见图 4-7)。

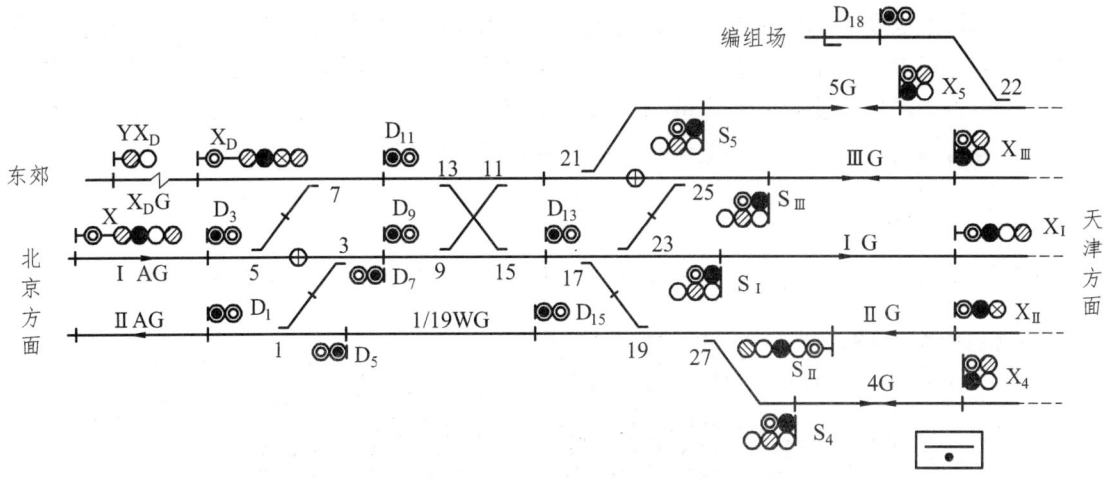

图 4-7 轨道电路的命名

第二节 道岔区段轨道电路

一、道岔区段的轨道电路

（一）道岔绝缘

为了防止辙叉使轨道电路短路，在道岔区段上，除了各种杆件、转辙机安装装置等加装绝缘外，还应在道岔直股或侧股钢轨上加装切割绝缘，此类绝缘称为道岔绝缘。

加装切割绝缘，以防止辙叉将轨道电路短路。道岔绝缘根据需要，可以设在直股，也可以设在弯股。如图 4-8 所示。

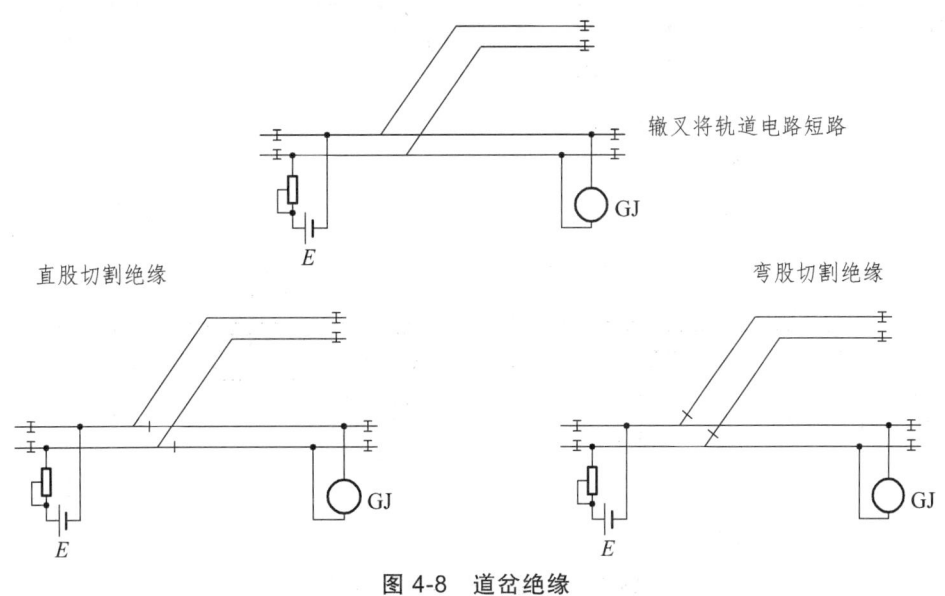

图 4-8 道岔绝缘

由于钢轨绝缘受车辆的频繁冲压，又处于日晒雨淋酷暑严冬的环境中，是轨道电路的薄弱环节，因此要求钢轨绝缘的结构，应能保证在钢轨爬行的情况下，以及在列车运行中产生的压力、冲击力和气温变化时产生的膨胀力的作用下，不致被损坏，钢轨绝缘应采用机械强度高、具有可靠电气绝缘性能的绝缘材料，以保证绝缘性能和使用寿命。

（二）道岔跳线

为保证信号电流的畅通，道岔区段除轨端接续线外，还需装设道岔跳线，如图4-9所示。

图4-9　道岔跳线

道岔绝缘设在直股上（直股切割），轨道继电器也设在直股，道岔绝缘设在弯股上（弯股切割），轨道继电器也设在弯股上，能保证道岔跳线也得到检查，符合"故障—安全"原则（见图4-10）。

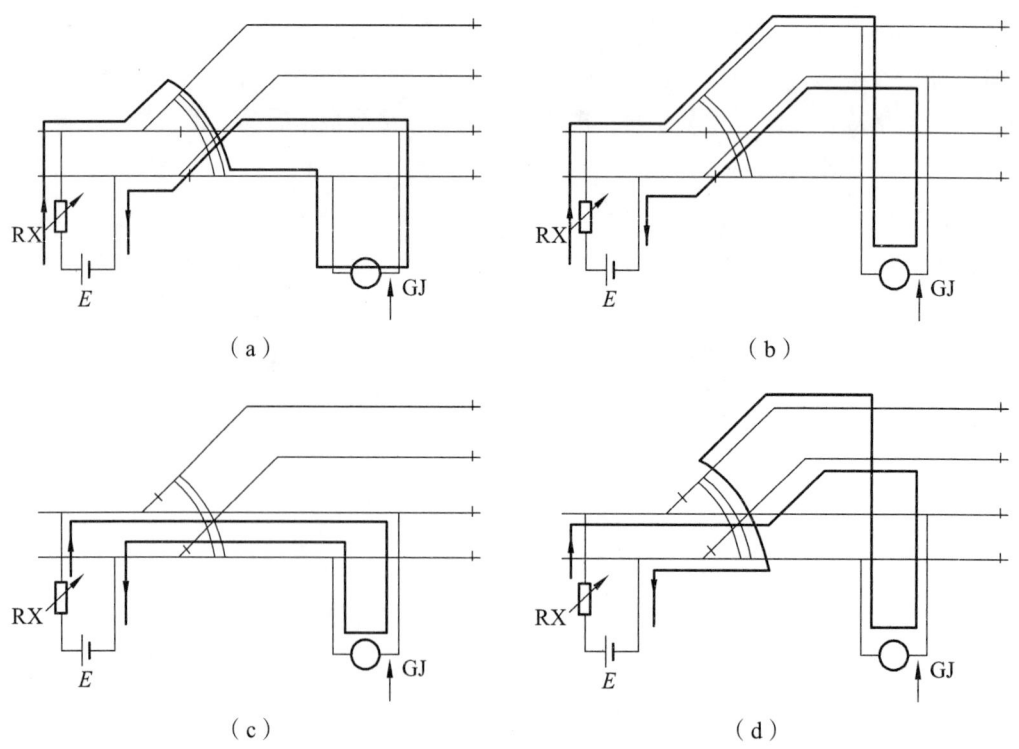

图4-10　道岔绝缘的切割方式

（三）一送二受轨道电路

图 4-11 所示为一送二受轨道电路。当分支轨道电路有车占用或跳线折断时，DGJ_1 轨道继电器落下，DGJ 轨道继电器也落下，用 DGJ 轨道继电器的状态来反映轨道电路的状态。

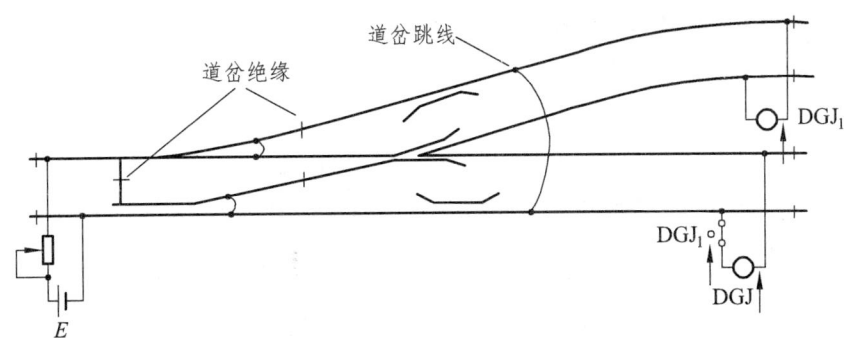

图 4-11 一送二受轨道电路

（四）一送多受轨道电路

一送多受轨道电路设有一个送电端，在每个分支轨道电路的另一端各设一个受电端，加装道岔绝缘和道岔跳线，与受电端形成并联关系。

各分支受电端轨道继电器的前触点串联在主轨道继电器电路之中。当任一分支分路时，分支轨道继电器落下，其主轨道继电器也落下。使用时将主轨道继电器的触点用在联锁电路中，如图 4-12 所示。

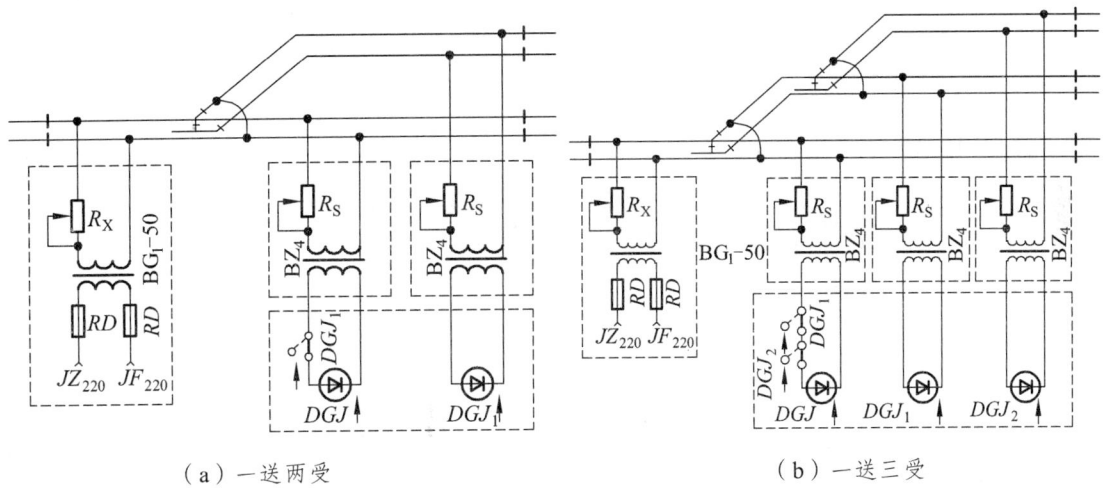

（a）一送两受　　　　　　　　　　（b）一送三受

图 4-12 一送多受轨道电路

二、道岔区段轨道电路的要求

（1）轨道电路的道岔跳线应采用双跳线。
（2）与停车线相衔接的道岔轨道电路的分支末端应设置受电端。
（3）所有列车进路上的道岔区段，其分支长度超过 65 m 时，在分支末端应设置受电端。

（4）个别分支长度小于 65 m、分路不良、危及行车安全的分支线末端应增设接收端。

（5）一送多受轨道电路最多不应超过三个受电端，必要时应分为两个轨道电路。

（6）一送多受轨道电路任一地点有车占用时，必须保证有一个受电端被分路。

三、道岔区段轨道电路的连接方式

（一）串　联

串联式道岔区段轨道电路的电流要流经整个区段的所有钢轨（见图 4-13），可以检查所有跳线和钢轨的完整。这种连接方式比较安全，但结构复杂，需要增加一组道岔绝缘，弯股与直股之间需要加装两根电缆，给施工和维修带来不便。

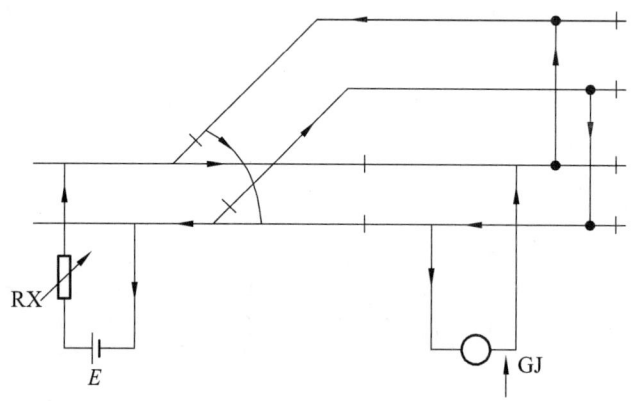

图 4-13　串联式道岔区段轨道电路

（二）并　联

因侧线只检查了电压而没有检查电流，当跳线、连接线折断，列车进入弯股时，因弯股未设受电设备，GJ 仍在吸起状态，这是非常危险的（见图 4-14）。另外，当弯股钢轨折断、表面不洁或分支线路过长、列车占用时，GJ 也不落下，不符合"故障—安全"的要求。因此提出一送多受轨道电路。

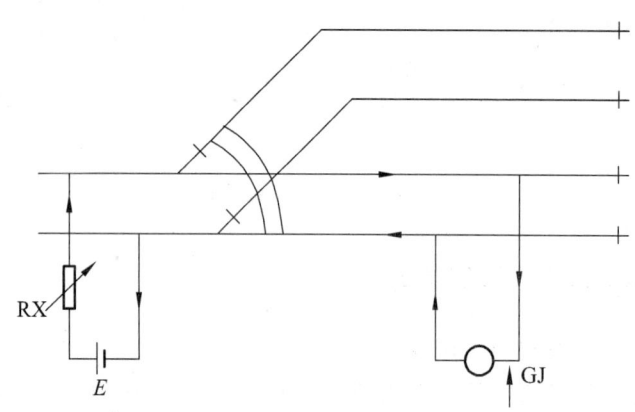

图 4-14　并联式道岔区段轨道电路

四、极性交叉

（一）轨道电路的极性交叉

有钢轨绝缘的轨道电路为实现对钢轨绝缘破损的防护，要使绝缘节两侧的轨面电压具有不同的极性或相反的相位，如图 4-15 所示。

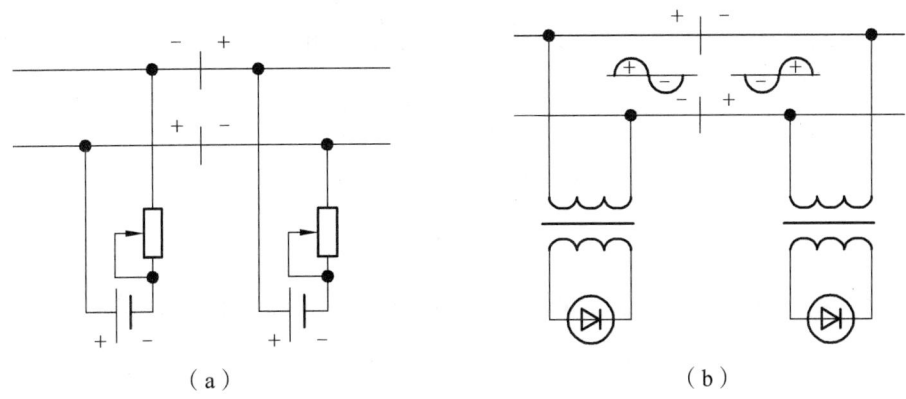

图 4-15 轨道电路的极性交叉

（二）极性交叉的作用

极性交叉可以防止在相邻的轨道电路间的绝缘节破损时引起 GJ 的错误动作。

若不采用极性交叉，当发生绝缘破损（分割绝缘双破损）时，本区段有车占用，靠相邻区段送电可使本区段 GJ 不落（见图 4-16）。

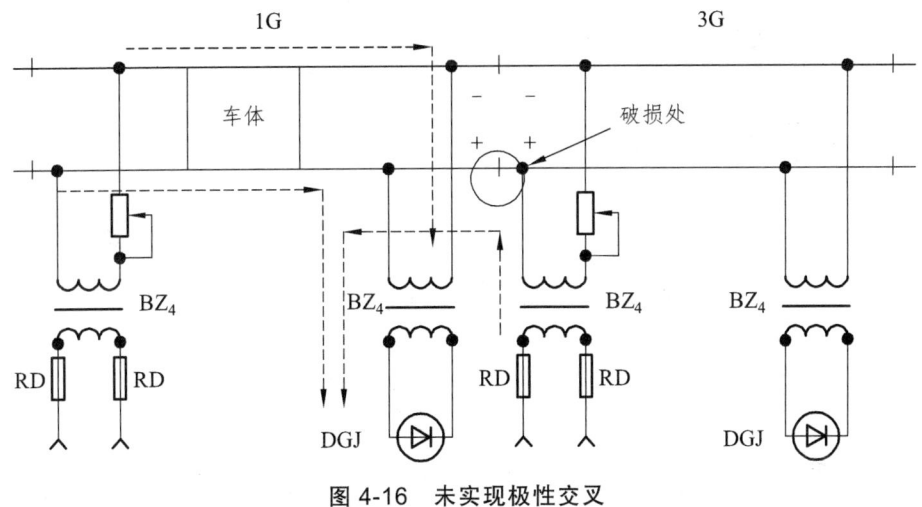

图 4-16 未实现极性交叉

实行极性交叉后，发生绝缘破损（分割绝缘双破损）时，由两个轨道区段提供的电源向 GJ 输送的电流相反，只要调整得当，两区段的继电器也都会落下，以实现"故障—安全"原则（见图 4-17）。

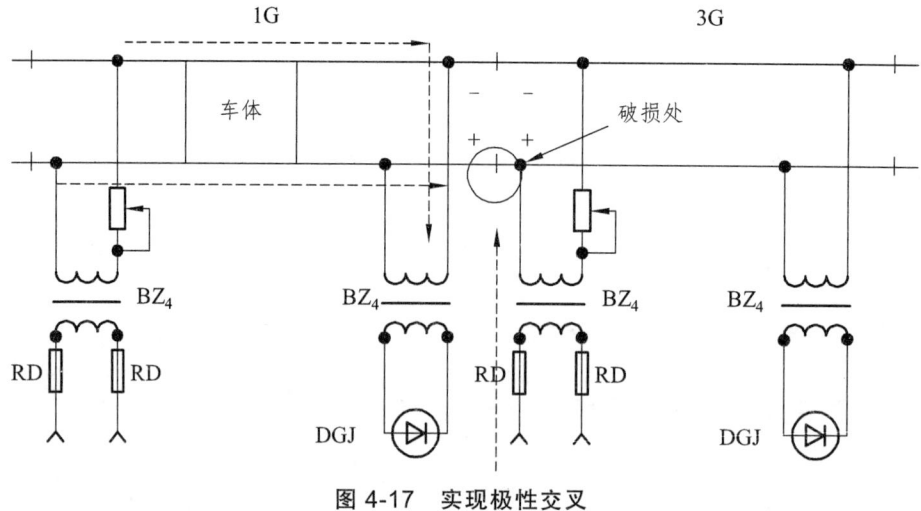

图 4-17 实现极性交叉

提示：极性交叉原则对交流轨道电路来说是相位交叉，对各种频率式电码轨道电路来说是频率交叉。

五、钢轨绝缘的设置

设置钢轨绝缘时应注意以下几点：

（1）在道岔区段，设于警冲标内方的钢轨绝缘除双动道岔渡线上的绝缘外，其他安装位置距警冲标不得小于 3.5 m。我国的各种车辆中，第一轮对（或第四轮对）中心至本侧车箱尾端的距离最大为 3.290 m。如图 4-18 所示，当不得已必须装于警冲标内方小于 3.5 m 处，则构成了"侵限绝缘"，侵限绝缘在信号设备平面图上以圆圈表示，如图 4-19 所示。在联锁中要充分考虑"侵限绝缘"的防护问题。

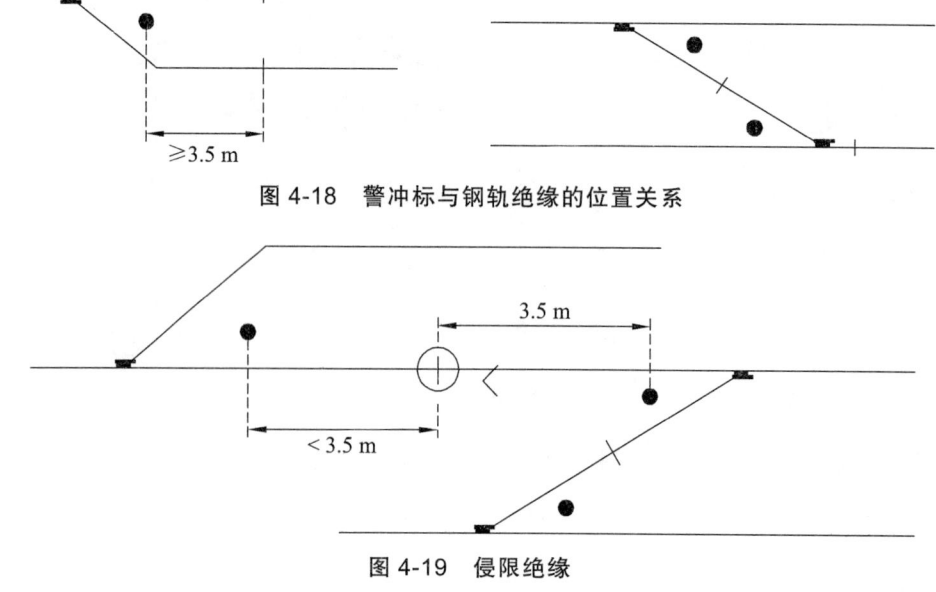

图 4-18 警冲标与钢轨绝缘的位置关系

图 4-19 侵限绝缘

（2）轨道电路的两钢轨绝缘应设于同一坐标处。一对绝缘的两组坐标应尽量对齐，若对不齐则两绝缘中间的部分当有车占用时不能反映，称为死区段。

在死区段中，由于两条钢轨所接的电源极性相同（或频率相同），或是两条钢轨的电源不能构成有效的闭合电路（如两个不同的轨道区段），列车占用时不能明确反映轨道的占用情况。

（3）死区段间隔或与相邻轨道电路的间隔必须大于车辆两轴间的最大距离。为防止车辆跨压，轨道区段的长度、两相邻死区段的间隔及死区段与相邻区段的距离不得小于18 m。车辆中以 SRZ 型客车内轴距最大为 15.2 m，因留有一定余量，所以规定为 18 m，如图 4-20 所示。

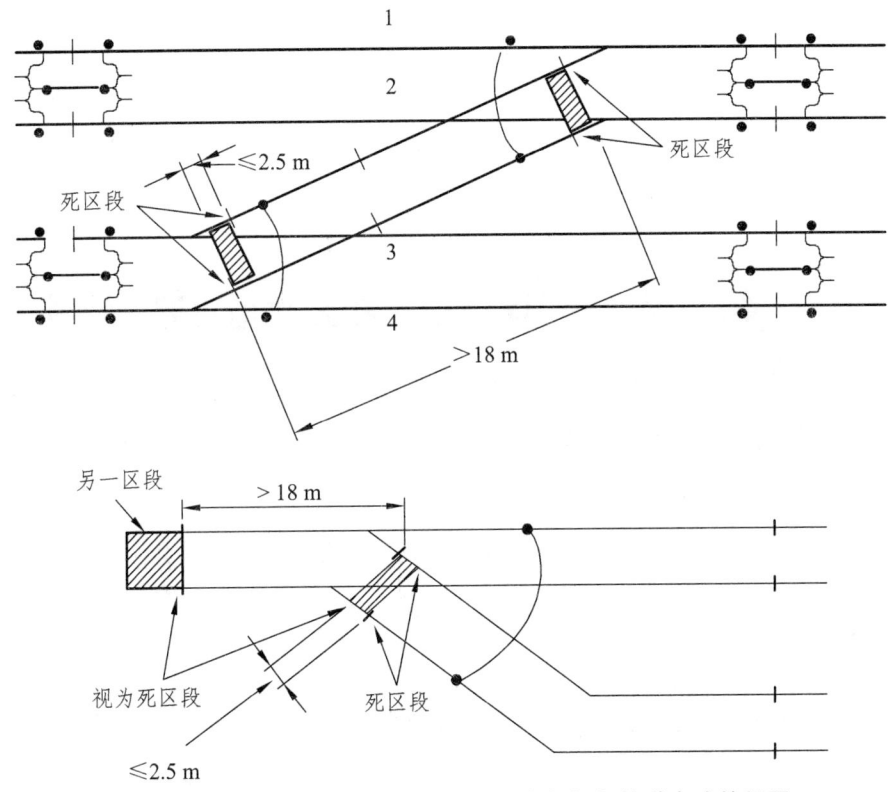

图 4-20　死区段与相邻死区段的间隔或与相邻轨道电路的间隔

（4）设于信号机处的钢轨绝缘，应与信号机坐标相同。
（5）异型钢轨接头处不得安装钢轨绝缘。

六、轨道电路常见故障

（一）分路不良故障

分路不良故障是指有车占用轨道电路时，有关轨道继电器不能可靠落下，控制台或显示器相应的区段不显示红色光带。

造成这类故障的原因：轻车（如单机）、轨面不清洁（如生锈、油污、冰雪等）、高阻轮对车（即车辆轮对自身电阻大）等。

危害：由于不能利用轨道继电器检查出轨道区段有车占用，存在道岔中途转换、向占用线路接车等危险。因此发生分路不良问题后必须严格执行有关要求，确保办理接、发车作业安全。

（二）红光带故障

红光带故障是指轨道区段无车占用时，控制台或显示器相应的区段显示红色光带。

造成这类故障的原因：轨道电路送电电压低，道床潮湿、轨道电路有断线或轨道电路绝缘破损等。

危害：由于显示"红光带"的区段内所有道岔均不能正常转换、不能经过有"红光带"的区段正常办理接车、发车进路、不能正常开放信号，因此，列车发生非占用红光带主要影响车站作业效率，部分行车安全依靠人工保障，有关工作人员必须严格执行非正常情况下的解法列车作业办法。

第三节　50 Hz 微电子相敏轨道电路

城市铁路、地铁工程车辆段内的列车无机车信号显示，因此其轨道电路的功能仅为列车占用检查。由于其电力机车一般为直流牵引，且牵引回流为单条钢轨，50 Hz 交流连续式轨道电路需加设滤波器防护，滤波器故障不能保证安全，故轨道电路须采用单轨条回流方式的 50 Hz 相敏轨道电路。

一、技术条件

50 Hz 微电子相敏轨道电路专为城市轨道交通研制，用于车辆段（停车场）内。
（1）设备电源采用直流 24 V ± 3.6 V，交流分量不大于 1 V。
（2）轨道电路的分路电阻为 0.15 Ω，分路残压不大于 10 V。
（3）送、受电端防护电阻的阻值不小于 1.6 Ω。
（4）本制式考虑的基础为股道按四根牵引轨条并联使用。
（5）在钢轨阻抗为 $0.8\angle 60°Ω/km$、道碴电阻为 1.5 Ω·km ~ ∞。
（6）送电端电缆允许压降不大于 60 V。
（7）微电子相敏接收器轨道输入信号与局部信号电源相差为 0°。
（8）轨道电路的极限长度为 300 m。
（9）微电子相敏轨道电路接收器的返还系数大于 85%。
（10）当环境温度为 – 25 ℃ ~ 60 ℃ 时，设备能可靠工作。
（11）能适应的最大直流牵引电流为 4 000 A。

二、设备的构成

（1）WXJ50：50 Hz 微电子相敏接收器。

（2）BG5-B：送电端电源变压器。

（3）BZ-B：受电端中继变压器。

（4）JNQ-B：节能器。

（5）TFQ：调相防雷器。

（6）R_1、R_2：送、受电端防护电阻。

（7）RD1：熔断器，SA-B-10A。

（8）RD2：熔断器，SA-B-1A。

1. 轨道变压器

轨道变压器用于轨道电路供电，可通过改变变压器Ⅱ次侧的端子连接，获得不同的输出电压，具有降压、保证人身安全的作用（见图4-21）。

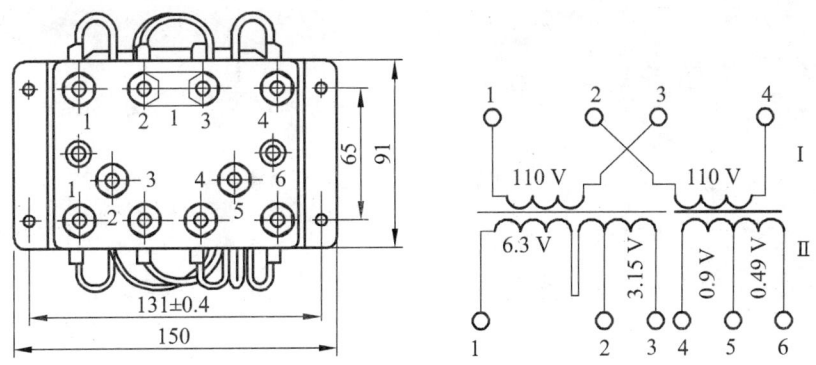

图 4-21　轨道变压器

2. 中继变压器

中继变压器用于轨道电路受电端，BZ4 与 JZXC-480 型轨道继电器配合使用，具有使钢轨阻抗与轨道变压器相匹配、升压的作用。

3. 送电端变阻器

当轨道电路被车辆轮对分路后，送电端变阻器用于承载送电端电流，保护设备不受损坏，微调轨面电压。

4. 钢轨绝缘

如图 4-22 所示，钢轨绝缘将轨道区段划分为不同的区段，以保证相邻轨道电路间的可靠的电气绝缘，使它们互不影响。

图 4-22 钢轨绝缘

5. 钢轨引接线

如图 4-23 所示，钢轨引接线用于轨道电路送受端变压器箱或电缆盒与钢轨的连接。

6. 钢轨接续线

如图 4-24 所示，钢轨接续线用于连接两钢轨轨端，降低接触电阻。有塞钉式（现场广泛使用）、焊接式。

图 4-23 引接线

图 4-24 接续线

7. 调相防雷器 TFQ（WXJ50 双机并用情况下）

一个调相防雷器 TFQ 可供两个轨道电路接收端使用。（一个报警器 BJQ 可对 8 台相敏接收器的工作状态进行检测。）

调相防雷器 TFQ 外形采用安全型继电器结构，内部由隔离变压器、硒堆、电容组成。其作用有两个：

（1）轨道调相：室内送出的轨道电源与局部电源是同相的，但经钢轨的传输，由于道床的泄露、分布电容、轨道电路室内外设备等因素的存在，造成相位的偏移，这样就需要轨道调相（电容调相）。

（2）轨道防雷：横向防雷用硒堆；纵向防雷用隔离变压器。

三、WXJ50 型微电子相敏轨道电路接收器

WXJ50 型微电子相敏轨道室内设备包括 WXJ50 型微电子相敏轨道电路接收器（见图 4-25）和调相防雷变压器（TFQ）（见图 4-26）。

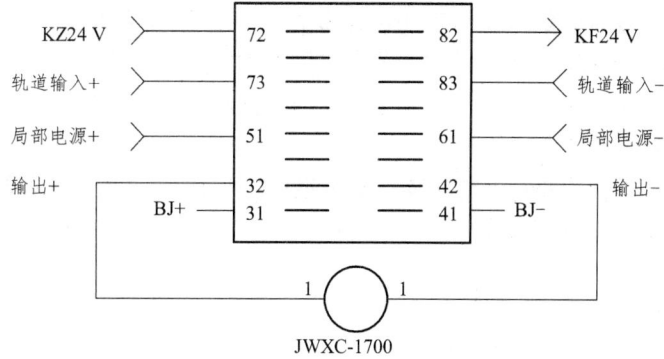

图 4-25　WXJ50 型微电子相敏轨道电路接收器端子图

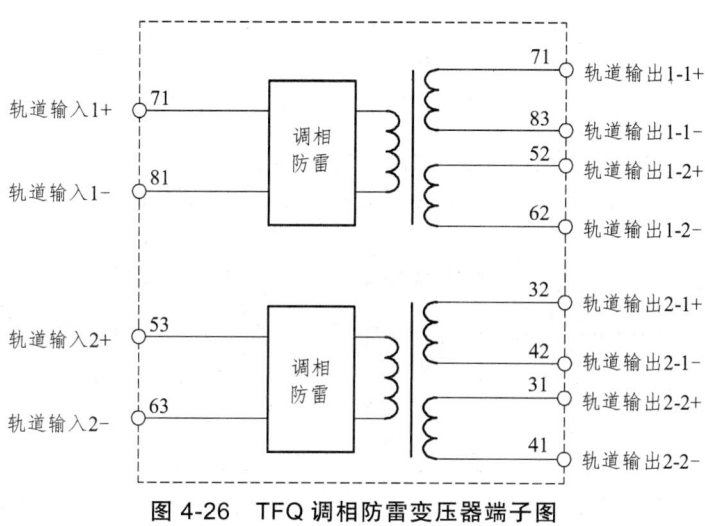

图 4-26　TFQ 调相防雷变压器端子图

WXJ50 接收器采用不同的组合配置,可以构成单套设备使用结构,也可以构成双套设备并联使用结构,以提高系统的可靠性、方便维修,其使用器材完全一致,只是组合配置不同。

单套结构称为 WXJ50-I 型微电子相敏轨道电路,双套结构称为 WXJ50-II 型微电子相敏轨道电路。

(一) WXJ50 型微电子相敏轨道电路接收器技术条件

WXJ50 型微电子相敏轨道电路接收器安装在安全型继电器罩内,采用继电器插座,其端子图如图 4-25 所示。

(1) WXJ50 型微电子相敏轨道电路接收器工作电源为直流 $24\ V \times (1 \pm 15\%)$,交流分量不大于 1 V,可由电源屏供给,也可另加独立整流电源供给。每套接收器耗电小于 100 mA(包括驱动 JWXC-1700 型 GJ 的电流)。

(2) WXJ50 型微电子相敏轨道电路接收器局部电源为 110 V/50 Hz,由电源屏或另加独立电源供给。每套接收器局部输入阻抗为 30 kΩ,输入电流约为 3.7 mA。

(3) WXJ50 型微电子相敏轨道电路接收器的最后执行继电器是 JWXC-1700 安全型继电器。

(4) 轨道接收阻抗:$Z = (500 \pm 20)\ \Omega$,$\theta = 0°$。

（5）轨道接收信号与局部电源为理想相位0°时，工作值为（12.5±1）V，GJ的应变时间<0.5 s，返还系数大于85%。

（6）轨道输入采用隔离变压器，具有较强的雷电防护能力。

（7）具有可靠的绝缘破损防护性能。

（8）调相防雷变压器（TFQ）也安装在安全型继电器罩内，每个继电器罩安装2套设备，供两段轨道电路使用。其端子图如图4-26所示。

（二）WXJ50-I型微电子相敏轨道电路

WXJ50-I型微电子相敏轨道电路每个组合安装8段轨道电路设备。轨道组合如图4-27和图4-28所示。

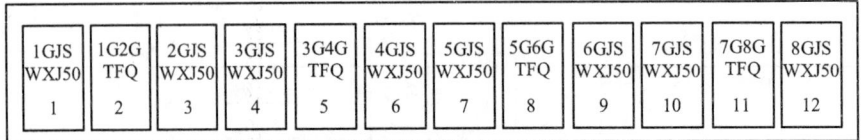

图4-27 WXJ50-I型微电子相敏轨道电路轨道组合

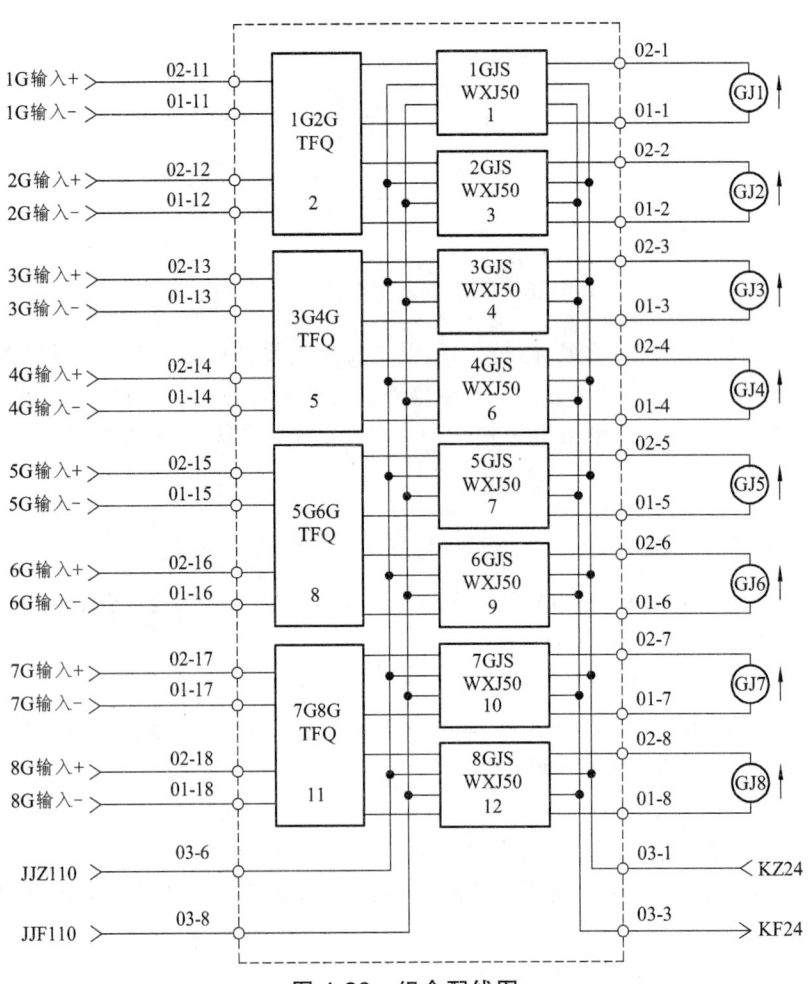

图4-28 组合配线图

(三) WXJ50-Ⅱ型微电子相敏轨道电路

WXJ50-Ⅱ型微电子相敏轨道电路是 WXJ50-Ⅰ型的双套化产品,每段轨道电路使用两套 WXJ50 接收器,共同驱动一个轨道继电器。其两套设备中只要有一套正常工作,就能保障系统正常运行,进一步提高了系统的可靠性。如果其中一套发生故障,能够及时报警,通知维修人员进行维修,而且对其中单套维修时,不影响系统使用,方便现场维修。

WXJ50-Ⅱ型微电子相敏轨道电路每个组合安装 4 个轨道区段(8 台接收器)、1 个报警盒(BJH)。报警盒也安装在安全型继电器罩内,如图 4-29 所示。

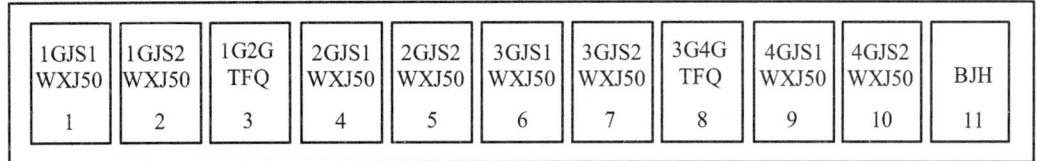

图 4-29　WXJ50-Ⅱ型微电子相敏轨道电路轨道组合

1. 相敏接收器

8 台接收器的 31 端子接在一起并接到报警器 BJQ 的 71 端子,8 台接收器的 41 端子接到报警器 BJQ 的 8 个输入端,如图 4-30 所示。

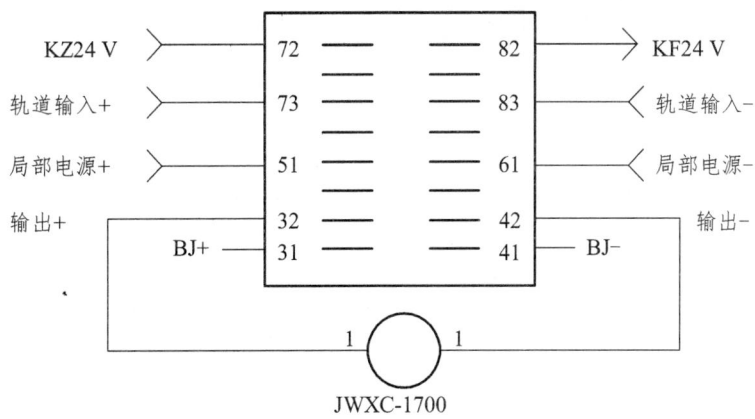

图 4-30　相敏接收器端子图

2. 报警盒

报警盒上有报警表示灯,能明确显示哪个设备发生故障,并使报警继电器(BJJ)吸起报警。

报警盒的"报警输出 +"接 KZ24V,本车站所有报警盒的"报警输出 -"并联,接报警继电器(JWXC-1700)的线圈"1",线圈"4"接 KF24V,如图 4-31 所示。

报警器 BJQ(可对 8 台相敏接收器的工作状态进行检测),报警器 BJQ 外形结构采用安全型继电器结构,报警器上有红灯和黄灯两种报警指示灯,能够明确指示哪个设备发生故障。

红灯:DC 24 V 电源灯。红灯亮表示电源工作正常,红灯灭表示电源断电。

黄灯:数量有 8 个,平时灭灯不亮。黄灯闪光,表示接收器故障。同时报警继电器吸起,通知维修人员更换设备。

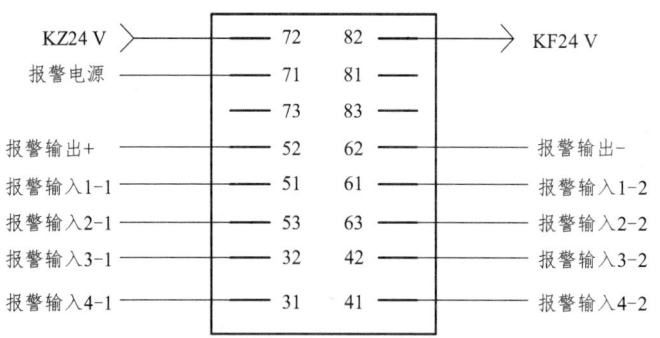

图 4-31 报警盒端子图

3. WXJ50 接收器表示灯意义

红灯为直流 24 V 电源表示灯,红灯亮表示直流 24 V 电源工作正常,红灯灭表示直流 24 V 电源断电。

绿灯亮表示对应的轨道区段无车占用,绿灯灭表示对应的轨道区段有车占用。

红灯、绿灯交替闪光表示电子接收器的局部电源断电。

4. WXJ50 轨道电路测试盘

如图 4-32 所示,微电子相敏接收器在测试轨道电路接收电压的同时测量接收信号与局部信号的相位和 GJ 电压。其外观如图 4-33 所示。

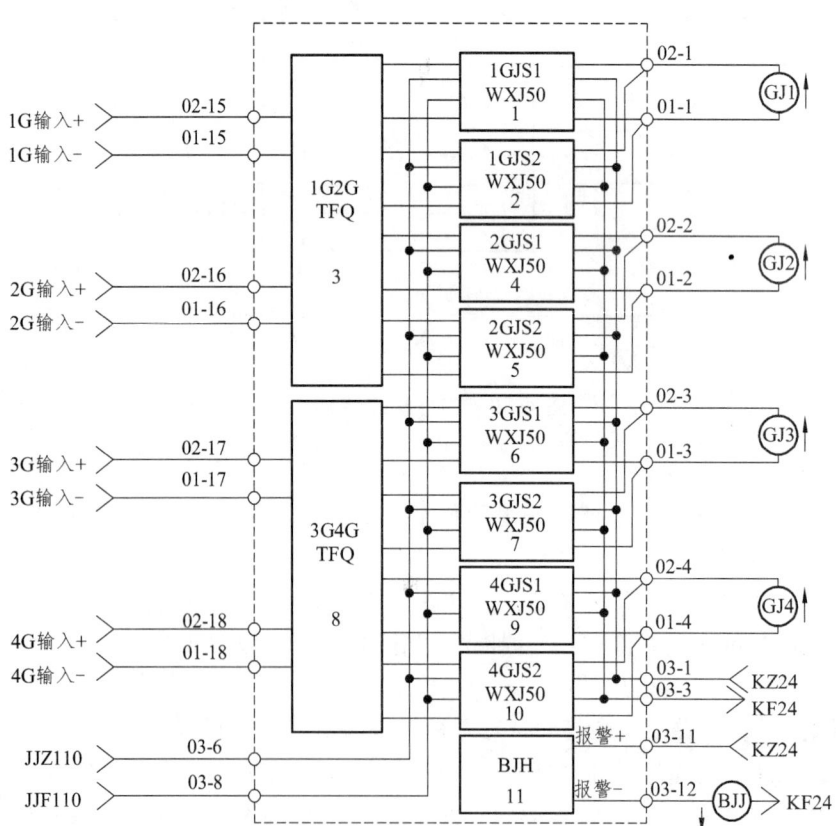

图 4-32 WXJ50-II 型微电子相敏轨道电路组合配线图

WXJ50 轨道电路测试盘的作用：

（1）转换开关。

（2）测量轨道接收电压 50 Hz 交流电压表。

（3）测量轨道电源与局部电源之间相位角的 50 Hz 数字相位表（附电源开关，用 50 Hz 110 V 作为工作电源）。

（4）测量执行继电器工作电压的直流电压表。

图 4-33　WXJ50 轨道电路测试盘

四、50 Hz 微电子相敏轨道电路故障分析与处理

轨道电路的两种常见故障为：有车占用无红光带和无车占用显示红光带。

1. 有车占用无红光带的故障分析

此类故障多发生在室外，包括：

（1）室外发生混线、有其他电源混入、牵引电流干扰等导致 GJ 仍处于吸起状态。

（2）钢轨生锈、车辆轴重较轻、轮对电阻过大等导致轨道电路分路不良。

（3）由于轨面电压调整过高而造成轨道电路分路不良。

（4）在道岔区段，由于岔后跳线开路等因素出现轨道电路死区段。

2. 无车占用显示红光带的故障

此类故障多为短路故障。

第四节　计轴器

一、计轴器概述

西门子信号有限公司生产的 AzS（M）350 U 型微机计轴系统［以下简称 AzS（M）350 U］是经过 EBA（德国联邦铁路局）认证的设备。

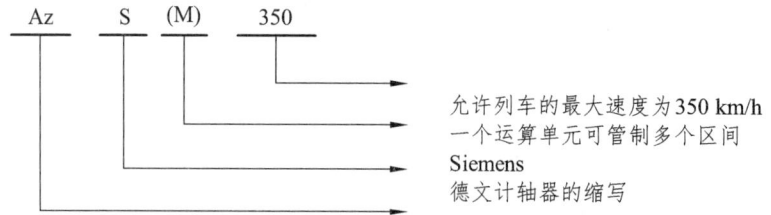

20 世纪 30 年代，随着欧洲铁路轨枕的钢枕化，代替轨道电路作为铁路区段空闲检查的计轴设备随之出现了。计轴设备集现代传感技术和计算机技术的优秀成果，越来越展现出其无比的优越性和广泛的发展空间，成为当今理想的铁路轨道区段、区间的空闲检查产品。

计轴设备的最大优势在于它与轨道状况的无关性，这使其不仅具备检查长轨道区间的能力，而且也解除了长期因道床潮湿和钢轨生锈影响铁路正常运行的困扰。

二、计轴系统基本工作原理（见图 4-34）

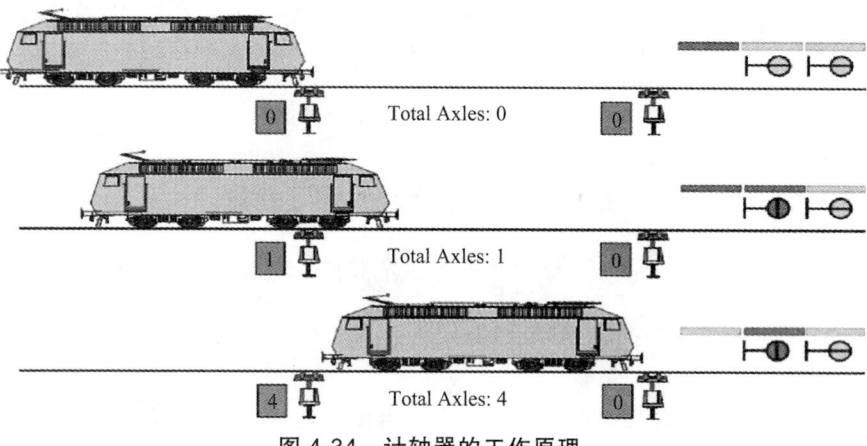

图 4-34　计轴器的工作原理

（1）在所监测区段的每一个端口安装一个计轴点。

（2）计轴点监测在这个轨道区段上运行的机车和车辆的轴数及运行方向，每个计轴点通过一根两芯电缆将这些信息传送到运算单元；同时，这条电缆也用来向计轴点供电，如图 4-35 所示。

（3）计轴系统用于自动监控区间线路和车站线路，将线路空闲检测区段、道岔和股道显示"空闲"或"占用"。

（4）计轴系统包括 ZP43 计轴点装置和运算单元。安装在一根钢轨上的双置传感器（两个发送器和两个接收器）探测通过的车轮，当车轮通过时，因其改变了传感器的发送器和接收器之间的交变电磁场，从而改变了接收线圈上的感应电压，其幅度的变化及其变化的时间顺序包含了计数和识别方向所必需的信息，这个信息从计轴点传送到运算单元上。

（5）运算单元处理从计轴点传来的信号，比较进入区段的轴数和离开区段的轴数，监控线路区段，给出空闲/占用指示，如图 4-36 所示。

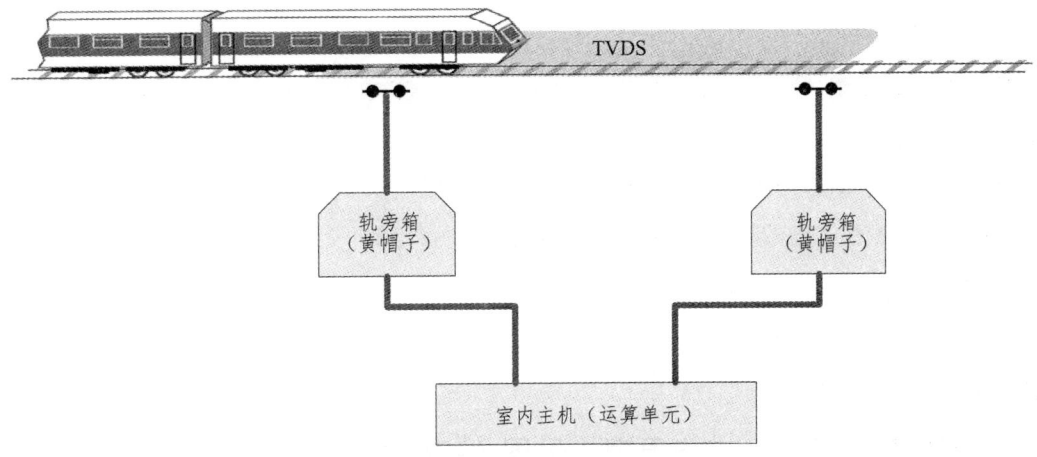

图 4-35 计轴点监测

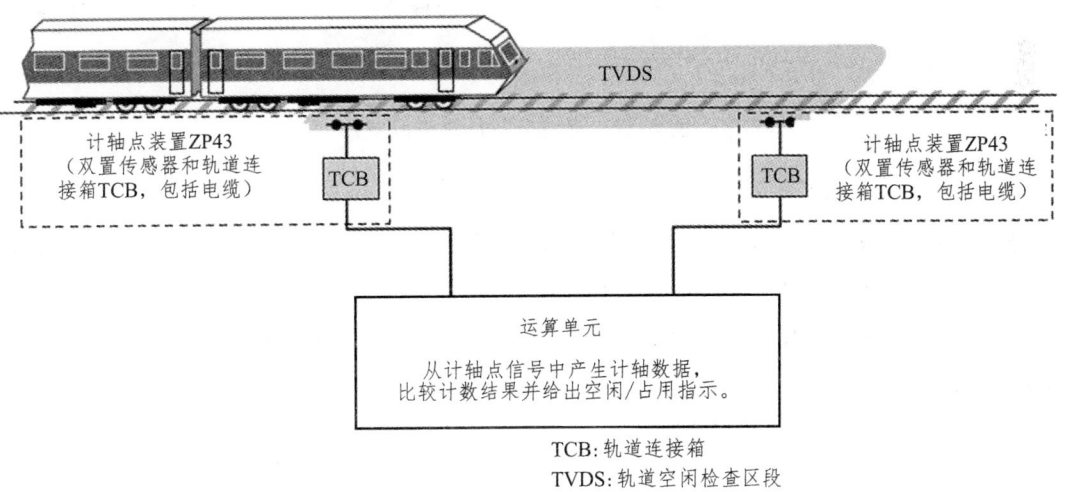

图 4-36 计轴器的运算单元

三、计轴系统相较于轨道电路的特点

（1）轨道区段的长度几乎没有限制。

（2）勿须绝缘节。

（3）不受道床电阻影响。

（4）在钢轨表面生锈、污染条件下，仍能可靠安全地检测列车。

（5）对电气化区段牵引回流的连接及接地线无限制。

（6）不能检测断轨（现已采用超声波检测）。

（7）轴站间自动闭塞时，需与机车信号发送设备配套使用。

四、计轴点的命名及设置

(一) 命 名

计轴点命名规则：分上、下行线路分别编号；上行线路为双号，下行线路为单号。以车站为单位进行编号。

计轴点命名举例：A0103，"A"代表该设备为计轴磁头，"01"代表其所在车站的编号，"03"代表其所在车站内的序号，表明该计轴点在下行线路。

1. 无岔计轴区段

无岔区段以"T"开头，编号由四位数字组成，前两位为车站编号，后两位为区段号码，上行线编双号，下行线编单号。

无岔轨道区段命名举例：如图 4-37 中 T0103，"T"代表该轨道区段为无岔轨道区段，"01"代表其所在车站的编号，"03"代表其所在车站内的序号，表明该轨道区段位于下行线路。

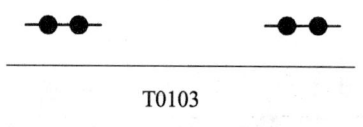

T0103

图 4-37 无岔区段计轴点设置

2. 有岔轨道区段

例 1：ST0109，"ST"代表该轨道区段为有岔轨道区段，"01"代表其所在车站的编号，"09"代表该有岔轨道区段仅有的一个道岔的编号，如图 4-38 所示。

例 2：ST010507，"ST"代表该轨道区段为有岔轨道区段，"01"代表其所在车站的编号，"0507"代表该有岔轨道区段内两个道岔的编号，如图 4-38 所示。

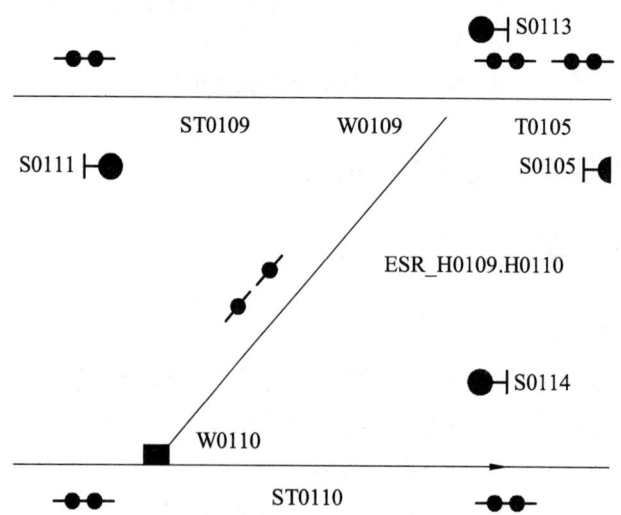

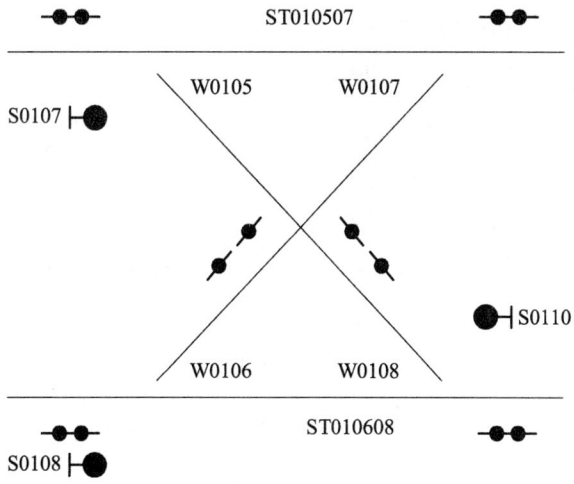

图 4-38 道岔区段计轴点设置

（二）计轴点的设置

1. 单个区段占用判断原则

A 轴数 = B 轴数，1GJ 吸起；A 轴数 ≠ B 轴数，1GJ 落下（见图 4-39）。

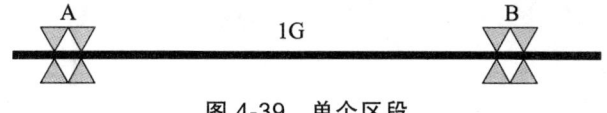

图 4-39 单个区段

2. 两个连续区段占用判断原则

A 轴数 = B 轴数，1GJ 吸起；A 轴数 ≠ B 轴数，1GJ 落下；B 轴数 = C 轴数，2GJ 吸起；B 轴数 ≠ C 轴数，2GJ 落下（见图 4-40）。

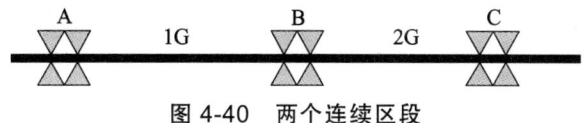

图 4-40 两个连续区段

3. 一送多受区段占用判断原则

A 轴数 =（B 轴数 + C 轴数 + D 轴数），1DGJ 吸起；A 轴数 ≠（B 轴数 + C 轴数 + D 轴数），1DGJ 落下（见图 4-41）。

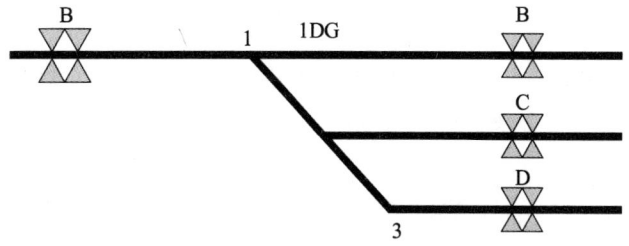

图 4-41 一送多受轨道区段

4. 双动道岔区段占用判断原则

A 轴数 =（B 轴数 + C 轴数），1DGJ 吸起；A 轴数 ≠（B 轴数 + C 轴数），1DGJ 落下；E 轴数 =（C 轴数 + D 轴数），3DGJ 吸起；E 轴数 ≠（C 轴数 + D 轴数），3DGJ 落下（见图 4-42）。

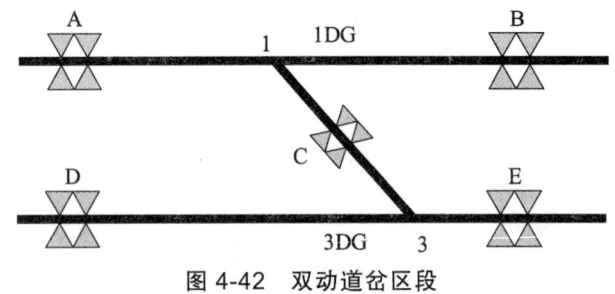

图 4-42 双动道岔区段

五、计轴系统构成的 CBTC 降级运行信号系统

在 CBTC 的无线通信系统故障，或者 CBTC 尚未建成的情况下，可以使用由计轴器构成的 CBTC 降级运行信号系统。

CBTC 降级运行信号系统包括以下部分。

（一）计算机联锁

计算机联锁采集计轴器检查区段占用与空闲的信息，实现道岔、进路、信号机的联锁控制。

（二）自动站间闭塞

自动站间闭塞是基于计轴轨道区段而实现的系统，当检查站间空闲时，自动开放出站信号机，构成站间闭塞。

（三）点式 ATP

点式 ATP 所需要的列车定位信息和地面信号机信息由应答器提供。

六、计轴复位

计轴容易经常受扰，受扰的原因包括"掉电"、电磁干扰、磁头划过金属物等。因此，计数器的轴数往往出现差错导致系统故障，这时就需要人工操作进行计轴复位。所谓复位，就是让计轴的轴数清零，同时计轴轨道区段为出清状态（GJ 吸起）。实际上，计轴复位是一个安全作业程序，在计轴系统故障状态下使用。

在车控室内，计轴复位按钮盘上设置计轴复位按钮，由车站值班员按压计轴复位按钮，计轴主机采集到计轴复位按钮的按下状态后，做出相应的处理。

计轴系统提供 4 种复位方式：

（一）无条件复位

执行计轴复位前，值班员必须确保该区段内无车。然后按压计轴复位盘上的复位按钮，计轴运算单元采集到该复位命令，即执行计轴复位，GJ 吸起。

（二）有条件复位

当计轴区段里出现计轴干扰，造成列车进入端的计轴错误计数，而列车离开区段端（驶出端），此时离开的轴数和进来的轴数经计轴运算单元计算，两者不等而使区段显示未出清。但此时列车已经出清该区段。

执行计轴复位前，值班员必须确保该区段内无车。必须在最后一个计数动作为离开区段的计数时，才允许执行计轴复位。进行有条件复位可减少调度员人为错误的风险。

（三）预复位

按压计轴复位盘上的复位按钮，计轴主机采集到该复位命令后，先使计轴清零，但此时区段处于列车占用状态，GJ 落下。随后下一列车通过区段，计轴运算单元检查室外计轴点的正确运行，只有当进入和离开该区段的轴数相同时，才会判定区段出清，GJ 吸起。

（四）带确认的预复位

与预复位相比，需要增加一道人工确认列车出清该区段的确认操作。

按压计轴复位盘上的复位按钮，计轴主机采集到该复位命令后，先使计轴清零，但此时区段处于列车占用状态，GJ 落下。

随后下一列车通过区段，要求人工确认列车正确通过区段，随后向计轴运算单元发送一个确认命令。

只有当进入和离开该区段的轴数相同时计轴运算单元检查室外计轴点的正确运行，才会判定区段出清，GJ 吸起。

地铁多推荐采用预复位方式，在计轴过程中出现问题时，将一段计轴区间的状态复位为"零"，该计轴区段仍显示占用，当首列沿着此计轴方向行驶的列车（要求低速）通过该计轴后，计轴设备就会提供计轴区段出清空闲的显示。

复位按钮按压时间一般要求超过 0.5 s。

第五节　应答器

一、应答器概述

应答器是一种采用电磁感应原理构成的高速点式数据传输设备，是 ATP 系统的关键部件，用于在特定地点实现地面—列车间的数据交换。一般装在轨道中间，存储并发送特定信息给通过列车，也可能接收列车等发送的信息（见图 4-43）。

图 4-43　应答器

应答器为列车提供 ATP 所需的各种点式信息，包括进路长度、道岔长度、闭塞分区长度、坡度、曲线等，确保列车在高速运行状态下的安全。

没有初始位置的列车行驶经过应答器之后，可以实现定位，获取自己在一条地铁线路中的具体位置；运行中的列车通过不断经过多个应答器而持续地实现位置校正，减少行驶过程中产生的累计误差，提高列车的测速测距精度，从而计算出自己在线路中的精确位置。

二、应答器的功能

（1）自动区分上、下行列车的地面信息。
（2）提供电子里程标校准列车位置。
（3）提供列车前方一定距离内的线路横纵断面的数据，如桥梁、信号机、标志牌等影响列车运行的信息。
（4）向地面有源应答器发送车次号信息。

三、应答器的分类

（一）固定信息（无源）应答器

特点：密封元件，免维护，便于安装，可以重复编程（无接触）。

每个无源应答器预先固定写入一条应答器报文，列车经过该应答器时，固定发送预先写入的报文。

无源应答器用于发送固定不变的数据，如线路坡度、最大允许运行速度、轨道电路参数等信息。

（二）可变信息（有源）应答器

特点：到 LEU 的标准化接口，相同的外形加电缆。

有源应答器通过专用的应答器电缆与 LEU（轨旁电子单元）连接，根据 LEU 设备所发送的报文，变化地向列车传送应答器报文信息（见图 4-44）。

有源应答器的报文应按应答器编码规则编制，内容包括编号、临时限速、进路长度、线路载频、线路固定信息等。

图 4-44 有源应答器

四、应答器系统的组成

应答器系统如图 4-45 所示,主要包括:
(1)地面设备:主要指地面应答器,还包括轨旁电子单元(LEU)。
(2)车载设备:包括车载查询器主机和车载查询器天线。

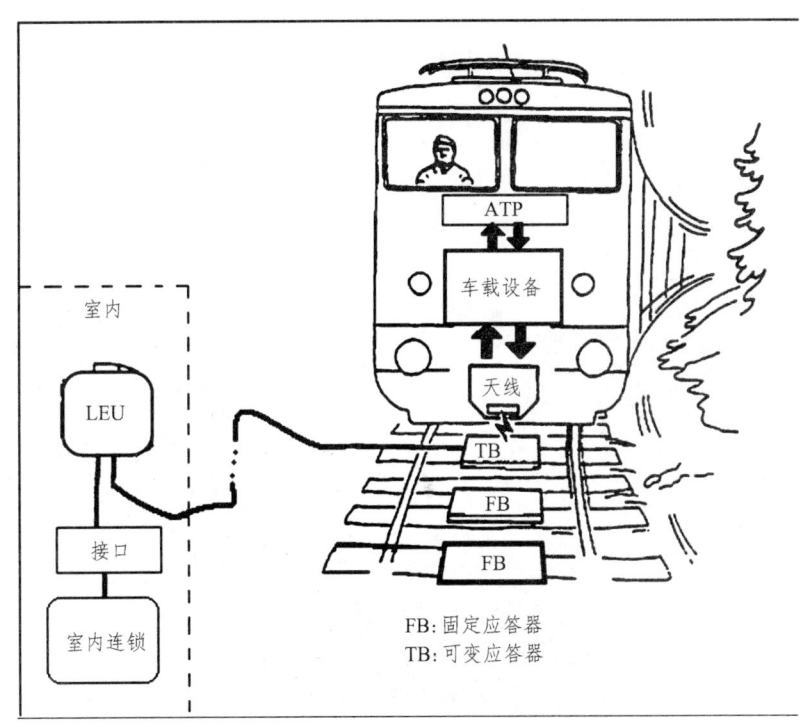

图 4-45 应答器系统的组成

（一）地面设备

1. 地面应答器

地面应答器安装于钢轨中心轨枕上。

无源应答器无须电源；有源应答器多一根电缆，与 LEU 连接。

地面应答器平时处于休眠状态；在列车经过时，接收车载天线发出电磁功率并转换为电能并工作，向车载设备发送大量编码信息。

无源应答器传达信息固定；有源应答器根据 LEU 传送的报文，向列车发出变化的信息。

2. 轨旁电子单元（LEU）

LEU 为数据采集与处理单元。它根据外界变化的条件，选择存储在 LEU 中的其中一条报文传送给地面有源应答器发送；或将外部发送的应答器报文传送给地面有源应答器发送。

（二）车载设备

1. 查询主机

查询主机配合列车运行控制系统完成如下主要功能：

（1）自动区分上、下行列车的地面信息。

（2）提供列车前方一定距离内的线路参数信息。

（3）提供地面信号状态信息。

（4）提供电子里程标信息，校准列车位置。

（5）向地面有源应答器发送车次号信息。

2. 车载天线

车载天线安装于列车两端底部，距轨道 180～300 mm，为防撞击损坏，外部由硬塑料壳保护（见图 4-46）。

图 4-46　车载天线

车载天线的作用：

（1）连续向地面发射电磁能量，使地面应答器开始工作。

（2）接收来自地面应答器发送的报文（见图 4-47）。

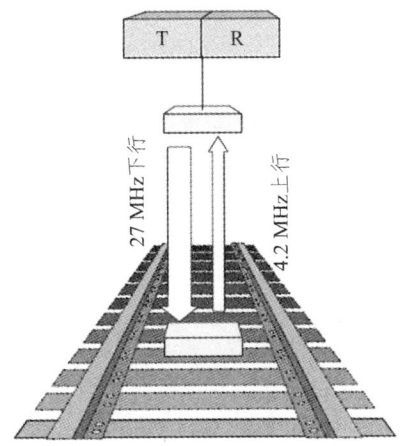

图 4-47　车载天线与地面应答器之间的关系

思考与练习

一、填空题

1. 轨道电路有_____、_____、_____三种状态。

2. 轨道电路的作用包括_____、_____。

3. 轨道电路按传输电流特性不同，可分为_____和_____。

4. 为了防止辙叉使轨道电路短路，在道岔区段上，除了各种杆件、转辙机安装装置等加装绝缘外，还应在_____加装切割绝缘，此类绝缘称为道岔绝缘。

5. 极性交叉指有钢轨绝缘的轨道电路，为实现对钢轨绝缘破损的防护，要使_____的轨面电压具有_____。

6. 报警器（BJQ）外形结构采用_____，报警器上有_____和_____两种报警指示灯，能够明确指示哪个设备发生故障。

7. WXJ50 接收器表示灯意义：绿灯亮表示_____；绿灯灭表示_____。

8. CBTC 降级运行信号系统包括_____、_____、_____。

二、选择题

1. 关于轨道电路工作原理描述不正确的是（　　）。

　　A. 空闲，轨道继电器吸起

　　B. 占用，轨道继电器落下

C. 断轨，轨道继电器吸起

　　D. 断轨，轨道继电器落下

2. 关于有绝缘轨道电路说法不正确的是（　　）。

　　A. 钢轨绝缘在列车运行的冲击力作用下容易被破损造成轨道电路故障

　　B. 增加了列车过接缝时乘客的不舒适感

　　C. 有利于牵引电流的回流输送

　　D. 城市轨道交通中有绝缘轨道电路多用于车辆段内的轨道电路。

3. 在道岔区段，设于警冲标内方的钢轨绝缘，除双动道岔渡线上的绝缘外，其他安装位置距警冲标不得（　　）。

　　A. 小于 3.5 m　　　　　　　　B. 大于 3.5 m

　　C. 大于 3.290 m　　　　　　　D. 小于 3.290 m

4. 计轴系统与轨道电路相同的特点是（　　）。

　　A. 轨道区段的长度几乎没有限制

　　B. 不受道床电阻影响

　　C. 在钢轨表面生锈、污染条件下，仍能可靠安全地检测列车

　　D. 检测轨道的占用情况

5. 关于计轴复位，下列说法错误的是（　　）。

　　A. 执行计轴复位前，值班员必须确保该区段内无车

　　B. 进行有条件复位可减少调度员人为错误的风险

　　C. 复位按钮按压时间一般要求不能超过 0.5 s

　　D. 地铁多推荐采用预复位方式

三、判断题

1. 工频轨道电路只监督，不传输。　　　　　　　　　　　　　　　　　　（　　）
2. 模拟轨道电路比数字轨道电路传输的信息更多。　　　　　　　　　　　（　　）
3. 无绝缘轨道电路多用于正线上。　　　　　　　　　　　　　　　　　　（　　）
4. 有绝缘轨道电路有利于牵引电流的回流输送。因此，城市轨道交通中有绝缘轨道电路多用于车辆段内的轨道电路。　　　　　　　　　　　　　　　　　　　　　　（　　）
5. 凡有信号机的地方均应设有轨道绝缘。　　　　　　　　　　　　　　　（　　）
6. 一送多受轨道电路最多不应超过两个受电端，必要时应分为两个轨道电路。（　　）
7. 道岔区段轨道电路的连接方式中串联的连接方式较安全。　　　　　　　（　　）

四、简答题

1. 简述轨道电路的组成及各部分的工作原理。

2. 简述道岔区段轨道电路的要求。
3. 简述轨道电路的划分原则。
4. 轨道电路常见故障有哪些？
5. 简述计轴系统工作原理。
6. 简述应答器的作用。

第五章 联 锁

【知识要点】

- 掌握联锁道岔及进路的有关概念。
- 理解列车进路、调车进路、变通进路的操作方法。
- 掌握联锁关系。
- 掌握计算机联锁的基本结构和操作方式。

第一节 联锁概述

在铁路车站，列车或车列在站内运行时所经过的路径称为进路。每一条进路都有一组或若干组道岔，道岔的位置不同，进路也不同。每一条进路必须有信号机防护。为了保证列车运行及调车作业的安全，站内相关信号、道岔、进路之间必须建立一种相互制约的关系，这种关系称为联锁关系，简称联锁。实现联锁关系的控制设备称为车站信号联锁系统。

在电气集中车站，无论采用继电联锁控制还是计算联锁控制，室外的控制对象都相同，即通常被称为车站信号"三大件"的信号机、转辙机、轨道电路。联锁系统的任务就是实现对室外信号设备的控制和监督。

一、联锁及联锁设备

车辆段联锁设备是城市轨道交通的重要信号设备，用于完成车辆段内建立进路、转换道岔、开放信号以及解锁进路等作业，实现道岔、信号、进路之间的联锁关系，以保证行车安全，提高作业效率。车辆段的联锁设备早期采用继电集中联锁，目前多采用计算机联锁。

（一）联 锁

进路是列车和调车机车车辆在车辆段内所经过的径路，是从一架信号机开始，至同方向次一架信号机为止的线路。按照道岔的不同开通方向可以构成不同的进路，每条进路由相应的信号机防护，列车或调车机车车辆必须依据信号的开放进入或通过进路。办理进路，就是将有关道岔转换到进路要求的位置后锁闭，并开放防护进路的信号。但是有些进路如果同时建立会造成列车或调车车列冲突的危险，这样的进路互为敌对进路，防护这两条进路的信号互为敌对信号。

为了保证车辆段内的列车、调车作业安全，只有在进路空闲、道岔位置正确、敌对信号处于关闭状态时，防护进路的信号才能开放；当信号开放后，进路上有关道岔不能再转换，其敌对进路不能建立、敌对信号不能开放，这种信号、道岔、进路之间相互制约的关系，称为联锁关系，简称联锁。

（二）联锁的基本内容

联锁的基本内容包括：

（1）不允许建立会导致列车、机车车辆冲突的进路。防护进路的信号开放前，须检查其敌对信号处于关闭状态；信号开放后，应将其敌对信号锁闭在关闭状态，不允许办理与之相敌对的进路。

（2）进路上的道岔必须被锁闭在与所办理进路相符合的位置车辆段联锁设备通过按压控制台按钮或者利用鼠标点击计算机屏幕上的有关按钮办理进路，当有关道岔转换至开通进路的位置并锁闭后，才能开放信号。

（3）信号机的显示必须与进路的开通状态相符合。车辆段中，调车信号机的显示不表示道岔开通方向，但有些信号机（如进段信号机）的显示须指示所防护进路中道岔开通方向。

在车辆段联锁设备中，防护进路的信号机显示允许灯光时，表示进路已经准备好，允许列车进入。防护进路的信号开放应满足以下技术条件：

（1）进路上各区段空闲时才能开放信号。

（2）进路上有关道岔在规定位置才能开放信号。

（3）敌对信号未关闭时，防护进路的信号机不能开放。

（三）联锁设备

控制车站的道岔、进路和信号，并实现它们之间联锁关系的设备称为联锁设备。

联锁设备既可以分散控制，也可以集中控制。目前使用的联锁设备有继电联锁和计算机联锁两大类。

（1）继电联锁，又称为电气集中联锁，是用电气的方法集中控制和监督段内的道岔、进路和信号，并实现车辆段联锁关系的联锁设备。这种设备的主要特点是室外采用色灯信号机，道岔由转辙机转换，进路上所有区段均设有轨道电路，由继电电路实现对室外设备的控制并实现联锁，操作人员通过控制台集中操纵和监督全段信号设备。

（2）计算机联锁利用计算机实现车站的联锁关系，用继电电路作为计算机主机与室外信号机、转辙机、轨道电路的接口设备，操作人员通过计算机显示器等设备实现对现场设备的控制和监督。计算机联锁充分发挥了计算机的特点，操作表示功能完善，并方便设计、施工、维修和使用，便于实现信号设备的远程监督、远程控制和自动控制，是车站联锁设备的发展方向。

二、联锁道岔的有关概念

（一）道岔的位置

图 5-1 所示的道岔位置均是定位位置，因此，有时也称道岔的定位为道岔经常所处的位

置，道岔反位是建立进路时临时改变的位置。这是因为在非集中联锁的车站，道岔由扳道员手工扳动，经过道岔反位的作业完成后，扳道员必须将道岔恢复定位。采用集中控制后，由转辙机带动道岔转换，经过道岔反位建立进路后，即使道岔解锁，也无须将道岔恢复定位。因此，对于集中联锁的车站，道岔平时可能在定位，也可能在反位。

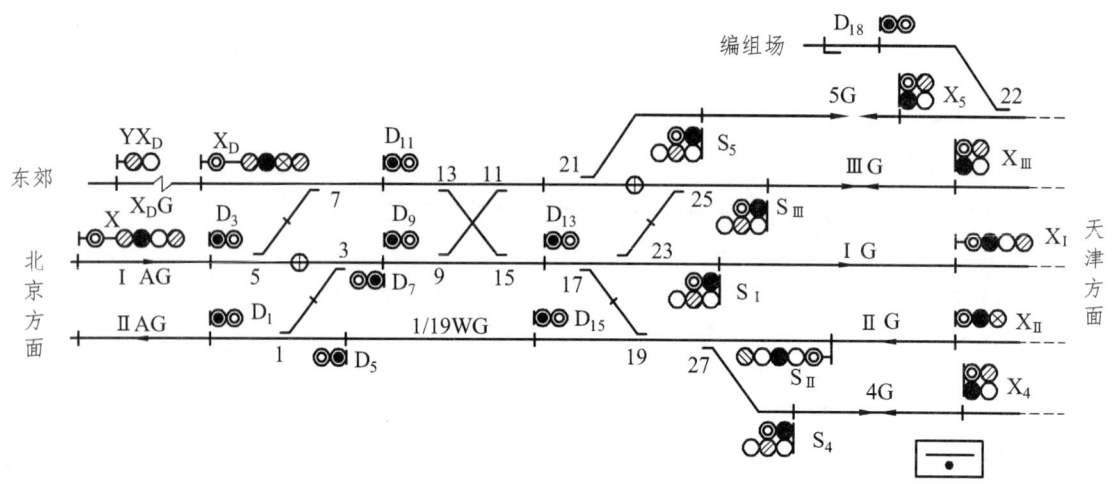

图 5-1 举例站场车站信号设备平面布置图

道岔定位既可能开通直向位置，也可能开通侧向位置。确定道岔定位时应按照左侧行车制，尽量减少扳动次数，以保证行车和调车作业安全为前提，基本原则如下：

（1）单线区段车站正线道岔，以车站两端开通不同股道为定位。如图 5-2 所示，1 号道岔以开通 3 股道（侧向开通）为定位，2 号和 4 号道岔以开通 II 股道（直向开通）为定位。

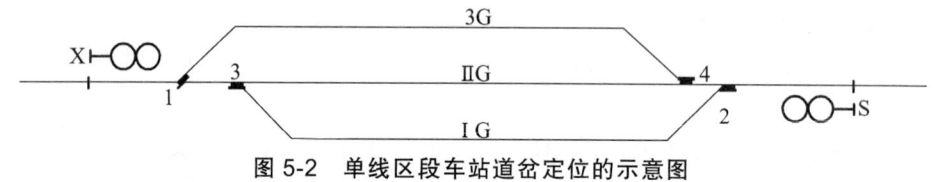

图 5-2 单线区段车站道岔定位的示意图

（2）复线区段车站正线道岔以开通正线为定位，如示例中站场连接正线的道岔均以开通直股为定位。

（3）引向安全线避难线的道岔以开通安全线避难线为定位。这是为了保证集中区的作业安全，防止车列错误进入集中区。

（4）侧线的道岔除引向安全线、避难线的道岔外，一般以开通直股为定位。

（二）单动道岔和双动道岔

在实际的站场中，有些道岔的动作和位置与其他道岔不发生关联，即根据作业的需要可以单独地开通定位或反位，这样的道岔称为单动道岔，如示例站场中的 21、27、14、22。

有许多道岔的动作和位置会与其他道岔发生关联，如示例站场中的 1 号道岔和 3 号道岔就有关联，当两组道岔中经过其中一组道岔反位走车时，必然也经过另一组道岔的反位；当经过其中一组道岔定位走车时，虽然不经过另一道岔的定位，但也无法经过另一组道岔的反位，而另一组道岔如果在定位中则可以进行平行作业。所以，对两组道岔的位置要求一致，称这样的两组道岔为双动道岔。

在电气集中车站，由转辙机带动道岔转换，两组道岔并不是同时动作的，一般是靠近站内的先动，站外的后动。因此，双动道岔只是要求两组道岔的位置必须一致。

对双动道岔实行联动控制，既能简化操作、节省设备，又能保证站内作业的安全。

一般通过一组双动道岔将上下两条线路连接起来，当道岔开通侧向时，车列可以从一条线路运行到另一条线路，因此双动道岔也称为渡线道岔。一组渡线道岔称为单渡线，两组渡线道岔称为双渡线。交叉铺设的两组渡线道岔称为交叉渡线，如示例站场中的 9/11 和 13/15、6/8 和 10/12 都是交叉渡线。交叉渡线可以减少车站咽喉区的占地面积。

（三）道岔及股道的编号

1. 道岔的编号

各车站的道岔按咽喉区分别编号，编号的基本原则如下：

（1）下行咽喉区为单号，上行咽喉区为双号。

（2）每一个咽喉区均以信号楼为中心，从站外向站内按照由小到大的顺序编号。

（3）对于横坐标相同的道岔，纵向距信号楼近的道岔优先编号。

（4）对于联动道岔，包括双动道岔、三动道岔、四动道岔，按照联动关系连续编号，如示例站场的 1/3、5/7 等。

（5）当大型车站有多个车场时，各车场的道岔按咽喉区分别编号。道岔编号为三位数，第一位数为车场顺序号，后两位数为道岔编号，如单动道岔 101 号、双动道岔 202/204 号等。

2. 股道的编号

股道的编号原则如下：

（1）与区间线路经道岔直向位置接通的正线用罗马数字，经道岔侧向位置接通的侧线用阿拉伯数字。

（2）单线区段车站的股道从信号楼开始按照由小到大的顺序编号。

（3）复线区段车站的股道从正线开始向两边分别顺序编号，如示例站场下行线一侧的 IG、IIIG、5G，上行线一侧的 IIG、4G。

（4）对于尽头式车站，当信号楼在线路一侧时，股道从信号楼开始按照由小到大的顺序编号；当信号楼在线路终端时，面向终端由左至右顺序编号。

（5）当大型车站有多个车场时，各车场的道岔按咽喉区分别编号。道岔编号为三位数，第一位数为车场顺序号，后两位数为道岔编号，如单动道岔 101 号、双动道岔 202/204 号等。

三、进路的有关概念

（一）进路的类型与范围

进路按作业性质分为列车进路和调车进路。其中，列车进路又分为接车进路、发车进路、正线通过进路。

1. 接车进路

接车进路是指列车从区间（或车场）进入站内（或另一车场）所经过的路径。接车进路的范围是从进站信号机至同方向的出站信号机（或进路信号机），包括咽喉区内的有关道岔区段、无岔区段和到发线，如示例站场的下行I道接车进路，由下行进站信号机 X 至下行I道出站信号机 X1（见图5-1）。

2. 发车进路

发车进路是指列车由车站（或车场）驶出，进入区间（或另一车场）所经过的路径。发车进路的范围是从出站信号机至反方向的进站信号机（区间双方向运行）或站界标（区间单方向运行）或阻拦的进路信号机，包括咽喉区内的有关道岔区段、无岔区段，不包括到发线，如示例站场的上行I道车进路，由上行I道出站信号机 S1 至下行发车口的站界 S 信号机（见图5-1）。

3. 正线通过进路

正线通过进路指列车经正线不停车通过车站（或车场）的进路。一条经道岔直向位置的正线接车进路与正线发车进路的叠加即为正线通过进路，如示例站场的下行通过进路，由下行进站信号机 X 至下行发车口 Sr 信号机，包括下行I道接车进路和下行I道发车进路（见图5-1）。

4. 调车进路

调车进路是指调车车列在站内进行调车作业时所经过的路径。调车进路的起点都是防护该进路的调车信号机，但向不同去向调车时其进路的终点不同。

（1）当向咽喉区内某一信号点调车时，进路的终点为阻拦的调车信号机。

（2）当向到发线调车时，进路的终点为阻拦的出站兼调车信号机或进路信号机。

（3）当向牵出线、停车线等尽头线调车时，进路的终点为土挡。

（4）当向设有进站信号机的接车线路口调车时，进路的终点为反方向的进站信号机。

（5）当向区间单方向运行的发车线路口调车时，进路的终点为站界标。

（6）当向某一专用线或其他线路方向调车时，进路的终点一般为反方向的高柱调车信号机或规定的专用线及其他线路与车站的分界点。

调车进路有短调车进路和长调车进路之分。短调车进路与长调车进路不是指进路长度的长与短，而是指调车进路中同方向的调车信号机是一台还是多台。若建立一条调车进路，只需开放一台调车信号机，则称该进路为短调车进路或单元调车进路。若建立一条调车进路，需开放两台或两台以上同方向的调车信号机，即一条调车进路若由两段或两段以上的单元调车进路叠加而成，则称该进路为长调车进路。例如，示例站场中 D3 至 IG 的调车进路是由 D13 至 IG、D.至 D13、D3 至 D.三段单元调车进路构成的长调车进路（见图5-1）。

（二）基本进路和变通进路

无论是列车进路还是调车进路，有时在进路的起点和终点之间有两条或两条以上不同的路径可以走，这时会规定常用的一条路径为基本进路，一般选择其中一条路径最短、经过道岔最少、对其他进路平行作业影响最小的路径作为基本进路。基本进路以外的其他进路都称为变通进路（迂回进路）。

第二节 联锁关系

列车和调车车列在站内的运行必须依据信号机开放的显示条件,即每条进路必须有相应的信号机来防护,信号机的显示与所建立的进路相符合。若进路上的轨道区段有车占用,或道岔位置不正确,则进路不能建立,有关的信号机不许开放;信号开放后,其所防护的进路不能变动,该进路上的道岔不得再转换,与此进路有关联的其他信号不能再开放。

一、进路与道岔之间的联锁

(一) 建立进路对道岔的要求

当建立一条进路时,与进路相关的道岔锁闭在规定位置才能开放信号。若与进路相关的道岔的开通位置不对,则不许开放信号。如图 5-1 所示,在示例站场中建立下行 I 道接车的基本进路时,检查 5/7、1/3、9/11、13/15、17/19、23/25 号道岔在定位;建立下行 II 道接车的基本进路时,检查 5/7、1/3、9/11、13/15、17/19 号道岔在定位和 23/25 道岔在反位。若检查的道岔在定位,则可直接标明道岔号;若检查的道岔在反位,则应在道岔号外面加"( )"。例如,23/25 号道岔反位,记作"(23/25)"。

(二) 防护道岔和带动道岔

对于一条进路,不但进路之内的道岔与其相关,而且进路之外的道岔也与该进路有关。因此,在建立进路时,这些道岔也要转换和锁闭。

1. 防护道岔

为了保证作业安全,当建立一条进路时,要求进路之外的某一道岔必须锁闭在规定的位置,这种道岔被称为防护道岔。

当经由交叉渡线的一组双动道岔反位排列进路时,应使与其交叉的另一组双动道岔防护在定位。例如,在示例站场中排列 D11 至 D13 的调车进路,尽管 9/11 号道岔不在该进路上,但仍然要求 9/11 号道岔必须锁闭在定位,以防止 9/11 号道岔和 13/15 号道岔同时反位在交叉渡线处而造成车列侧面冲突(见图 5-1)。防护道岔的标记为道岔号外加"[]"。例如,5/7 道岔定位防护,记作"[5/7]";5/7 道岔反位防护,记作"[(5/7)]"。

2. 带动道岔

在电气集中车站,若两组道岔位于同一区段,则经其中一组道岔建立进路时,即使不经过另一组道岔,该组道岔也被锁闭,即同一区段的道岔应同时锁闭。为了满足平行作业的需要,排列进路时还需要把其他不在进路上的有关道岔带动到规定位置的道岔称为带动道岔。除进路调车等特殊作业外,带动道岔一般均为双动(或三动、四动)道岔。

例如,在示例站场中,下行 II 道接车时,要求 17/19 道岔在反位,进路中的其他道岔在定位（见图5-1）。虽然23/25号道岔不在该进路内，但考虑经25号道岔定位的平行作业，应将23/25号道岔带动至定位。因为17号道岔与23号道岔同属一个区段17-23DG，若23/25号道岔反位时建立下行Ⅱ道接车进路，23/25号道岔被锁在反位，则无法再排经23/25号道岔定位的进路。此时若要办理东郊方面至川道的接车进路，则必须等17-23DG解锁后才能建立，这势必会影响平行作业的进行，降低作业效率。若在建立下行Ⅱ道接车进路时，将23/25号道岔带动至定位再锁闭，则能满足平行作业的要求。带动道岔的标记为道岔号外加"{}"。例如，将23/25道岔带动到定位，记作"{23/25}"；将23/25道岔带动到反位，记作"{(23/25)}"。

必须注意防护道岔与带动道岔的区别，虽然两者都是进路之外的道岔，但其含义不同，要求也不同。对于防护道岔，为了保证作业安全，必须对其进行联锁条件的检查。若防护道岔不在防护位置，则进路不能建立，信号不许开放。带动道岔是为了提高作业效率，能带动到规定位置的就带动，带动不到（若它还被锁闭）的也不影响进路的建立。即使带动道岔的位置不对，也不会影响信号的开放。

二、进路与进路之间的联锁

（一）抵触进路

建立一条进路时，如果另外一条进路与该进路有重叠部分，即使两条进路经过的道岔位置不同，不加以防护也不会发生危险，因为两条进路不可能同时建立。一般把道岔位置能够区分、不可能同时建立的两条进路称为抵触进路。例如，示例站场中的上行Ⅱ股道发车进路（检查27号道岔定位）与下行反方向4股道接车进路（检查27号道岔反位）就互为抵触进路（见图5-1），因为27号道岔不可能同时既在定位又在反位。

（二）敌对进路

用道岔位置无法区分，但同时建立有可能发生危险的两条进路互为敌对进路。例如，示例站场中的下行至Ⅰ股道接车进路与由Ⅰ股道向北京方面的反方向发车进路就互为敌对进路（见图5-1）。为保证作业安全，在建立一条进路前，应确保与该进路相敌对的进路均未建立；在该进路建立后，与该进路敌对的进路必须锁闭在未建立状态。即在任意时刻敌对进路必须互相检查，不得同时建立。

敌对进路有以下几种类型：

（1）同一到发线上对向的接车进路与接车进路，如示例站场中的下行Ⅰ道接车进路与上行Ⅰ道接车进路（见图5-1）。

（2）同一到发线上对向的接车进路与调车进路，如示例站场中的下行Ⅰ道接车进路与D12至ⅠG的调车进路（见图5-1）。

（3）同一咽喉区内对向重叠的接车进路与发车进路、调车进路与发车进路、调车进路与调车进路，如示例站场中的下行Ⅰ道接车进路与由Ⅰ道上行反方向发车进路，D5至4G调车进路与上行4道正方向发车进路，D1至D15调车进路与D5至D1调车进路，如图5-1所示。

（4）同一咽喉区内同向重叠的接车进路与调车进路。同向重叠进路是指两条方向相同、互相间有部分或全部重合的进路，如示例站场中的下行Ⅰ道接车进路与DI3至Ⅰ股道的调车进路（见图5-1）。

（5）非重叠的敌对进路。在进站信号机外方制动距离内，当接车方向为超过 6‰ 的下坡道，而在该下坡道方向的接车线末端未设有线路隔开设备时，该下坡道方向的接车进路与对方咽喉对向的接车或调车及非同一股道发车或顺向调车均属于敌对进路。

如图 5-3 所示，下行进站信号机外方有超过 6‰ 的下坡道，当下行 I 股道或下行 II 股道接车时，上行咽喉各股道的接车及由 D2 至各股道的调车进路都是敌对进路，下行 I 股道或 3 股道的发车进路或向 D2 的调车进路也都是敌对进路。在 3 股道末端由于设有安线隔开，因此下行 3 股道接车时，上行咽喉除了向 3 股道的对向接车或调车外，其他进路都不是敌对进路。

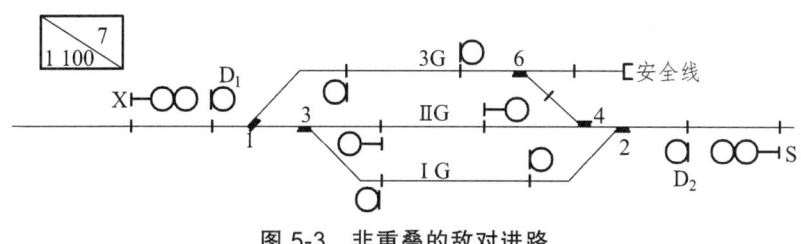

图 5-3　非重叠的敌对进路

（6）防护进路的信号机设在侵限绝缘处，禁止同时开通的敌对进路。如图 5-4 所示，由于 D6 处为轨道绝缘侵入限界，则 D2 至 D6 与 D4 向 D10 两调车进路互为敌对进路，D2 至 D6 与 D10 向 D4 两调车进路也互为敌对进路。当车辆停留在 D6 信号机的前方时，若建立 D4 向 D10 或 D10 向 D4 的调车进路，均会发生侧面冲突事故。

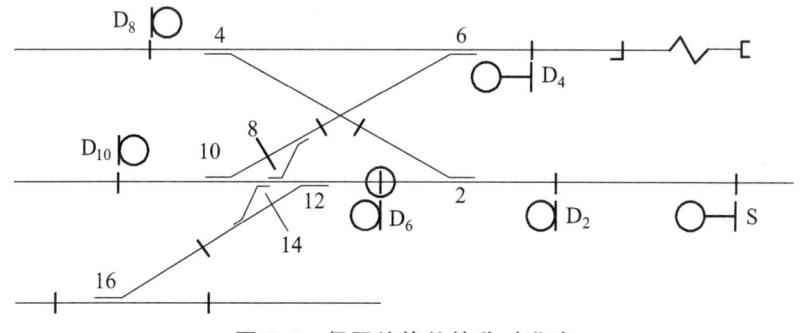

图 5-4　侵限绝缘处的敌对进路

以下一些特殊情况的对向调车进路允许同时建立：两个咽喉区向同一到发线上同时调车，这样的两条进路是对向重叠的，按照敌对进路的定义似乎属于敌对进路，但由于到发线较长，为了提高作业效率，允许同时建立，不作敌对进路处理，如示例站场中 D1 至 IG 调车进路与 D12 至 IG 调车进路（见图 5-1）。这样可以提高调车作业较多的车站的作业效率。

需要注意的是，在咽喉区内两端同时向同一无岔区段调车则属敌对进路。

三、进路与信号机之间的联锁

前面介绍的进路与进路之间的联锁关系似乎比较简单直观，但在站形较复杂的电气集中车站检查敌对进路是很复杂的。由于任何一条进路都有信号机防护，当建立一条进路时，若能保证该进路的敌对进路的防护信号机不开放，自然就排除了敌对进路建立的可能，因此下面介绍进路与信号机之间的联锁。

（一）敌对信号

建立一条进路时，用道岔位置无法区分，但又不允许开放的信号即为敌对信号。在了解敌对进路的概念后，实际上敌对信号也可理解为敌对进路的防护信号。检查了敌对信号未开放，也就防止了敌对进路的同时建立。

为了保证作业安全，在建立一条进路时，若该进路的敌对信号未关闭，则防护该进路的信号机不能开放，否则可能造成列车或调车车列的冲突。信号开放后，该进路的敌对信号也必须被锁闭在关闭状态，不能开放。

需要注意的是，道岔位置能够区分抵触进路的防护信号不属于敌对信号。例如，在示例站场中建立下行Ⅱ股道接车进路时，ST信号为敌对信号，而S4信号就不是敌对信号（见图5-1）。

（二）条件敌对信号

在较复杂的站场中建立一条进路时，进路之外的某一信号机有时不允许其开放，即为敌对信号；有时又允许其开放，即为非敌对信号，这样的信号称为条件敌对信号。如图5-5所示的站形，当建立D1至D9的调车进路时，若5/7道岔在定位，则D11信号是敌对信号；若5/7道岔在反位，则D11信号不是敌对信号，这里D11信号就属于该进路的条件敌对信号，区分条件就是5/7道岔的位置。同理，当建立D11至D3的调车进路时，D1信号也是条件敌对信号，区分条件就是1/3道岔的位置。条件敌对信号的标记是将区分条件用"＜　＞"加在信号机的名称前面。例如，"＜5/7＞D11"表示若5/7道岔在定位，则D11信号是敌对信号。

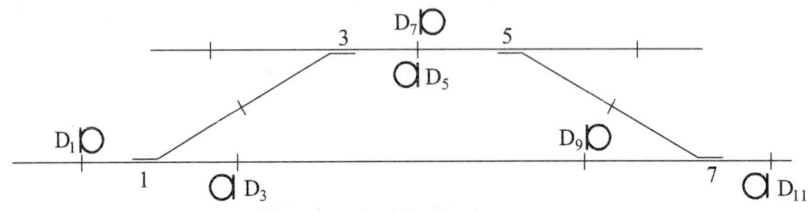

图5-5　条件敌对信号举例

在较复杂的站场，条件敌对信号较多，但一般列车进路没有条件敌对信号，而以咽喉区信号点为进路始端或终端的调车进路往往有条件敌对信号。例如，在示例站场中建立D13至IG调车进路，若5/7道岔在定位，则X进站信号机就是敌对信号；若5/7道岔在反位，则X信号机就不是敌对信号，这里X信号机就属于条件敌对信号（见图5-1）。

四、进路与轨道区段之间的联锁

联锁条件要求建立一条进路时必须检查有关轨道区段，只有当其空闲时才能开放信号，否则会造成列车或调车车列的冲突。在信号开放的过程中，必须始终检查监督有关区段是否空闲。

下面分析对轨道区段空闲检查的各种情况：

（1）建立列车进路时，必须检查进路范围内各轨道区段的空闲情况。

（2）建立调车进路时，只检查道岔区段的空闲情况。当调车进路最末区段为股道或无岔区段时，尽管这些区段在调车进路的范围内，但为了保证机车联挂或满足取送车辆的需要，当股道或无岔区段有车占用时允许向其排列调车进路，不检查其空闲情况。

（3）当有侵限绝缘时，经侵限绝缘一侧的轨道区段建立进路时，要对侵限绝缘相邻的另一区段进行有条件的检查，既要保证平行作业，又要防止发生侧面冲突。例如，示例站场中的 3 号道岔与 5 号道岔之间设有超限绝缘，当建立经由 1/3 号道岔反位的进路时，若 5 号道岔在定位，则必须检查 5DG 的空闲；若 5 号道岔在反位，则不必检查 5DG 的空闲，即对 5DG 进行条件检查（见图 5-1）。同理，当建立经由 5/7 号道岔反位的进路时，也要对 3DG 进行条件检查。对侵限绝缘相邻区段的条件检查的标记与条件敌对信号相似，即区分条件用"＜ ＞"加在被检查区段的名称前面。例如，"＜5/7＞5DG"表示若 5/7 道岔在定位，则应检查 5DG 的空闲。

综上所述，进路空闲、道岔位置正确、敌对进路未建立（敌对信号未开放）是建立一条进路时必须检查的基本联锁条件，只有实时地、准确无误地进行检查，才能保证站内作业的安全。

第三节　6502 电气集中联锁

继电联锁有多种制式，其中 6502 电气集中被认为是较好的定型电路，得到了广泛的应用。

一、设备组成

电气集中联锁设备分为室内和室外两部分，信号楼内设有控制台、区段人工解锁盘、电源屏、继电器组合及组合架和分线盘。室外有色灯信号机、转辙机、轨道电路和电缆及电缆盒。

（一）室内设备

（1）控制台。控制台设置于运转室内，盘面由带有按钮及表示灯的单元块拼装而成，用光带单元组成模拟站场线路图形。值班员利用控制台盘面上的按钮操纵全站联锁区域内的道岔、排列进路、开放和关闭信号，并且通过控制台盘面上的表示灯，监督道岔位置、线路占用情况及信号显示状态。

（2）区段人工解锁按钮盘。区段人工解锁按钮盘安装在运转室，在盘面设有许多带铅封的事故按钮，每个按钮对应于一个道岔区段或有车经过的无岔区段。当轨道电路区段因故障不能按进路方式解锁时，可以利用有关按钮办理区段人工解锁。当采用取消解锁或人工解锁的办法也不能关闭信号时，可以利用区段人工解锁按钮盘关闭信号。

用于区段人工解锁的按钮可以集中设置在控制台上，也可将区段人工解锁盘单独设置并与控制台隔开一定距离。操作时，一人按压控制台上的总人工解锁按钮，另一人按压区段人工解锁按钮盘的按钮，避免单人误操作危及行车安全。

（3）继电器组合及组合架。6502电气集中联锁电路由若干种继电器定型组合构成，每个定型组合电路均包含有若干固定的继电器，称为继电器组合，用于完成相应联锁功能。一般每个组合可以安装10个继电器，这些组合按设计要求安装在组合架上。

（4）电源屏。电气集中联锁车站应有可靠的供电电源，以保证不间断供电。在车站机械室内设置有电源屏，提供电气集中联锁需要的各种交、直流电源及闪光电源等。

（5）分线盘。分线盘一般设置于继电器室内，实现室内外设备相互间的电气连接。

（二）室外设备

（1）色灯信号机。城市轨道交通车辆段的各种信号机采用透镜式色灯信号机，咽喉区及运用库内的调车信号机均采用矮型信号机，进、出段信号机根据需要可采用高柱信号机。

（2）转辙机。联锁区内的每个道岔都设置一台或多台转辙机，用以转换道岔，锁闭道岔，反映道岔所处的位置。

（3）轨道电路。车辆段的咽喉区、运用库、检修库等线路，均应装设轨道电路，反映列车、调车车列的占用情况，实现联锁关系。

（4）电缆及电缆盒。室内与室外信号设备之间、室内控制台与继电器组合架之间的联系都使用电线电缆连接，电缆可分为信号电缆、道岔电缆和轨道电缆。室外电缆的分歧点、连触点以及终点设有电缆箱盒，用以实现电缆与电缆之间接续、电缆与设备之间的连接。

（三）控制台盘面介绍

（1）进路按钮及表示灯。控制台每个信号复示器旁设置有进路按钮，其中调车按钮为白色，用于办理调车进路，进、出段处设有绿色的进路按钮，用于办理列车进段、出段的进路。

（2）光带。在控制台盘面上利用光带模拟站场线路，通过光带的不同状态监督进路的锁闭和解锁、轨道区段的占用、空闲和故障以及道岔的开通方向等。控制台的光带有三种状态：平时应处于灭灯状态；显示红光带时，表示对应的轨道区段被占用或故障；当办理好进路时，控制台上该进路有关轨道区段均显示白光带。

（3）信号复示器。为监督室外信号机状态，在控制台模拟站场相应位置设置信号复示器。信号复示器平时均处于熄灭状态，表示有关信号机处于关闭状态；控制台信号复示器点亮灯光表示相应信号机开放。例如，信号复示器显示白灯，表示相应调车信号机开放；当信号复示器闪光时，表示相应信号机灯光熄灭。

（4）与道岔有关的按钮和表示灯。控制台设道岔总定位按钮和总反位按钮各一个，均为二位自复式，总定位按钮上方有一个绿灯，总反位按钮上方有一个黄灯，按下按钮时点亮相应灯光。

每组道岔设一个道岔按钮（双动道岔合用一个道岔按钮），与道岔总定位按钮或总反位按钮配合使用，单独转换该组道岔。每个道岔按钮上方设两个表示灯，亮绿灯表示道岔在定位，黄灯表示道岔在反位，道岔在转换中或挤岔时，其黄灯和绿灯均不亮。

（5）其他按钮。除上述外部件，控制台上还设置有引导按钮、引导总锁闭按钮、总取消按钮、总人工解锁按钮等按钮，以及各种报警表示灯，用于办理引导进路、取消进路和人工解锁进路等作业。

（四）控制台操作说明

1. 办理进路

6502 电气集中采用双按钮选路方式，即只需在控制台上顺序按压进路的始和终端按钮，就能够按照操作意图自动转换道岔、锁闭进路、开放信号，而且不论进路中有多少道岔，均能自动转换，简化了操作手续，提高了效率。

2. 进路的"取消解锁"

为了办理进路的"取消解锁"，控制台下方设置有总取消按钮。信号开放后，进路的接近区段没有被占用时进路处于预先锁闭状态，如需解锁进路关闭信号，可使用"取消解锁"的方法，同时按压进路始端按钮和总取消按钮，信号自动关闭，进路解锁，进路上白光带熄灭。

3. 进路的"人工解锁"

控制台下方设置带有铅封的总人工解锁按钮，用于办理"人工解锁"。信号开放后进路处于接近锁闭状态时，如需解锁进路关闭信号，只能使用"人工解锁"的方法，同时按压进路始端按钮和总人工解锁按钮，信号自动关闭，进路经延时后解锁，进路上白光带熄灭。

4. 单独操纵道岔

当有关道岔区段未处于锁闭状态时，可以单独转换道岔，同时按压道岔按钮和"道岔总定位"按钮，道岔转换至定位，道岔表示灯显示绿灯；同时按压道岔按钮和"道岔总反位"按钮，道岔转换至反位，道岔表示灯显示黄灯。

5. 切断报警

当发生挤岔、跳信号、主灯丝断丝等故障时，6502 电气集中控制台有声光报警，对于每种故障均设置有二位非自复式按钮用于切断声音报警。例如，发生道岔挤岔或者道岔失去表示超过 13 s 时，控制台上电铃鸣响，挤岔表示灯亮，相应道岔的定、反位表示灯均熄灭。车站值班员按下"挤岔"按钮使电铃暂停鸣响，并通知维修人员及时修复。修复后，电铃再次鸣响，通知车站值班员故障修复。拉出"挤岔"按钮，电铃停止鸣响。

第四节　计算机联锁

随着计算机技术的迅速发展，尤其是对于可靠性技术和安全性技术的深入研究，出现了计算机联锁。目前，该技术日渐成熟并得以推广使用。与电气集中联锁设备相比，计算机联锁在安全性、可靠性、经济性以及设计、施工、维修、使用等方面具有明显的优势，更适应信号设备数字化、网络化、综合化、智能化的要求，被认为是车站联锁设备的发展方向。

一、计算机联锁概述

（一）计算机联锁发展

20世纪70年代后期，随着计算机的迅速发展和推广应用，以及可靠性技术的进步，各国相继开展了计算机联锁的研究，从软件入手，采用通用计算机，通过软件或硬件冗余实现"故障—安全"原则。1978年，由瑞典研制的世界上第一套计算机联锁控制系统在瑞典哥德堡站的成功应用，掀开了车站联锁控制系统研究与应用的新篇章。到20世纪90年代，不少国家已开始大面积推广计算机联锁控制系统。我国从20世纪80年代开始，有铁道科学研究院、铁道部通信信号总公司研究设计院、北京交通大学等科学研究机构相继展开了计算机联锁控制系统的研制工作。1984年，铁道部通信信号总公司研究设计院研制生产出了国内第一个车站计算机联锁控制系统，并成功地应用于地方铁路，填补了我国计算机联锁控制系统的空白。

（二）计算机联锁的特点

1. 计算机联锁不同于继电联锁的特点

（1）利用计算机对车站值班员的操作命令和现场监控设备的表示信息进行逻辑运算后完成对信号机、道岔进路的控制，并实现联锁关系。

（2）计算机发出的控制信息和现场传回的表示信息均可实现串行传输，节省电缆。

（3）用屏幕显示代替控制台表示盘，体积小，便于使用，还可根据需要多机并用。

（4）采用模块化软件和硬件结构，便于设备改造，并容易实现故障控制、分析等功能。

2. 计算机联锁相较于继电联锁的优点

（1）随着大规模集成电路的发展，计算机联锁系统性能价格比的优势将更大。

（2）采取硬件和软件冗余技术后（如双机热备系统、三取二表决系统等），系统的安全性、可靠性将得到提高。

（3）联锁功能更加完善，便于增加进路储存、自动选路等新功能，克服了6502电气集中联锁难以解决的问题。

（4）减少了系统设计、施工、维护、改造的工作量，易于实现系统自身化管理，利用自诊断、自检测功能及远距离联网，实现远距离诊断。

（5）人机界面灵活，显示内容丰富，信息量大，便于与其他系统联网，提供及交换各种信息，并协调工作，实现行车管理现代化。

注意：作为行车安全控制的核心，计算机联锁系统应用大量电子元器件，系统中实现联锁运算的联锁计算机一旦出现硬件故障，影响面将会很大，甚至使系统不能工作，因此必须在抗电磁干扰及防止雷害等方面采取防护措施，在系统设计方面进一步提高其可靠性和安全性。

二、计算机联锁设备组成

下面以应用广泛的TYJL-Ⅱ型计算机联锁系统为例，介绍计算机联锁设备的组成。TYJL-Ⅱ型计算机联锁系统结构如图5-6所示。

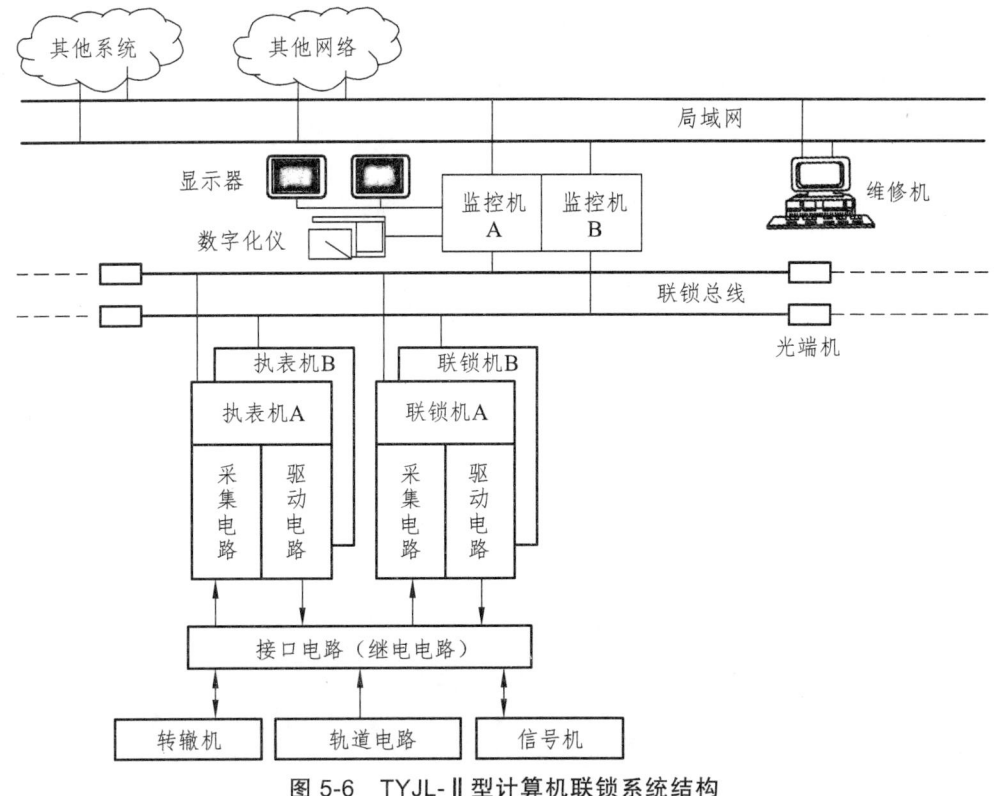

图 5-6 TYJL-Ⅱ型计算机联锁系统结构

（一）操纵显示设备

计算机联锁的操纵显示设备有多种形式，如数字化仪加显示器，鼠标加显示器，以及控制表示合一的控制台等，其主要功能是供值班员办理各种行车命令，提供站场图形显示、语音和文字提示等。

（二）监控机

监控机的主要功能是作为人机接口，一方面接收来自控制台的操作命令和向控制台提供图像显示、语音、文字等信息，另一方面与联锁机进行信息交换，向联锁机提供初选的操作命令并接收来自联锁机的道岔、信号、轨道电路等表示信息。此外，监控机还向其他系统（如电务维修机、调度监督系统等）提供站场信息。

（三）联锁机

联锁机是计算机联锁系统的核心，根据现场信号设备状态和控制台操作命令，实现信号设备的联锁逻辑处理功能，完成进路选确和锁闭、发出转换道岔和开放信号等控制命令。

（四）执行表示机和输入/输出接口

执行表示机通过由继电电路构成的输入/输出接口，接收并执行来自联锁机的控制命令，采集并向联锁机发送现场设备信息。

（五）现场设备

现场设备保留电气集中的设备，道岔控制电路、信号机点灯电路、轨道电路等仍采用现有的成熟电路。

（六）其他设备

除上述设备外，计算机联锁还包括与其他系统连接的网络、电务维修机等设备。其中电务维修机能够再现一月之内系统的操作信息、故障诊断信息等，为维修工作提供便利。

三、计算机联锁操作及显示

计算机联锁根据作业情况可办理列车、调车作业，单独操作道岔和单独锁闭道岔，引导接车等，操作方式可采用数字化仪控制台、鼠标或单元控制台，所有作业均在数字化仪上通过点压按钮或用鼠标在屏幕上按压"按钮"或单元控制台上按压按钮进行操作。通过显示器（或控制台）显示操作的控制命令和现场的设备状态，显示器屏幕上有各种汉字提示，并通过语音代替电铃报警。当操作有误时，在屏幕上将显示办理有误的提示。

（一）屏幕显示

屏幕显示按站场图形布置，平时显示的灰色光带为基本的轨道图形。在屏幕上，绝缘用竖线表示，灰色为普通绝缘，红色带圆圈为超限绝缘。

1. 轨道区段

灰色光带：基本图形。

白色光带：进路在锁闭状态。

红色光带：轨道区段有车占用，或区段故障。

绿色光带：区段出清后尚未解锁状态。

蓝色光带：进路初选状态。

青色光带：接通光带。

光带变细：该区段轨道继电器前、后触点校核错。

2. 信　号

关闭：红色或蓝色灯光。

开放：白色、黄色、双黄灯光等。

灯丝断丝：红色闪光。

白色外框（方形）：表明信号处于封闭状态，按钮失效。

粉红色外框（圆形）闪光：表明信号前后触点校核错。

信号机旁平时不显示名称号，名称号只在信号开放、相应股道被占用、信号前后触点校核错、灯丝断丝或办理进路时显示。点压"信号名称"按钮可显示信号名称号。信号名称显示的含义为：

绿色闪光：办理列车作业，始端或终端按钮按下，进路尚未排通。

黄色闪光：办理调车作业，始端或终端按钮按下，进路尚未排通。

粉红色闪光：办理总取消。

红色闪光：办理总人解，正在延时解锁。

黄色：提示该信号在开放状态或相应股道被占用，信号前后触点校核错或断丝（断丝时信号复示器为红闪）。

浅灰色：办理总人解时，等待输入口令。

深灰色：按下信号名称按钮，显示全部信号名称。

红色外框（方形，在名称外）：表明该信号的接近轨道被占用，不允许再在该区段排列进路，机车退出，占用自动消失。

3. 道　岔

道岔岔尖处用缺口表示道岔位置，无缺口的一侧表示道岔开通位置。当道岔无表示时，道岔岔尖处闪白色光，挤岔时岔尖闪红色光，同时出现道岔名称。数字化仪盘面上道岔处箭头所指方向为道岔定位位置。点压"道岔名称"时，在显示器上道岔岔心处的短绿光带表示定位，短黄光带表示反位。

道岔名称有以下含义：

黄色：道岔正在转换。

红色：道岔单独锁闭。

白色：道岔封闭。

灰色：按下道岔名称按钮，显示全部道岔名称。

道岔单独锁闭的含义是指可通过该道岔锁定位置排进路，但不能操纵；道岔封闭是指不能通过该道岔排进路，但道岔可以单独操纵。道岔封闭专为电务人员维修道岔而设。

4. 按　钮

数字化仪的操作按钮设在数字化仪台面上，操作时用光笔在控制台上单压有关按钮即可。采用鼠标控制的站场，利用按压鼠标左键来实现在屏幕上按压"按钮"的功能，屏幕上设置的按钮，除信号和道岔按钮外，其他按钮平时都隐含在屏幕内。在屏幕空白处按压鼠标左键，屏幕上方和下方会出现功能按钮，在屏幕空白处按压鼠标右键或单击"清提示"按钮可消除这些按钮。屏幕上主要按钮包括：

信号按钮：屏幕上列车信号机是列车按钮，调车信号机是调车按钮。当该信号机既有列车按钮又有调车按钮时，用"左键"单击为调车按钮，用"右键"单击为列车按钮。

道岔按钮：屏幕上道岔岔尖处为道岔按钮，双动道岔两端均为道岔按钮，点压任意一个均可。

功能按钮：包括"总取消""总人解""道岔总定""道岔总反""道岔单锁""道岔单解""封闭""清封闭""区段故障解锁"等按钮。办理时，先点击功能按钮，屏幕上出现该功能的提示，再点击有关的道岔或信号按钮，办理相关作业。

其他按钮：包括"上电解锁""区段解锁""信号名""道岔名""接通光带""清提示""清按钮""车次""破封检查"等，单击后完成相应功能。例如点压"信号名"按钮后屏幕上出现所有信号机名称，再点压一次显示消失。

（二）操作示例

（1）办理进路。先点压始端信号按钮，例如，点压 D.信号，相应的 D.信号名称闪光，并在屏幕下端提示："始端 – D"。再点压终端信号按钮，如点压 D2 信号，相应的 D2 信号名称闪光，屏幕下端提示变为："始端 – D. – 终端 – D2"。若满足选路条件，则开始转换道岔、锁闭进路、开放信号。若选路条件不满足，则提示" – 按钮不符"或" – 选路不通"或" – 有区段锁闭"或" – 有区段占用"或" – 有道岔要点"等，并给出道岔或区段名称。

（2）单独操纵和单独锁闭道岔。道岔区段在解锁状态时，允许办理单独操纵道岔。同时点压"总定位"（总反位）按钮和"道岔"按钮，屏幕提示处显示"道岔总定（总反）……Cxxx"。在道岔转换过程中，屏幕道岔岔尖处闪白光，同时道岔号显示黄色。点压"单独锁闭"按钮和"道岔"按钮，屏幕提示处显示"单独锁闭……Cxxx"，同时显示红色道岔号。单锁后，不能再单独操纵道岔，但还可通过该道岔排列进路。点压"单独解锁"和"道岔"按钮，该道岔解锁。

（3）封闭信号和封闭道岔。先按"封闭"按钮，再按压"信号"按钮或"道岔"按钮，这时信号机外套上白色方框，道岔名显示白色，表明信号机按钮已不能再进行操作，也不能再通过该道岔排进路。

（4）进路的"取消解锁"和"人工解锁"。误办的进路需要变更时，在进路未锁闭前可点压本咽喉的"总人解"或"总取消"按钮取消，然后还需点压"清按钮"按钮；锁闭后的进路需点压"总取消"或"总人解"按钮和"始端"按钮取消进路；当接近区段有车占用时，必须点压"总人解"按钮和进路"始端"按钮，延时 30 s 或 3 min 后解锁。

（5）对于带铅封按钮的操作。对于涉及行车安全需要慎重使用的按钮（即 6502 电气集中带铅封的按钮），点压后屏幕将提示输入口令，点压口令后操作才被执行，微机系统自动记录，并且在屏幕提示栏有记录显示。

例如，人工解锁以 D.信号为始端的调车进路，先点压"总人解"，再点压 D.按钮，此时屏幕下方提示"总人解 – D. – 请输入口令 – 123 – "，据此依次点压数字 123，正确后屏幕下方提示"OK"，此时操作被执行。

四、典型车辆段线路简介

车辆段是城市轨道交通列车停车、车辆检查、修理、维护保养的基地，主要作业包括存车、清洗、维护、架修、编组、试车等作业。

在线路配置中，首先要考虑的是停车线（或称为停车库），其停车线路的数量取决于线路上运行列车的数量，每条停车线一般可停放两列 8 节编组的列车，如果公司有 30 列列车，那么至少应该设置 15 条停车线。

车辆段还设有与正线相连接的出入库线，为便于调度列车，出入库线应按双线配置。停车场还设有：

（1）清扫线 2 条。

（2）洗车线 1 条，长 420 m，洗车线的中部设有洗车库，库内安装自动洗车机。

（3）检修线 4 条，设在双周、双月检修库内。

（4）定修线 2 条，配置在定修库内，库内设有检查坑，可以停放一列车，其中一条还配有移动式架车机 12 台。

（5）架修、大修线，共有 6 条线，配置在架修、大修库内，每条线可以停放 3 节车。

（6）试车线，长 1 435 m；临时存车线 3 条。另外还有旋轮线、静调线、解钩线、材料线等。由于地铁线路结构不同，且每条线路所使用的列车类型不同，所以每一条轨道交通线路一般设置一个停车场。有些线路因为车辆配置相同，线路之间设置有连接的设施，这样的线路可以使用同一个停车场。

城市轨道交通不同线路采用的车辆和信号系统各不相同，而车载信号系统又与车辆相关，因此列车在正线运行之前，必须在停车场的试车线进行调试。同时，车辆段也是维护轨道交通其他设备的基地，包括工务、电力、通信、机电、接触网等的综合维护中心，这些都是决定停车场内部线路配置和装备设施的重要因素。

思考与练习

一、填空题

1. 为保证列车或车列运行安全，站内相关道岔、_____、_____之间必须建立一定的相互制约的关系，这种关系称为联锁。

2. 进路按作业性质分为_____和_____。其中，列车进路又分为接车进路、_____、_____。

3. 联锁设备既可以分散控制，也可以集中控制。目前使用的联锁设备有_____和_____两大类。

4. _____道岔是为保证作业安全，有时需要将进路之外的某一道岔锁在规定位置。

5. _____道岔为了满足平行作业的需要，排列进路时将不在进路上的道岔带动到规定的位置，并对其进行锁闭。

二、选择题

1. 当两点之间有多条路径时，确定基本进路的条件是（　　）。
   A. 路径最短　　　　　　　　　　B. 经过道岔最少
   C. 影响平行作业最少　　　　　　D. 前三项都是

2. 防护道岔是指（　　）。
   A. 由多台转辙机牵引道岔　　　　B. 要求位置一致的道岔
   C. 平行作业时必须考虑动作的道岔　D. 防止侧面冲突时必须考虑动作的道岔

3. 关于联锁，下列叙述错误的是（　　）。
   A. 进路各区段空闲才能开放信号
   B. 带动道岔不在带动位置信号机不能开放
   C. 进路上有关道岔在规定位置且锁闭才能开放信号
   D. 敌对进路建立后，防护该进路的信号机不能开放

4. 控制台每个信号复示器旁设置有进路按钮，其中调车按钮为（　　）色。
   A. 白　　　　　B. 绿　　　　　C. 红　　　　　D. 黄
5. 轨道区段有车占用或者故障时显示（　　）。
   A. 红光带　　　B. 白光带　　　C. 绿光带　　　D. 蓝光带

三、判断题

1. 用道岔位置无法区分，但同时建立有可能发生危险的两条进路互为敌对进路。（　　）
2. 敌对信号未关闭时，防护进路的信号机可以开放。（　　）
3. 信号机开放后，该进路上的有关道岔不能扳动，其敌对信号不能开放。（　　）
4. 用于办理调车进路，进、出段处设有绿色的进路按钮，用于办理列车进段、出段的进路。（　　）
5. 道岔显示红色表示道岔正在转换。（　　）

四、简答题

1. 什么是联锁？开放信号时应检查的基本联锁条件是什么？
2. 简述联锁的基本内容。
3. 什么是基本进路？什么是变通进路？确定基本进路的条件是什么？
4. 什么是敌对进路？哪些进路属于敌对进路？
5. 简述 6502 电气集中联锁的设备组成包括哪些。
6. 简述计算机联锁的特点。
7. 简述 TYJL-Ⅱ型计算机联锁操作中办理列车进路和调车进路的方法。

第六章　闭塞系统

【知识要点】
- 掌握闭塞的有关概念。
- 了解铁路闭塞制式的发展。
- 理解城市轨道交通固定闭塞、准移动闭塞、移动闭塞的特点。

第一节　闭塞概述

所谓区间，是指两个车站（或线路所）之间的铁路线路。相邻两站之间的区间称为站间区间，车站和线路所之间的区间称为所间区间。

在单线铁路，以两个车站的进站信号机柱的中心线为车站与区间的分界线；在双线或多线铁路上，分别以各线路的进站信号机柱或站界标的中心线为车站与区间的分界线。

列车在区间内运行的特点为速度快、制动距离长，不能避让。鉴于上述特点，列车由车站向区间发车时，必须确认区间（闭塞分区）内没有列车，并需遵循一定的规律组织行车，以免发生列车正面冲突或追尾事故。这种按照一定规律组织列车在区间内行车的方法，叫作行车闭塞法，简称闭塞。实现闭塞方式的设备叫作闭塞设备。以闭塞技术设备为基础构建的信号系统，称为闭塞系统。

实现闭塞的基本方法有两种，时间间隔法和空间间隔法。

（1）时间间隔法：列车按照事先规定好的时间由车站发车，使前行列车和追踪列车之间必须保持一定时间间隔的行车方法。这种行车方法因追踪列车不能确切地获知前行列车的运行状况，所以不能确保列车在区间内的运行安全，我国已不再使用此行车方法。

（2）空间间隔法：把铁路线路划分为若干个区段，称为区间或闭塞分区，在每个区段内同时只准许一列列车运行，使前行列车和追踪列车之间必须保持一定距离间隔的行车方法。这种行车方法能严格地把列车分隔在两个空间，可以有效地防止列车追尾和正面冲突事故的发生，确保列车运行安全。这种行车方法是我国目前所采用的闭塞方法，我们所说的闭塞就是指空间间隔法。

空间间隔法要求列车在进入闭塞区间或分区前，须履行"闭塞"手续。取得占用该闭塞区间或分区的"行车许可凭证"（或称"移动"）授权，才能够占用该闭塞区间或分区。一旦列车进入某闭塞区间,该闭塞区间的防护信号机关闭,防止其他列车进入该闭塞区间,从而达到了控制列车运行间隔的目的,保障了列车在闭塞区间中的行车安全。

用于办理行车闭塞的设备叫闭塞设备。闭塞设备必须保证一个区间内,在同一时间里只能允许一个列车占用,保证列车在区间内运行安全,提高区间通过能力的区间信号设备。

行车闭塞制式大致经历了:电报或电话闭塞路签——路签或路牌闭塞——半自动闭塞——自动闭塞的发展过程。目前我国铁路,双线多采用自动闭塞,单线多为半自动闭塞,剩有极少量的路签闭塞。电话闭塞则是当上述基本闭塞设备不能使用时,根据列车调度员的命令所采用的代用闭塞方法。

目前我国铁路多为半自动闭塞和自动闭塞。

第二节　铁路闭塞制式

半自动闭塞是我国铁路广泛采用的一种闭塞方式。采用半自动闭塞时,列车占用区间的行车凭证是出站信号机(线路所为通过信号机)的进行显示,出站信号机不能任意开放,它受半自动闭塞机的控制,只有当区间空闲,经过办理手续后,出站信号机才能开放。还应注意,出站信号机既要防护列车区间运行的安全,又要防护出发列车在站内运行的安全,所以它既要受闭塞机的控制,又要受到车站联锁设备的控制,即受到双重设备控制。

一、64D 型继电半自动闭塞

目前,我国单线铁路主要采用的是 64D 型继电半自动闭塞,64D 型继电半自动闭塞由闭塞机、轨道电路、操纵和表示设备以及闭塞电源、闭塞外线等部分组成。此外,控制电路中还包括车站的进、出站信号机的控制条件,借以实现彼此间的联系。64D 型继电半自动闭塞设备之间组成如图 6-1 所示。

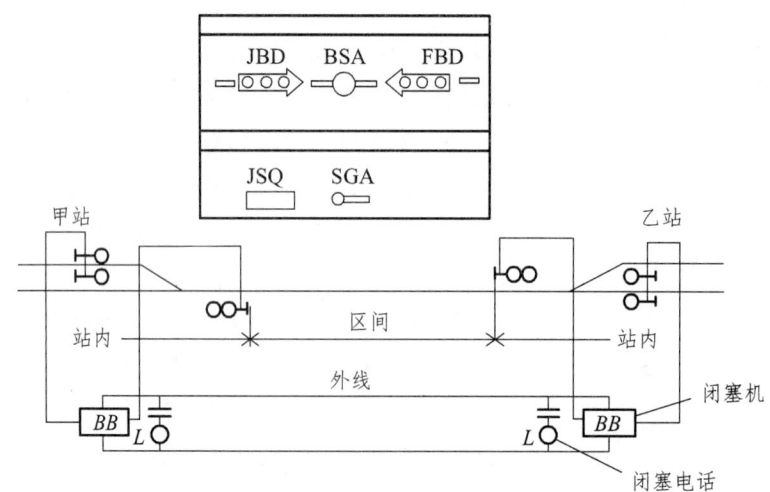

图 6-1　64D 型继电半自动闭塞设备组成框图

（一）闭塞机

闭塞机是闭塞设备的核心；采用半自动闭塞的区间两端车站上，各设置一台闭塞机，一段轨道电路和出站信号机，他们之间用通信线路相连接，用来控制出站信号机并实现相邻车站之间办理闭塞。

（二）出站信号机

出站信号机是指示列车能否有车站开往区间的信号机，它受到闭塞机和车站联锁设备的双重控制。

（三）轨道电路

轨道电路应设在车站进站信号机内方适当地点，用以监督列车的出发和到达，并使双方闭塞机的接发车表示等有相应的表示。专用轨道电路的长度一般不少于25 m。

（四）操作和表示设备

单线继电半自动闭塞的操纵和表示设备有：按钮、表示灯、电铃和计数器等，这些元件安装在信号控制台上。

1. 按 钮

为了办理两站之间的闭塞和复原，需要：

（1）闭塞按钮BSA：二位自复式按钮，办理请求发车或同意接车时按下。

（2）复原按钮FUA：二位自复式按钮，办理到达复原或取消复原时按下。

（3）事故按钮SGA：二位自复式按钮，平时加铅封。当闭塞机因故不能正常复原时，破封按下，使闭塞机复原。

2. 表示灯

车站的每一个接发车方向各设继电半自动闭塞表示灯两组。

（1）发车表示灯FBD。由黄、绿、红三个光点式表示灯组成。表示灯经常熄灭，黄灯点亮表示本站请求发车，绿灯点亮表示对方站同意发车，红灯点亮表示发车闭塞。

（2）接车表示灯JBD。由黄、绿、红三个光点式表示灯组成。表示灯经常熄灭，黄灯点亮表示对方站请求接车，绿灯点亮表示本站同意接车，红灯点亮表示发车闭塞。当接、发车表示灯同时点亮红灯时，表示列车到达。

每组三个表示灯用箭头围在一起箭头表示列车运行的方向。表示灯的排列顺序：从箭头的方向起为黄、绿、红。若车站为计算机联锁采用显示器时，在屏幕上分别用黄、绿、红箭头作为半自动闭塞联系信号，接车方向箭头指向本站，发车方向箭头指向对方站。

3. 电铃（DL）

电铃是闭塞机的音响信号，它装在控制台里。当对方站办理请求发车、同意接车或列车从对方站出发时，本站电铃鸣响；当对方站办理取消复原或到达复原时，本站电铃也鸣响。此外，如果接车站轨道电路发生故障时，当列车自发从车站出发后，接车站电铃直鸣响，以提醒接车站及时修复轨道电路，准备接车。

4. 计数器（JSQ）

计数器是用来记录车站值班员办理事故复原的次数。每按下一次 SGA、JSQ 自动计数。因为事故复原是在闭塞设备发生故障时的一种特殊复原方法，当使用事故按钮使闭塞机复原时，行车安全完全是由车站值班员人为保证，因此必须严格控制。使用时要登记，用后要及时加封，而且由计数器自动记录使用的次数。

（五）闭塞机外线

继电器半自动闭塞的外线原是与站间闭塞电话共用的。为了防护外界电源对闭塞机的干扰，提高闭塞电话的通话质量，应采用两根外线。当采用电缆作为闭塞外线时。应将闭塞机外线和闭塞电话外线分开。

二、64D 型继电半自动闭塞工作原理

以图 6-1 为例，现甲乙区间空闲，由甲向乙站发车。甲站值班员用接在通信线路中的专用电话 L 向乙站联系请求发车。乙站值班员接受请求后，甲站值班员可按下闭塞按钮。此时甲站发车表示灯亮黄灯，乙站的接车表示灯也亮黄灯。乙站值班员按压闭塞按钮。此时乙站接车表示灯由黄灯变为绿灯，甲站发车表示灯也由黄灯变为绿灯，甲站即可办理发车进路，开放出站信号机。列车从甲站出发，当列车驶入轨道电路区段后，甲站发车表示灯由绿灯变为红灯，出站信号机自动关闭，乙站接车表示灯也由绿灯变为红灯。此时甲站出站信号机不能再次开放，当然甲站就不能再向乙站发车了。由于区间处于闭塞，乙站也不能向甲站发车，这也就保证了该区间只准许有一列列车运行。

乙站为接车站，接到甲站已发车电话后，可将接车进路办妥并开放进站信号机。当列车接近乙站驶入轨道电路区段时，乙站发车表示灯与接车表示灯均亮红灯，表示列车到达。乙站值班员确认列车完整到达停妥后，将接车手柄恢复定位（进站信号机恢复定位），拔出闭塞按钮，表示灯即熄灭，乙站闭塞设备复原。甲站铃响，闭塞设备复原，就可以重新再办理发车了。

三、自动闭塞

自动闭塞是将两个相邻车站之间的区间正线划分成若干个小段，即闭塞分区（其长度一般为 1 200 ~ 1 300 m）。每个分区的起点设置一架通过信号机进行防护，由于闭塞分区内钢轨上提装设轨道电路，因而能够正确反映列车的运行情况和钢轨是否完整，并及时传给通过信号机显示出来，向接近它的列车指示运行条件，行车安全有了进一步的保证。因为通过色灯信亏机的显示是随着列车的运行通过列车自动控制的，所以不需要人工操作。

四、自动闭塞原理

（一）三显示自动闭塞原理

目前，我国铁路上广泛采用的是三显示自动闭塞，它用红、黄、绿三种颜色的灯光来指

示列车运行的不同条件。图 6-2 所示为三显示自动闭塞。当通过信号机所防护的闭塞分区被列车占用时显示红灯；仅当它所防护的闭塞分区空闲时显示黄灯；其运行前方有两个及以上的闭塞分区空闲时显示绿灯。其特征为：通过信号机具有三种显示；能预告列车前方两个闭塞分区状态；分两个速度等级，一个闭塞分区的长度满足从规定速度到零的制动距离。

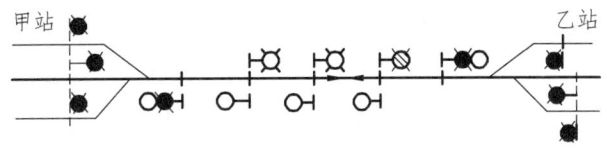

图 6-2　三显示自动闭塞

列车运行在三显示自动闭塞区段，越过显示黄灯的通过信号机时开始减速，至次架显示红灯的通过信号机前停车，因此要求每个闭塞分区的长度绝对不能小于列车的制动距离。随着列车速度和密度的不断提高，在一些繁忙的客货混运区段，各种列车运行的速度和制动距离相差很大，如市郊列车等需经常停车，且制动距离短，要求实现最小运行间隔，闭塞分区长度越短越好；而高速客车、重载货车制动距离长，闭塞分区长度又不能太短。三显示自动闭塞不能解决这一矛盾，提高区间通过能力的最好方法是采用四显示自动闭塞。

（二）四显示自动闭塞

四显示自动闭塞通过轨道电路传输的信息有所增加，在我国四显示自动闭塞是在三显示自动闭塞的基础上增加一种绿黄显示，如图 6-3 所示。它能预告列车运行前方三个闭塞分区的状态，规定列车以规定的速度越过绿黄显示后必须减速，以使列车在抵达黄灯显示下运行时不大于规定的黄灯允许速度，保证在显示红灯的通过信号机前停车。分三个速度等级，两个闭塞分区的长度满足从规定速度到零的制动距离；而对于低速、制动距离短的列车越过绿黄显示后可不减速。由于增加了绿黄显示，就化解了上述矛盾。四显示自动闭塞能缩短列车运行间隔，缩短闭塞分区长度，提高运输效率。

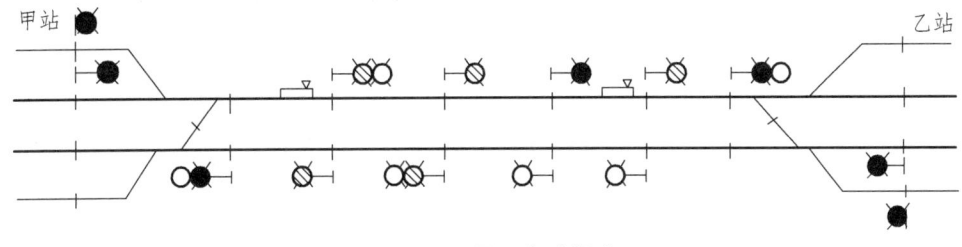

图 6-3　四显示自动闭塞

三显示自动闭塞中，黄灯是注意信号，表示运行前方有一个闭塞分区空闲，一个闭塞分区的长度能满足从规定速度到零的制动距离，可以越过黄灯后再开始制动。四显示自动闭塞中，绿黄灯是警惕信号，表示运行前方有两个闭塞分区空闲，两个闭塞分区的长度满足从规定速度到零的制动距离，可以越过绿黄灯后再开始减速；黄灯是限速信号，列车越过黄灯时必须减速至规定的限速值，不然就难以保证在下一个红灯前可靠停车。

我国铁路规定，在 160 km/h 以上区段必须采用四显示自动闭塞。

（三）移频自动闭塞

移频自动闭塞以钢轨作为通道，采用移频信号的形式传输控制信号，自动控制区间通过信号机的显示指示列车运行。

ZPW 200（UM）移频自动闭塞载频中心频率 f_0 选为 1 700 Hz、2 000 Hz、2 300 Hz、2 600 Hz 四种，是为了防止期钢轨绝缘双破损后两相邻轨道电路产生错误动作，所以相邻轨道电路采用不同的载频。在双线区段，由于上、下行线路之间存在邻线干扰，所以上、下行线路采用不同的频率，上行线用 1 700 Hz 和 2 300 Hz，下行线用 2 000 Hz 和 2 600 Hz。频偏 Δf 为 11 Hz。低频为 10.3~29 Hz，频率间隔 1.1 Hz，共 18 种频率，分别代表不同的信息。

在移频自动闭塞区段，移频信息的传输是按照运行列车占用闭塞分区的状态，迎着列车的运行方向，自动地向前方闭塞分区传递信息的。如图 6-4 所示，若下行线有两列列车 A、B 运行，A 列车运行在 1G 分区，B 列车运行在 5G 分区。由于 1G 有列车占用，防护该闭塞分区的通过信号机 7 显示红灯，这时 7 信号点的发送设备自动向前方闭塞分区 2G 发送 26.8 Hz 调制的、中心载频为 2 300 Hz 的移频信号。当 5 信号点的接收设备接收到该移频信号后，使通过信号机 5 显示黄灯。此时 5 信号点的发送设备自动地向前方闭塞分区 3G 发送以 16.9 Hz 调制的中心载频为 1 700 Hz 的移频信号。当 3 信号点的接收设备接收到该移频信号后，使通过信号机 3 显示绿、黄灯。同样，3 信号点的发送设备又自动地向前方闭塞分区 4G 发送 13.6 Hz 调制的中心载频为 2 300 Hz 的移频信号，当 1 信号点的接收设备接收到此移频信号后，使通过信号机 1 显示绿灯。1 信号点的发送设备又自动地向前方闭塞分区 4G 发送 11.4 Hz 调制的、中心载频为 1 700 Hz 的移频信号。由于续行列车 B 已进入 5G 分区，可按规定速度继续运行。如果列车 A 由于某种原因停在 1G 分区，则当续行列车 B 进行 4G 分区，司机见到通过信号机 5 显示绿、黄灯，则应注意减速运行。当续行列车 B 进行 3G 分区，司机见到通过信号机 5 显示黄灯，则应进一步减速运行。当续行列车 B 进入 2G 分区时，由于通过信号机 7 显示红灯，司机采取制动措施，使列车 B 能停在显示红灯的通过信号机 7 的前方。这样，就可根据列车占用闭塞分区的状态，自动改变地面信号机的显示，准确地指挥列车的运行，实现自动闭塞。

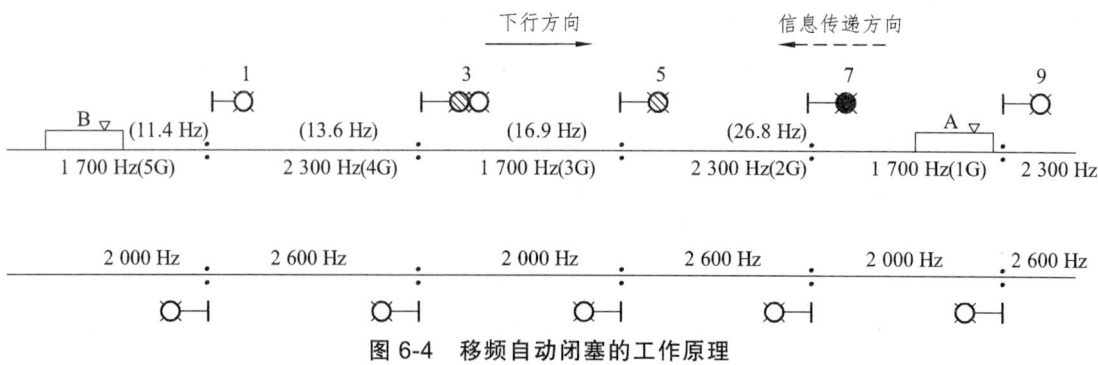

图 6-4 移频自动闭塞的工作原理

UM71 型无绝缘移频自动闭塞采用谐振式无绝缘轨道电路，工作稳定可靠，具有抗电气化干扰能力，防雷性能好，有一定的断轨检查功能，能满足速差式自动闭塞和列车运行超速防护的需要。在 UM7I 国产化的进程中，我国自行开发具有自主知识产权的 WG-21A 和 ZPW-20000 系列无绝缘移频自动闭塞。WG-21A 型在 UM7I 的基础上，用单片微机和数字信号处理技术代替晶体管分立元件，提高了系统的可靠性。ZPW-2000 系列对 UM7I 进行了重大改进，除采用单片微机和数字信号处理技术外，还解决了调谐区断轨检查、谐振单元断线和调谐区死区长度以及拍频干扰等技术难题，是目前性能最为先进的制式，也是今后我国自动闭塞的统一制式。

第三节　城市轨道交通闭塞制式

目前，用于城市轨道交通系统的闭塞制式有固定闭塞、准移动闭塞和移动闭塞。

（一）固定闭塞

固定闭塞系统是将轨道分成若干个闭塞分区，每个闭塞分区只能被一列车占用，而且闭塞分区的长度必须满足司机确认信号和列车停车制动距离的要求。闭塞分区的长度取决于列车的最大速度、刹车曲线以及信号显示的数目等。在所有的固定闭塞系统中，列车位置是通过它所占用的闭塞分区来确定的，因此闭塞分区的长度和数量就决定了线路的通过能力。一般地，闭塞分区的长度不得小于司机确认信号和制动停车所需要行驶的距离之和。通常情况下，在同一个闭塞分区内最多只能有一辆列车。其特点：

（1）线路被划分为固定位置、某一长度的闭塞分区，一个分区只能被一列车占用。
（2）闭塞分区的长度按最长列车、满负载、最高速度、最不利制动率等不利条件设计。
（3）列车间隔为若干闭塞分区，而与列车在分区内的实际位置无关。
（4）制动的起点和终点总是某一分区的边界。
（5）要求运行间隔越短，闭塞分区（设备）数也越多，列车最小运行间隔≥120 s。
（6）采用模拟轨道电路、轮轴传感器、加点式或环线传输，信息量少。
（7）采用阶梯式速度控制模式。

（二）准移动闭塞

准移动闭塞在控制列车的安全间隔上比固定闭塞进了一步。它通过采用报文式轨道电路辅之以环线或应答器来判断分区占用并传输信息，信息量大。可以告知后续列车继续前行的距离，后续列车可根据这一距离合理地采取减速或制动，列车制动的起点可延伸至保证其安全制动的地点，从而可改善列车速度控制，缩小列车安全间隔，提高线路利用效率。但准移动闭塞中后续列车的最大目标制动点仍必须在先行列车占用分区的外方，因此它并没有完全突破轨道电路的限制。其特点：

（1）追踪目标点固定。
（2）制动点不固定。
（3）空间间隔长度不固定。

（三）移动闭塞

移动闭塞技术则在对列车的安全间隔控制上更进了一步。通过车载设备和轨旁设备不间断的双向通信，控制中心可以根据列车实时的速度和位置动态计算列车的最大制动距离。只要保证列车前后的安全距离，两个相邻的移动闭塞分区就能以很小的间隔同时前进，这使列车能以较高的速度和较小的间隔运行，从而提高运营效率。其特点：

（1）移动闭塞的速度曲线是连续的。

（2）线路没有固定划分的闭塞分区。

（3）列车间隔是按后续列车在当前速度下所需的制动距离加上安全余量计算和控制的，确保不追尾。列车间隔是动态的，并随前一列车的移动而变化。

（4）制动的起点是动态的，终点是相对动态的，轨旁设备的数量与列车的运行间隔关系不大。

移动闭塞与固定闭塞相比，列车的运行间隔相对减少，与准移动闭塞相比，移动闭塞具有更强的运用灵活性和更小的行车间隔，也因此具备更强的运行调整能力，并能最大限度地提高区间通过能力。

思考与练习

一、填空题

1. 用信号或凭证保证列车按照空间间隔制运行的技术方法称为行车闭塞法，简称_____。

2. 行车闭塞制式大致经历了：_____——路签或路牌闭塞——_____——自动闭塞的发展过程。

3. _____是根据列车运行及有关闭塞分区状态，自动变换通过信号机的显示而司机凭信号行车的闭塞方式。

4. 四显示的绿黄表示的含义是_____。

5. 目前用于城市轨道交通系统的闭塞制式有固定闭塞、_____和_____。

二、选择题

1. 在闭塞的概念中，其关键实质是指（　　）。
   A. 防护车站行车安全　　B. 保证司机的正常行驶
   B. 区间行车组织方法　　D. 提高平行作业效率

2. 采用半自动闭塞时，列车占用区间的行车凭证是（　　）。
   A. 出站信号机　　B. 进站信号机
   C. 通过信号机　　D. 防护信号机

3. 发车表示灯 FBD，由黄、绿、红三个光点式表示灯组成。黄灯点亮表示（　　）。
   A. 表示本站请求发车　　B. 表示对方站同意发车
   B. 表示发车闭塞　　D. 表示禁止发车

4. 准移动闭塞的特点不包括（　　）。
   A. 追踪目标点固定
   B. 制动点不固定
   C. 空间间隔长度不固定
   D. 移动闭塞的速度曲线是连续的
5. 在我国四显示自动闭塞是在三显示自动闭塞的基础上增加一种（　　）显示。
   A. 绿　　　　　　　　　　B. 黄
   C. 绿黄　　　　　　　　　D. 蓝

三、判断题

1. 自动闭塞是将两个相邻车站之间的区间正线划分成若干个小段，即闭塞分区。（　　）
2. 移频自动闭塞以钢轨作为通道，采用移频信号的形式传输控制信号，自动控制区间通过信号机的显示，以指示列车运行。（　　）
3. 四显示自动闭塞中，黄灯表示运行前方有两个闭塞分区空闲。（　　）
4. 固定闭塞系统是将轨道分成若干个闭塞分区，每个闭塞分区只能被一列车占用，而且闭塞分区的长度必须满足司机确认信号和列车停车制动距离的要求。（　　）
5. 移动闭塞的速度曲线是连续的，线路没有固定划分的闭塞分区。（　　）

四、简答题

1. 什么叫闭塞？我国铁路闭塞的发展经历了哪几个阶段？
2. 64D 型半自动闭塞包括哪些设备？
3. 简述三显示自动闭塞的工作原理。
4. 简述城市轨道交通固定闭塞的特点。
5. 简述城市轨道交通准移动闭塞的特点。
6. 简述城市轨道交通移动闭塞的特点。

第七章 CBTC 系统

【知识要点】

- 掌握城市轨道交通 CBTC 系统的组成。
- 掌握 ATP 子系统的主要功能。
- ATO 子系统的功能。
- 了解 ATO 子系统的组成。
- 掌握列车的驾驶模式。
- 了解 ATS 子系统的组成。
- 掌握 ATS 子系统的功能。
- 了解 ATS 子系统与其他子系统的接口。

第一节 城市轨道交通 CBTC 系统概述

一、CBTC 系统的组成

城市轨道交通 CBTC 系统正线信号系统采用基于无线通信的具有完整 ATC 功能的列车控制系统，同时还提供了连续式 ATP 功能丧失情况下的点式 ATP 列车超速防护系统。城市轨道交通 CBTC 系统包括 ATP 子系统、ATO 子系统、ATS 子系统、CBI 子系统和 DCS。

城市轨道交通 CBTC 系统的基本架构如图 7-1 所示。

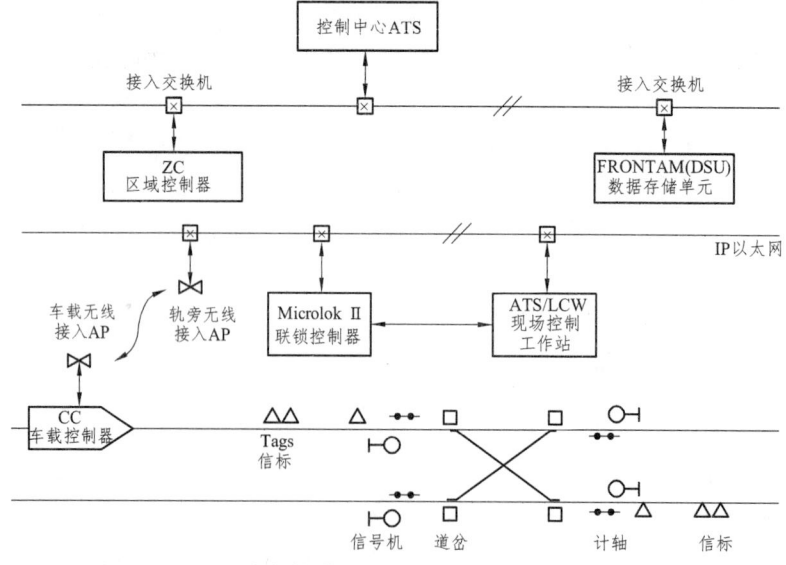

图 7-1 城市轨道交通 CBTC 系统的基本架构

（一）列车自动监控子系统

ATS 子系统用于行车监视和控制。

（二）区域控制器（ZC）

ZC 安装在轨旁，是基于处理器的安全控制器。每个 ZC 通过 DCS 和车载控制器（Carborne Controller，CC）连接。ZC 通过运用 CBTC 的移动闭塞概念，确保列车的安全运行。ZC 基于已知的障碍地点和预计的交通荷载，确定预定义区域内所有列车的移动权限。ZC 接收临时限速（Temporary Speed Restriction，TSR）指令及该区域内列车发出的位置信息。ZC 与计算机联锁 MicrolokⅡ接口，以控制和表示轨旁设备。

（三）数据存储单元

数据存储单元（Database Storage Unit，DSU）用于保存轨道数据库数据。轨道数据库是用于描述列车运行轨道线路的数据库，其内容包括线路坡度、曲线、车站（站台）设置、折返线（存车线）设置、轨旁信号机、道岔、计轴点、信标点设置，以及屏蔽门、防淹门等所有与运行线路相关的数据基础文件。

轨道数据库同时存储在 ZC 和 CC 中，ZC 根据轨道数据库计算列车的安全授权点 V-MAL 和非安全授权点 NV-MAL，CC 确定列车的运行速度防护曲线，计算运营停车点和折返点，确定列车正确的开门侧等。其中，MAL（Movement Authority Limit，移动授权）是为了便于轨道数据库的管理及在线更新，轨道数据库也存储在数据存储单元 FRONTAM 或 DSU 中。

（四）车载控制器子系统

车载控制器包括基于微处理器的控制器、相关速度测量及位置定位传感器（在地面应答器的辅助下）。车载设备与列车的各子系统连接，并通过数据通信子系统与 ZC 连接。车载控制器负责列车定位、执行允许速度、执行移动授权及其他有关的 ATP 和 ATO 功能。

（五）联锁控制器

MicrolokⅡ负责安全执行传统联锁功能。MicrolokⅡ从辅助列车检查计轴系统中获得列车位置信息。MicrolokⅡ与轨旁设备（如转辙机、LED 信号机等）接口。为了保证正确的 CBTC 运行，MicrolokⅡ还与 ZC 接口。

（六）集成了 ATS 车站工作站和本地控制工作站功能的工作站

集成了 ATS 车站工作站和本地控制工作站功能的工作站位于设备集中站的车控室内。

（1）在正常运营条件下，该工作站用于实现 ATS 车站工作站的功能，监视和控制列车的运行设备及轨旁设备。

（2）在降级运营模式下，若 ATS 不可用，则该工作站还具有本地控制工作站的功能。该工作站通常控制的仅仅是本联锁区。

（七）数据通信子系统

1. 轨旁数据接入网络

轨旁数据接入网络主要由轨旁接入交换机、轨旁（Access Point，AP）、光电转换器、天线、连接线缆、供电部分设备、保护箱设备组成。轨旁接入交换机通过冗余的以太网络与骨干交换机相连。

2. 轨旁数据骨干网络

轨旁数据骨干网络由骨干交换机和传输设备组成。传输设备之间组建传输环，骨干交换机链接到本站及本网的传输环上。这些骨干交换机和传输环设备安装在环路各处的信号设备室内。

3. 车载数据通信网络

车载数据通信网络由车头驾驶室网络部分和车尾驾驶室网络部分组成。车头和车尾驾驶室网络部分分别由车载无线网络单元、车载天线、车载网络交换机和车载CBTC系统设备组成。

二、CBTC系统的原理

CBTC系统摆脱了用地面轨道电路设备判别列车占用闭塞分区与否的束缚，突破了固定闭塞的局限性，为实现移动闭塞提供了可能。在CBTC系统中，充分利用了先进的通信传输手段，实时或定时地进行列车与地面间的双向通信联络，使得后续列车可以及时了解与前方列车运行的实际间隔距离，通过计算，后续列车即可给出最佳制动曲线，既提高了区间通行能力，又减少了频繁减速制动操作，改善了旅客乘车的舒适度。由于车地间通信信息量的加大，地面可以实时地向车载信号设备传递车辆运行前方的线路限制情况，指导列车按线路限制条件运行，提高了列车的运行安全性。在CBTC系统中，列车位置的检测由列车本身提供，列车将报告其在线路上的位置。为确保安全，列车必须对其位置和运行方向进行精确判定，这是一个基本要求。为判定位置，列车的车载计算机会同转速计、速度传感器、加速度计（用于测量距离、速度和加速度）及定位应答器检测设备共同合作。位于轨道上的定位应答器被用来判定列车的绝对位置。CBTC系统的地面控制设备将根据前车的位置信息和线路障碍物的状态信息为后行列车计算移动授权，指导后行列车的安全运行。CBTC系统原理如图7-2所示。

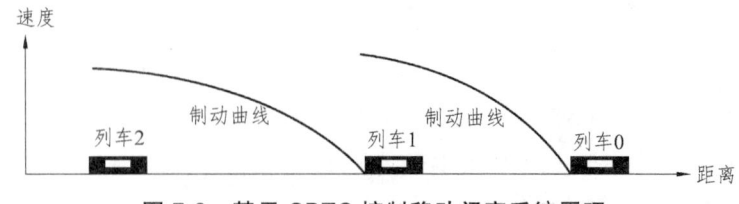

图7-2 基于CBTC控制移动闭塞系统原理

CBTC系统的安全制动距离取决于列车的速度、单辆列车的特性以及它们在轨道上的位置。列车可以在由实际速度、确定停靠点、制动曲线和轨道坡度共同定义的范围内安全运行。

CBTC 系统可以采用无线通信、漏泄电缆、波导等媒体方式向车载设备传递信息。CBTC 系统利用列车和地面间的双向数据通信设备，使地面信号设备可以得到每一列车连续的位置信息，并据此计算出每一列车的运行权限，动态更新发送给列车。列车根据接收到的运行权限和自身的运行状态，计算出列车运行的速度曲线，实现精确的定点停车，实现完全防护的列车双向运行模式，有利于提高线路通过能力。

三、CBTC 系统的功能

（一）列车位置、速度以及方向的决定

CBTC 系统需要决定每辆列车的头部及尾部位置，通常误差会控制在 3.048 m 以内。CBTC 系统不需要手动输入列车位置及列车长度数据，在决定每辆列车的速度和方向时，精度通常控制在 3.22 km/h 以内。

（二）安全的列车间隔

每辆配有 CBTC 的列车在 CBTC 区域内运行时将拥有一个移动授权(Movement Authorit, MA)，这是根据运行条件实时计算出来的。列车的 MA 计算基于列车的安全刹车模式。总的来说，在任一时刻每一辆列车的允许速度都设置为使该列车停在前面列车的安全距离内。除以上因素外，给定列车的实时 MA 还受区间速度限制、设备的速度限制、区间的临时速度限制及 CBTC 系统和轨旁设备的故障等因素影响。

（三）超速防护

CBTC 超速防护用于防止列车速度超过最大允许速度。

（四）零速度探测

当列车速度降到 3.22 km/h 以下并持续 2 s 时，CBTC 系统认为列车的速度为 0，这项功能的主要目的是使得在规定时间限制内的一个非常规停车得到批准。CBTC 系统的故障会批准一个非常规停车，从而进行紧急刹车。

当列车速度高于"零速度"时，按规定，列车控制系统控制的车门是不允许打开的。

（五）车门开启控制联锁

CBTC 系统将禁止列车控制系统开启车门，除非同时满足以下条件：
（1）列车处于零速度状态。
（2）最小服务刹车程序在车门开启时起作用。
（3）将要开启的车门位于"车门开启区域"。只有当车门处于站台内并且列车与站台处于同一侧车门开启区域时，才允许车门开启。

（六）离站联锁

离站联锁禁止列车移动，除非所有车门闭合并上锁。

（七）紧急制动

根据应用设计，CBTC 系统在紧急情况时能够进行紧急刹车，并且能够在条件不满足时制止紧急刹车程序的实施。

在大多数的应用中，紧急刹车是在非常规停车末进行的，或者当非常规停车实施后列车刹车服务不足以减慢列车速度时进行的。非常规停车通常是由列车防护功能的最大限度刹车实现的，此时列车速度已经超过了规定速度，人为或自动控制已不足以降低列车速度。

非常规停车是不可取的，并且只有在列车速度为零时才能够被重置。

（八）线路联锁

如果一条线路进行了联锁，那么 CBTC 会提供联锁功能来防止列车相撞或者出轨。这与传统联锁提供的功能是一样的。移动授权（MA）只在线路锁闭后才能延伸到联锁线路上。一旦 MA 进入联锁路段，线路就将锁闭，直到列车驶出联锁路段。在大多数情况下，虽然联锁在 CBTC 区域外，并由传统的信号进行控制，但列车可以无缝地进入或者驶出 CBTC 区域，CBTC 系统将和轨旁设备、联锁设备连接，提供列车所需的防护功能。

四、列车驾驶模式

城市轨道交通列车自动控制系统为列车驾驶提供了几种不同的方式，以便在不同的情况下，对列车进行有效的控制，保证列车运行安全和提高运行效率。列车在正线、折返线上运行作业时，常用 ATO 自动驾驶模式和 ATP 监督下的人工驾驶模式，限制人工驾驶和非限制人工驾驶模式均为非常用模式。

（一）ATO 自动驾驶模式

在这种驾驶模式下，列车自动控制系统的三个子系统 ATP、ATO 和 ATS 都在正常运行，列车在 ATC 系统控制下自动完成运营作业。列车起动后，在 ATP 设备安全保护下，车载 ATO 设备自动控制列车加速、巡航、惰行、制动，并控制列车在车站的停车位置，开关车门，驾驶员仅需监督 ATP/ATO 车载设备运行状况。

（二）ATP 监督下的人工驾驶模式（SM 模式）

线路条件不好或恶劣天气等不适宜使用 ATO 的情况下，可以使用这种驾驶模式。这种情况下列车上的 ATO 系统已经旁路，列车由驾驶员人工驾驶。列车起动后，车载 ATP 设备根据地面提供的信息，自动生成连续监督列车运行的一次速度模式曲线，实时监督列车运行。驾驶员根据 ATP 显示的速度信息驾驶列车，当列车运行速度接近限制速度时，发出报警；当列车运行速度超过限制速度时，ATP 车载设备将对列车实施制动。

（三）限制人工驾驶模式（RM 模式）

这种模式下，ATP 只提供对设定速度（25 km/h）的超速防护，驾驶员以不超过该限制速度驾驶列车，列车运行安全由驾驶员负责；当列车超过该限制速度时，ATP 车载设备则对车实施制动。

（四）非限制人工驾驶模式（URM 模式）

在车载 ATP 设备故障状态时，可采用非限制人工驾驶模式。这种模式下，车载 ATP 和 ATO 都已经旁路，ATP 不对列车运行起监控作用，列车运行安全由驾驶员、调度员、车站值班员共同负责。

列车两端的驾驶室里安装有对应的列车驾驶模式选择开关，用来选择列车的驾驶模式。

（五）列车折返模式（AR 模式）

列车在 ATP 监督人工驾驶模式下折返时，由人工驾驶，从到达股道牵出至折返线，由驾驶员转换驾驶端，并折返至发车股道。

在 ATO 有人驾驶模式下折返时，列车能以较合理的速度从到达股道牵出至折返线，由驾驶员转换驾驶端和起动列车，然后从折返线进入发车股道。

上述五种基本运营模式在满足一定条件的情况下可以互相转换。

五、信号系统运营模式

（一）ATS 自动监控模式

正常情况下 ATS 系统自动监控在线列车的运行，自动向联锁设备下达列车进路命令，列车在 ATP 的安全保护下由驾驶员按规定的运行图时刻表驾驶列车运行。控制中心行车调度员仅需监督列车和设备的运行状况。每天开班前，控制中心调度员选择当日的行车运行图/时刻表，经确认或做必要的修改，作为当日行车指挥的依据。

（二）调度员人工介入模式

调度员可通过工作站发出有关行车命令，对全线列车运行进行人工干预。调整列车运行计划包括对列车实施"扣车"、"终止站停"、改变列车进路、增减列车等。

（三）列车出入车辆段调度模式

车辆调度员根据当日列车运行图/时刻表编制车辆运用计划和段内行车计划，并传至控制中心。车辆段信号值班员按车辆运用计划设置相应的进路，以满足列车出入段作业要求。

（四）车站现地控制模式

除设备集中站外，其他车站不直接参与运营控制，车站联锁和车站 ATS 系统结合实现车站和中央两级控制权的转换。在中央 ATS 设备故障或经车站值班员申请，中央调度员同意放权后，可改由车站现地控制。

在现地控制模式下，车站值班员可直接操纵车站联锁设备，可将部分信号机置于自动模式状态，也可将全部信号机设为自动模式状态，控制中心行车调度员应通过通信调度系统与列车驾驶员、车站值班员保持联系。

（五）车辆段控制模式

列车出入车辆段和段内的作业均由车辆段值班员根据用车计划直接排列进路。车辆段与正线之间设置转换轨，出入段线与正线间采用联锁照查联系保证行车安全。

第二节 ATP 子系统

一、轨旁子系统的组成

轨旁子系统主要由 ZC 组成。ZC 接收由其控制区内列车发出的位置信号，根据所有已知障碍物的位置和运行权限来确定其区域内所有列车的运行权限。障碍物包括其他列车、封闭区段、失去状态的道岔及任何外部因素，ZC 也回应相邻 ZC 的授权申请。在系统配置中，ZC 与 Microlok Ⅱ 接口，Microlok Ⅱ 还执行传统的联锁功能。

ATP 的轨旁设备配置如图 7-3 所示。其中，RI 表示继电器接口（Relay Interface），BS 表示骨干交换机（Backbone Switch），AS 表示接入交换机（Access Switch），ACS 表示计轴系统（Axle Counting System）。

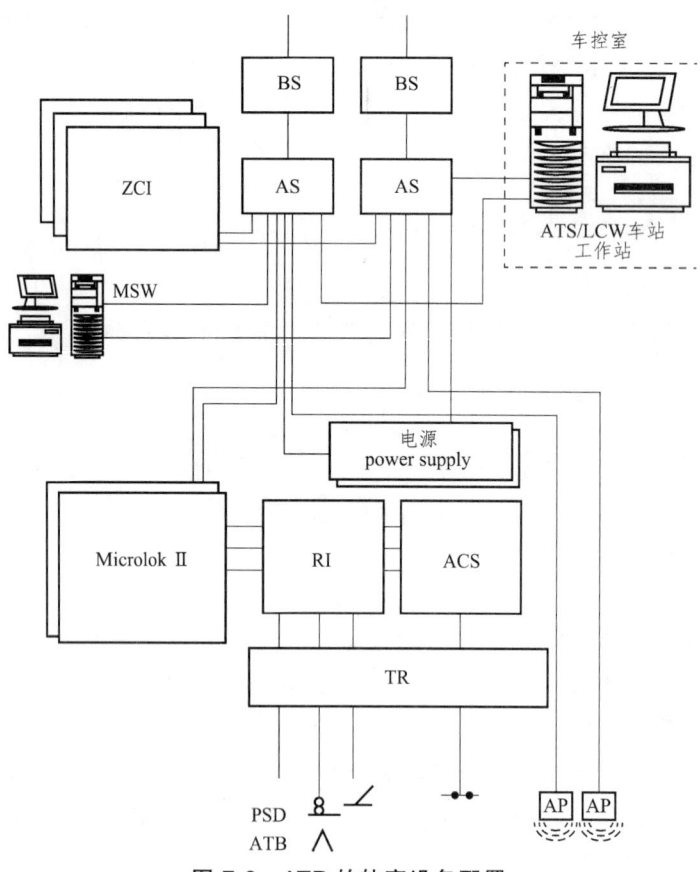

图 7-3 ATP 的轨旁设备配置

车载子系统（前端或后端驾驶室）包括车载控制器设备柜、两个车载无线电台（Mobile Radio，MR）天线、一个应答查询器（Transponder Interrogator，TI）主应答查询器天线（Transponder Interrogator Antenna，TIA）、两个光电速度传感器、一个列车司机显示器（Train Operator Display，TOD）、两个模式开关。

（一）车载控制器设备柜

车载控制器设备柜包括两套自动列车防护和运行（ATP/ATO）机笼、一个车载无线电台、一个应答查询器主机、两个模拟加速度计（安装在 CC 机柜底部）、两个数字加速度计（安装在 CC 机柜底部）、三个安全继电器和连接器（用于和列车系统接口）、一个电池滤波板、一个设备架、一组风扇。其中，模拟加速度计的功能是当空转或滑行开始时，列车利用空转或滑行开始前的速度（利用加速度计进行补偿）来计算当前的速度和位置，一旦空转或滑行结束，速度和位移的测量将切换回速度传感器。安全继电器的功能是控制 EB 回路和 CC 的安全输出，使用双线双断确保 EB 回路能够在系统出现问题时立即断开并触发 EB。

（二）MR 天线

在列车每端安装有一个 MR（在 CC 机柜内）和两个 MR 天线。MR 是车载无线设备，用来在车载设备（如 ATP 和 ATO）和轨旁设备间传输数据。车载 ATP 和 ATO 子系统通过两个独立的以太网连接到 MR。CC 的以太网扩展设备（集成在以太网延长器板上）利用双绞线彼此连接，实现车厢之间的网络通信。

（三）查询器主机及天线

每辆列车的每个 CC 都装有一套应答查询器主机和应答查询器天线。

（四）光电速度传感器

光电速度传感器安装在拖车车厢非动力轴的一轴和四轴，速度传感器电缆通过匹配连接到 CC。

光电速度传感器的功能是随着车轮轮齿的转动，当传感器经过轮齿时输出数字脉冲。这些脉冲由硬件计数器计数，从而可以在给定的周期内测试速度。

（五）列车司机显示器

列车司机显示器的报警器在超速时会发出持续的声音。显示器的实际布局在设计联络阶段完全按运营需求设置。TOD 可接收两路冗余的以太网连接；TOD 显示信息包括但不限于停站时间结束、车载设备状态、当前驾驶模式、超速、速度表和目标距离（至限速点或停车点）。

（六）模式开关

模式开关包括 ATO 模式、ATP 模式、IATA 模式、ATP 模式、RM 模式。

二、ATP 子系统基本原理

列车自动防护系统主机是列车自动防护系统的核心控制部分，列车自动防护系统主机与列车自身的牵引系统和制动系统由专门的接口电路连接，如图 7-4 所示。列车自动防护系统主机实时接收地面信号，通过实时分析和计算，实时向列车的牵引系统或制动系统发出控制指令，列车的牵引系统或制动系统在接收到控制指令后，对列车施加牵引力或制动力，以控制列车的运行速度，使列车在允许速度的范围内运行。列车自动防护系统主机安装在驾驶室内。

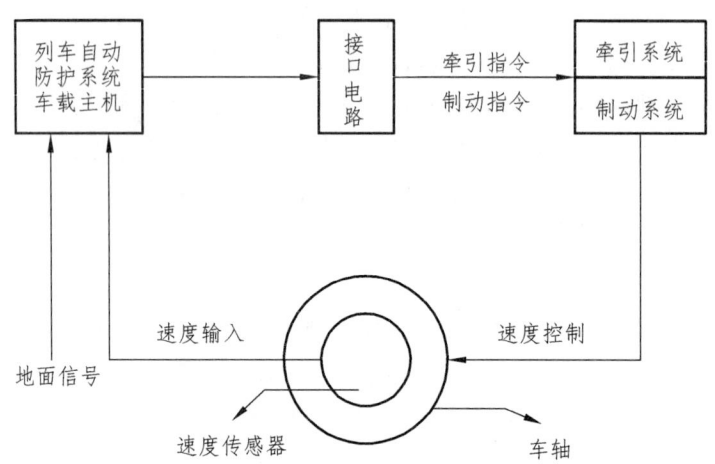

图 7-4 列车自动防护系统与列车之间的接口关系

列车自动防护系统控制列车运行速度的两种基本方式：点式叠加方式和速度距离模式曲线方式。

（一）点式叠加方式

列车自动防护系统以点式叠加方式控制列车运行速度时，其速度距离曲线呈阶梯状，称为阶梯曲线，如图 7-5 所示，图中横坐标表示距离值，纵坐标表示列车运行速度值。

图 7-5 中，列车受到制动力的作用减速运行。列车从 O 点处以不超过 S_1 的速度值运行，在运行到 D_1 点时，对列车施加一定的制动力，使列车允许运行的最大速度值迅速从 S_1 降为 S_2；列车从 D_1 点运行到 D_2 点处，在这一区间，列车运行的最大允许速度值为 S_2；在 D_2 点，再次对列车施加制动力，使列车减速运行。

列车运行在 O—D_1 区段，允许运行的最高速度为 S_1；在 D_1—D_2 区段，允许运行的最高速度为 S_2；在 D_2—D_3 区段，允许运行的最高速度为 S_3。

在每个区段，如果列车运行速度超过了在该运行区段所对应的最大速度值，列车自动防护系统会向列车的制动系统发出常用制动命令，列车的制动系统对列车施加制动力，使列车运行速度在系统所设定的时间降到允许的运行速度范围内，以保证列车安全运行。如果列车运行速度持续超过该运行区段所对应的最大速度值，在持续的时间超过系统设定的时间后，列车自动防护系统将对列车实施紧急制动，强制列车停车，以防止意外事故的发生。

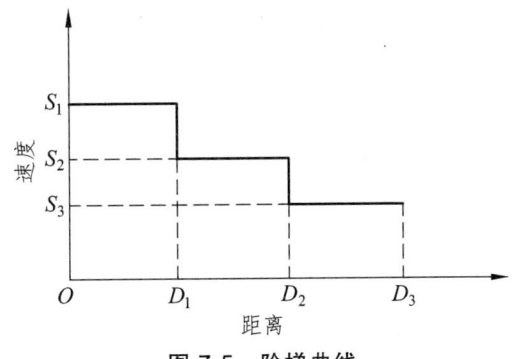

图 7-5 阶梯曲线

阶梯曲线控制速度的方式所需要的硬件结构简单,容易实现。在图 7-5 中列车以不超过 S_1 的速度运行,运行速度从 S_1 变为 S_2 时,列车的运行速度会发生突变,这时强烈的减速会给列车上的乘客一种冲击,容易产生不适感。速度变化越大,冲击感越强,不利于旅客乘车的舒适度。

(二)速度距离模式曲线

列车受到制动力的作用减速运行,速度-距离曲线是连续平滑的曲线,这种列车速度控制方式称为速度距离模式曲线方式,如图 7-6 所示。

图中横坐标表示距离值,纵坐标表示列车运行速度值。

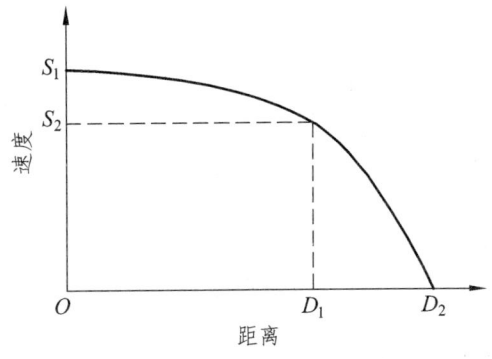

图 7-6 速度距离模式曲线

图 7-6 中,列车自动防护系统根据运营计划,使列车从 O 点减速运行到 D_2 点。列车自动防护系统根据各种数据,计算出列车从 O 点运行到前方 D_2 点的区段内,各处所需的运行速度,并向列车的牵引和制动系统发出指令,控制列车按照速度距离模式曲线所绘制的速度值平滑稳定地从 O 点减速运行到前方 D_2 点。

在图 7-6 的模式曲线的每点,都对应有一个速度值,如果列车运行速度超过了该点所对应的速度值,列车自动防护系统实时向列车的制动系统发出常用制动命令,对列车施加制动力,使列车运行速度降到模式曲线的下方,保证列车以允许的速度运行,确保列车运行安全;如果列车运行速度持续超过模式曲线所规定的速度值,运行在模式曲线的上方,且持续的时间超过系统设定的时间,列车自动防护系统将对列车实施紧急制动,强制列车停车,以防止意外事故的发生。

速度距离模式控制速度的方式，需要比较复杂的软件和硬件支持，系统调试过程比较复杂。这种方式可使列车平滑减速运行，运行速度没有发生突变，列车运行速度控制稳定，可以有效提高列车乘客的舒适度。

防止列车超速运行是列车自动防护系统最重要的功能，也是城市轨道交通信号系统保证列车运行安全的核心。列车自动防护系统对列车运行速度的有效控制，能有效降低列车驾驶员的劳动强度，提高作业效率，避免人工操作带来的安全隐患，保障列车运行安全。

三、ATP子系统的主要功能

列车自动防护系统不仅能控制列车运行速度，还有其他许多重要功能，它们是列车安全稳定运行的可靠保障，列车自动防护系统主要功能包括：

（一）列车定位

实现列车定位的主要设备有车载控制器、信标读取系统、速度传感器和加速度计、地面信标等。

其中，车载控制器首先通过初始化定位信标确定进入系统的位置，然后，根据实时计算的列车速度计算列车走行的距离，并在每经过一个地面静态信标时，对列车的位置进行修正。列车顺序通过连续的、至少间隔34 m的、无岔区段上的两个静态信标来完成列车的初始化定位。定位过程不依靠车地无线通信、ZC及联锁子系统。

（二）速度测量

实现速度测量的主要设备有速度传感器、加速度计和车载控制器。其中，速度传感器用来实时测量车轮的转动；加速度计用来对列车的空转打滑进行监督和补偿；车载控制器根据速度传感器传来的车轮转动信号及加速度计的补偿信息，实时计算列车的速度。

（三）空转和打滑

车载控制器会对速度传感器和加速度计输入数据的一致性进行监测。当探测到空转或打滑现象时，车载控制器会把加速度计上的实际加速率或减速率计算出的速度值作为现有速度，并且在检测到信标后，对列车的位置进行校正。

（四）轮径补偿

车载控制器通过静态线路数据库中定义的两个静态信标，对速度传感器中得到的车轮走行距离（车轮转动的圈数）与数据库中这两个静态信标的固定间距进行比较，从而计算出车轮的精确轮径。这两个静态信标要求安装在平直的轨道上，以免因列车的空转或打滑而影响测量精度。

（五）移动授权、速度监督和超速防护

车载控制器会实时地将测定到的列车位置传给ZC。ZC通过掌握其控制区内所有列车的准确位置，包括通过联锁得知的计轴区段的占用（空闲）状态、道岔锁闭状态、屏蔽门状态、

防淹门状态等信息为其辖区内的每列 CBTC 列车计算移动授权点，并发送给车载控制器。同时，车载控制器也通过 ZC 获得前方的进路锁闭状态、计轴区段等轨旁状态的信息，并根据车载线路地图计算出车载控制器的 ATP 防护曲线，最终根据 ATP 防护曲线进行列车的速度监督和超速防护。

移动授权确定的依据是前方 CBTC 列车的后端，包括位置不确定性、前方非 CBTC 列车占用计轴区段的末端、轨道终点、未锁闭进路的始端、失去表示的道岔、封锁区段的边界、CBTC 区域边界、其他禁行区域（如紧急关闭、安全门打开时的站台区域）。

（六）车门、屏蔽门的监督检查和开启授权

通过与车辆的接口，车载控制器实时检查车门的关闭状态，如果在列车运行中，车门关闭信号丢失，则列车将施加 FSB。如果车载控制器发现前方车站的屏蔽门未处于关锁状态，将不允许列车进入车站；同样，当列车停站时，在未检查到屏蔽门关闭前，车载控制器将不允许列车启动。

车载控制器在发送车门和屏蔽门开门允许信号前，将检查以下条件：列车处于零速状态、列车已对准站台的正确位置、列车已切除牵引、列车已实施常用制动。若能满足上述这些条件，则正确侧列车车门就会接收到开启指令并打开。

（七）列车完整性监督

通过与车辆接口，车载控制器会实时检查列车完整性信号。当车载控制器检测到列车完整性信号丢失时，将实施 EB。一旦列车完整性丢失，车载控制器还将禁止所有 CBTC 运行模式。

（八）前溜和后溜防护

如果车载控制器在没有任何移动指令的情况下检测到列车的移动，则将施加 EB；如果车载控制器检测到列车向当前运行的反方向倒溜超过 1 m，将施加紧急制动。这样做是为了保证列车在坡道上的启动，需要追踪列车的移动授权，并考虑前车后溜的距离。

（九）停车保证

在 CBTC 运行模式下，当联锁请求进路取消时，停车保证功能用于加快进路取消的进程。即 ZC 获知进路取消命令后，告知车载控制器，车载控制器将根据当前列车的位置和速度计算能否在信号机前停车。如果可以，则通过 ZC 告知联锁，进路可立即解锁；否则，联锁将继续执行延时解锁。

（十）运动方向监控

运动方向监控功能用于 CBTC 区域内运行方向的管理，对于合理地为 CBTC 列车建立移动授权非常重要。运动方向监控功能包括下列因素：

（1）列车驾驶人员的方向请求必须通过驾驶室激活和方向控制器来表示。

（2）车载 CBTC 设备从 ZC 处获取 MAL，计算运行方向。

CBTC 的运行方向由某一区段的 ZC 设定。若某一区段的运行方向已确立,则系统不会再为该区段的列车指派相反方向的移动授权。

(十一)发车联锁

当列车处于 ATO 运行模式时,车域控制器会向司机发出报警提示,关闭车门。一旦车载控制器检测到车门关闭并锁闭后,列车就可以向下一车站发车。在 ATO 运行模式下,列车停站结束后,TOD 上的发车指示灯会点亮,此时司机可以按下发车按钮,向下一车站发车。

只有满足下列条件,车载控制器才允许列车发车:
(1)车门已关闭并锁闭。
(2)MAL 足够允许列车发车。
(3)ATS 的扣车指令未生效。
(4)站台安全门关闭并锁闭。

(十二)防淹门的防护

当 ATP 系统失去防淹门的关锁信息时,该系统将关闭防淹门的相关区域。当防淹门请求关闭时,ATP 系统将禁止列车驶入防淹门区域,并允许防淹门区域内的列车驶出。在确认防淹门区域没有任何列车时,向防淹门系统发出允许关闭信号。

第三节 ATS 子系统

一、ATS 系统概述

列车自动监控系统(Automatic Train Supervision System,ATS)是城市轨道交通信号系统的一个重要组成部分。它利用可靠的网络结构,与列车自动防护系统和列车自动驾驶系统一起完成对全线列车运营的管理和监控功能。列车自动监控系统的功能包括监督和控制两部分。

列车自动监控系统的监督功能是将列车运营的状态和信息通过控制中心或各车站的调度终端实时显示出来。控制中心或各车站的调度员可以通过调度终端屏幕实时了解和掌握列车的实际运行情况,以便及时对行车作业进行分析和调整,保证全线运营安全高效有序地进行。列车自动监控系统可以显示全线列车的动态运行情况,在线路上出现故障或紧急情况时,可以通过列车自动监控系统对事故进行全面指挥和处理,调配资源,及时排除故障,恢复正常运营作业,提高工作效率。

列车自动监控系统的控制功能是由列车自动监控系统向列车自动防护系统和列车自动驾驶系统发出指令办理列车进路,指挥控制列车按照列车运行图来运行。列车自动监控系统可以绘制列车实迹运行图,并动态地对偏离运行图的列车进行调整。

列车自动监控系统为非"故障—安全"系统,列车安全运行由列车自动防护系统来保证。

二、ATS 子系统的组成

ATS 子系统主要由运营控制中心（Operational Control Center，OCC）、模拟培训设备、车站级 ATS 设备、车辆段 ATS 设备等组成。

（一）运营控制中心

运营控制中心的主要组成如下：

（1）主机服务器。主机服务器（2台）负责实现全线的 ATS 系统功能，主要完成列车追踪、自动调度、自动进路、自动列车调整和控制请求确认等功能。

（2）数据库服务器。数据库服务器（2台）主要用来持续存储接收到的系统事件，完成 ATS 用户控制请求，完成 ATS 自动控制请求、报警，并为用户生成包含以上数据的报告。

（3）通信服务器。通信服务器（2台）提供与其他 CBTC 子系统及外部系统间的接口和协议转换，外部系统间的接口包括时钟、通信传输系统、车站通信系统、综合监控系统。

（4）终端服务器。终端服务器提供通信网络与外部系统之间的串口连接，为通信服务器和外部系统的数据信息提供传输通道。

（5）调度工作站。调度工作站用于行车监视和控制，包括两个行车调度员 ATS 工作站和一个总行车调度员（调度长）ATS 工作站。每个工作台均配有两台 21in（1 in = 2.54 cm）彩色液晶显示器（用于显示信号平面布置图和监控信号系统）。总行车调度员只能监视信号设备而不能控制。

（6）大屏接口工作站。大屏接口工作站用于在用户提供的大屏幕显示系统上显示 ATS 图形界面。

（7）时刻表编辑工作站。时刻表编辑工作站用于建立并修改基本的时刻表，该时刻表将被载入 ATS 系统用于自动运行。

（8）系统管理员工作站。系统管理员工作站用于监控和维护 ATS 系统。该工作站包括 ATS 软件、图形图表和更新的数据库等。该工作站也是控制中心维护支持工作站。

（二）模拟培训设备

模拟培训设备的主要组成如下：

（1）培训服务器。培训服务器不仅为培训仿真工作站提供正常的 ATS 服务器环境，而且还具有用于培训 ATS 用户的仿真功能。

（2）培训仿真工作站。培训仿真工作站用于 ATS 用户的培训。该工作站与培训服务器相对应，培训服务器为该工作站发送操作指令，以提供仿真响应。

（三）车站级 ATS 设备

车站级 ATS 设备的主要组成如下：

（1）备用服务器。设置 ATS 备用服务器的主要目的是为运营控制中心的 ATS 应用服务器和 ATS 通信服务器提供第三级后备。尤其是当 OCC 的 ATS 不可用时，仍然可以进行时刻表操作、进路安排及发车控制。

如果 OCC 的主服务器和通信服务器发生故障，那么系统将自动切换到备用主机服务器和通信服务器上,切换过程不会影响列车运行。备用服务器所在站的 ATS 工作站可以通过配置对全线或者任意区段进行监控。

(2) ATS 工作站。ATS 工作站是后备调度员工作站。ATS 工作站和 LCW 本地控制工作站实现的功能相同,只是与计算机联锁系统的连接接口不同。ATS/LCW 工作站有如下两个任务:

① 在正常运营条件下,该工作站用于实现车站 ATS 工作站的功能,监视和控制列车运行及轨旁设备。

② 在降级运营模式下,若 ATS 不可用,则该工作站还有本地控制工作站的功能。该工作站通常控制的仅仅是本联锁区。

(四) 车辆段 ATS 设备

车辆段 ATS 设备的主要组成如下:

(1) 派班工作站。派班工作站用于为当前时刻表运营所需要的列车列表中的每辆列车匹配 PVID 和司机 ID,该数据被临时存储在系统中,便于其他用户查看。

(2) 监视工作站。设置监视工作站的目的是依据 ATS 列车时刻表,通过联锁控制终端为车辆段(停车场)行车值班员排列车辆段(停车场)的出入段进路。

① 监视车辆段(停车场)轨道的占用情况、辆段(停车场)与正线之间转换区的情况。

② 监视车辆段(停车场)和转换区之间的进路情况。

三、ATS 子系统的主要功能

列车自动监控系统监控全线列车运行,它具有以下主要功能:集中监视和跟踪全线列车运行情况;自动记录列车运行过程;自动生成、显示、修改和优化列车运行图;自动排列进路;自动调整列车运行追踪间隔;信号系统设备状态报警;记录调度员操作;运营计划管理和统计处理;列车运行情况模拟及培训;与其他系统接口等。

(一) 列车监视和跟踪功能

列车自动监控对在线所有运行列车进行实时监视和跟踪。列车监视和追踪功能包括:
(1) 系统自动识别、读取列车车次号。
(2) 列车运行计划时刻表自动产生车次号。
(3) 人工输入车次号。
(4) 列车运行的识别。
(5) 列车运行的跟踪。
(6) 在调度员台、维护台及大屏幕上显示列车位置。
(7) 记录车次号。
(8) 删除车次号。
(9) 变更车次号。
(10) 报告列车信息。

下面重点说明车次号的输入、跟踪、记录和删除。

每列车进入轨道开始运营前,都会被赋予一个唯一对应的号码,称为列车车次号。

列车车次号一般由两部分信息组成:列车车组编号和列车目的地编号。列车车组编号反映列车出厂时,标在列车车体上的编号信息,如车体上标示 101 号,表示第 101 号车,这个信息在列车出厂后固定不变。列车运营都有一个起点和终点,终点就是列车运行的目的地点,把所有目的地编号,用数字代码对应,就是列车运行的目的地编号。根据列车运营计划,给运营列车赋予一个目的地点编号,这个信息根据列车运营计划是可变的。

1. 车次号输入和修改

当列车由车辆段或其他地点进入正线开始运行时,列车自动监控系统将根据列车运营计划时刻表由列车自动监控系统赋予运营列车一个列车车次号。

列车驾驶员也可以人工输入列车车次号,修改和确认列车车次号号码。在控制中心大屏幕及调度员的工作站终端显示屏上,列车车次号随着列车运行位置不断变化,跟随列车显示。

当列车自动监控系统监测到运营列车丢失车次号,或车次号发生错误时,需要由列车驾驶员人工办理输入、修改或删除车次号作业。

列车自动监控系统删除某列车的车次号,意味着将该列车的车次号从列车自动监控系统的车次号记录表中清除。车次号可以被系统自动删除,也可以人工删除。

2. 列车运行识别

列车在轨道上运行,信号系统通常将轨道划分为分段的轨道电路,可以用机械绝缘或电气绝缘来分割不同的轨道电路。系统监测到轨道电路的状态由"空闲"变为"占用"时,可以监测到列车在运行。列车自动监控系统根据列车车次号的目的地信息,为列车排列进路。

3. 车次号的集中显示

控制中心的调度终端显示屏上,或专门设置的大屏幕上,可以直观地显示全线和沿线各站的信号设备的布置和工作情况,以及全线列车运行状况,如列车所处位置及车次号、信号机显示状态、道岔位置、轨道电路状态、进路办理和开通状态,车站控制级别(本站控制或中央控制)、行车闭塞方式、车站扣车作业、信号设备状态报警等信息,以及根据调度员的需要显示车辆段内列车运用状况及各种报告等。

(二)列车自动排列进路功能

列车自动监控系统的列车自动排列进路功能,能够对轨道电路、信号机、道岔实现集中控制,根据列车的运行情况,在适当时机向车站联锁设备发送排列进路命令,转换道岔,开放信号,保证列车的安全运行。列车自动排列进路功能,通过捕获列车的车次号信息,来获取列车的运行任务,由车站设备最终完成进路自动排列作业。

列车自动排列进路功能取代人工办理进路作业,进路的办理由系统自动完成,可以有效地降低控制中心调度员和车站值班员的工作强度,消除人工办理进路过程中出现的失误和错误,提高系统的运营效率,保证运营作业安全高效地进行。

控制中心调度员或车站值班员在必要时,遵照管理程序和规章制度,可以进行人工干预,包括人工建立及取消正线各种进路等。调度员和值班员的人工控制命令在被系统执行前,列车自动监控系统会检查其合理性,并给出相应提示,提醒调度员和值班员注意。

（三）列车追踪间隔调整功能

1. 列车追踪间隔调整功能分类

线路上有多列列车在运行，列车自动监控系统对前后列车之间的运行间隔进行实时监测和调整，保证列车在线路上安全、有序、高效地运行。列车的追踪调整可以有两种方式来实现：间隔调整方式和列车时刻表调整方式。下面我们对两种调整方式做简要介绍。

（1）间隔调整方式要求列车调整功能自动控制列车运行，均衡列车到达每个车站站台的间隔。在间隔调整模式下，列车一般在线路上循环连续运行。

（2）在时刻表调整方式下，列车自动监控系统在控制中心监控正线运行的所有列车，并对列车的运行进行调整。列车将按照预定的列车运行计划时刻表，开展运营作业，所有列车的位置和运行状况都被自动监控，以确定每列车的运行是否偏离计划时刻表的要求。如果列车运行偏离计划时刻表要求，系统会给出报警提示调度员。系统能够根据计划时刻表的要求改变列车目的地号和跟踪车次号。

列车追踪调整功能负责自动排列进路，开放信号，调整列车运行等级，控制列车的停站时间。

2. 列车间隔调整功能的实现方式

列车间隔调整功能通过两种方式调整列车的运行，来最小化列车偏离计划时刻表运行的趋势，或按照间隔调整方式行车。

（1）修改列车运行等级。城市轨道交通根据线路的使用情况，可以将列车运行分为不同的运行等级。在不同的情况下，列车运行在不同的速度范围内。如在正常情况下，列车可以运行至线路允许的最高速度，这时列车运行等级最高；而在轨道湿滑的不稳定条件下，列车运行的最高速度应当降低，这时列车运行等级较低。根据运营的实际需要，列车运行等级不同。运行等级越低，对应的列车允许运行的速度值越低。

当列车运行情况比列车计划时刻表晚时，系统可以提高列车运行等级；若列车运行情况比列车计划时刻表早，系统可以适当降低列车运行等级。通过调整运行等级，使实际的列车运行图与计划的列车时间表尽量接近，减小偏差，保证运营作业按计划实施。

（2）自动调整车站停站时间。列车运行间隔还可以通过调整列车在车站的停车时间来实现。根据列车运营计划、前后列车的相对位置大小，通过适当调整列车在车站的停车时间来逐步调整列车间隔，实现列车间隔调整。

3. 人工干预列车间隔调整

控制中心调度员可以通过人机界面修改车站最大、最小停站时间，或为站台设定确定的停车时间，从而改变"列车调整功能"中关于站台停车时间的有关数据。

以下情况下，列车调整功能将受到影响。

（1）列车在到达下一停车站发生故障抛锚。

（2）调度员对前方列车或下一停站列车实施了扣车命令。

（3）列车间隔调整功能延长了停在下一站的列车的停站时间。

（4）在下一停站作业或之前对列车实施了紧急停车。

（5）下一停站的车站出现紧急情况，站台上的紧急停车按钮被按下等。

（四）列车运行模拟仿真功能

列车自动监控系统提供模拟仿真功能，用以训练操作员和维护人员。模拟仿真是通过仿真手段，离线模拟列车的在线运行，主要用于系统的调试、演示以及人员培训。模拟仿真功能与在线控制模式功能基本相同，主要的差别在于是列车的信息不是实际获取，而是根据列车车次号位置来模拟实际列车。仿真模拟运行能够模拟在线控制中的系统功能，但它与实际现场设备之间没有任何信号设备表示信息和控制命令的信息交换。

根据列车自动监控系统仿真系统要求，它一般具有以下功能：

（1）列车时刻表管理仿真功能。
（2）列车速度仿真功能。
（3）信号机逻辑功能模拟。
（4）轨道电路、道岔逻辑功能模拟。
（5）列车自动防护功能模拟。
（6）数据库维护模拟。
（7）调度操作和故障仿真功能。

（五）列车运行重放功能

列车在实际运行时，列车自动监控系统的数据库服务器会储存列车运行的各种信息，包括调度员发布的调度命令以及线路信号设备的实际工作状态信息等。

列车运行重放功能允许用户查看一段时间内的列车运行数据，再现过去某一时间段内线路上信号设备状况、列车运行情况以及调度员操作的信息等。

执行重放功能时，需要确定存档文件的位置，存档文件按照一定程序载入系统中后，系统处理这些数据文件，启动并执行重放功能。

列车运行重放功能对于分析事故和故障原因有很大的作用，还可以用来分析评估列车运营计划、优化运营管理程序、提高调度作业效率。

（六）事件记录、报告和报表生成、打印功能

列车自动监控系统能够记录大量与运行有关的数据，如列车运行里程数、实迹列车运行图、列车运行与计划时间的偏差、重大运行事件、操作命令及其执行结果、信号设备的状态信息、设备的故障信息等。

列车自动监控系统可提供多种报告，帮助控制中心调度员了解列车运行情况和系统工作情况。系统可根据用户的要求提供各种统计功能，生成各种统计报表（如日报表、周报表、月报表等）。调度员可调用列车运用计划，对它进行修改，发布新的运行计划。列车自动监控系统所记录的事件都有备份，以防止损坏后无法恢复。这些数据可以通过服务器进行访问、编辑，在需要时可以进行检索、打印。具体记录内容包括以下几个方面：

（1）列车运行数据。
（2）列车运行间隔调整情况。
（3）实迹列车运行图。
（4）计划列车运行偏差。

（5）ATS 系统报告的重大事件。
（6）调度员操作命令。
（7）ATS 操作的开始和结束时间。
（8）设备故障信息。
（9）日期和时间信息。
（10）列车情况报告等。

（七）报警功能

列车自动监控系统能及时记录被监测对象的状态，有以下功能：
（1）故障的预警、诊断和定位。
（2）监测列车防护系统是否正常工作。
（3）监测信号设备和其他系统设备的接口状态。
（4）在线监测与报警。
（5）监测过程不影响被监测设备的正常工作。

在列车自动监控系统相应工作站的显示终端上，有一个报警窗口显示所出现的故障信息。严重的故障还用音响报警提示，以提醒调度员以及维护人员及时处理，直到恢复正常状态为止。

列车自动监控系统的报警内容包括：
（1）线路上信号设备故障。
（2）轨道电路故障。
（3）车站控制故障。
（4）列车车载系统故障。
（5）车辆故障。
（6）列车自动监控系统设备故障。
（7）接口故障等。

出现的报警信息按照类别、优先权、时间等顺序显示在报警窗口的相应栏目中。如果不同的报警同时发生，优先级最高的报警将首先显示。调度员必须对系统发出的严重报警信息进行处理和响应，其过程将被系统记录。

（八）接口功能

列车自动监控系统除了上述的基本功能外，还可以与其他控制系统进行数据交换，这些系统包括：
（1）主时钟系统。
（2）车站旅客向导系统。
（3）车站广播系统。
（4）无线列车调度系统。
（5）综合数据处理系统等。

列车自动监控系统与这些系统之间的接口，遵循一定的通信协议和格式，具体接口情况因不同的设备而定。

第四节 ATO 子系统

一、列车自动驾驶系统概述

人工驾驶列车运行时,列车驾驶员操纵列车驾驶手柄,控制列车运行,实现列车加速、减速和停车。列车自动驾驶系统,即 ATO 系统,主要实现"地对车控制",实现正常情况下高质量的自动驾驶,提高列车运行效率,提高列车运行舒适度,节省能源。与 ATP 系统为列车运行提供安全保障相比,ATO 是提高城市轨道交通列车运行水平的技术措施。

列车自动驾驶系统车载设备根据列车运行计划,以及列车的运行速度、当前线路限速和目标速度等信息,实时计算列车达到目标速度值所需要的牵引力或制动力的大小,通过列车接口电路,由列车的牵引系统或制动系统完成对列车进行加速或减速作业。

列车自动驾驶系统实现列车自动驾驶,它需要列车自动防护系统和列车自动监控系统提供支持。列车自动防护系统向列车自动驾驶系统提供列车的运行速度、线路允许速度、限速和目标速度,以及列车所处位置等基本信息;列车自动监控系统向列车自动驾驶系统提供列车运行作业和计划。

列车自动驾驶系统取代驾驶员人工驾驶,实现列车自动驾驶,有效地提高了列车的运营效率,降低了驾驶员的劳动强度,是城市轨道交通运营作业自动化的重要体现。

列车自动驾驶系统对列车进行控制,使得列车驾驶处于最佳的运行状态,列车运行更加平稳,可以有效提高运营效率,降低列车运行能耗。列车自动驾驶系统在站台可以精确对位停车,为乘客上下车提供便捷的条件,列车在站台精确停车为站台加装安全门或屏蔽门提供了有利的条件。

二、列车自动驾驶系统设备组成

列车自动驾驶系统是非"故障—安全"系统,由车载设备和地面设备组成。

(一)列车自动驾驶系统车载设备

列车自动驾驶系统车载设备包括车载 ATO 模块、ATO 车载天线、人机界面。

1. 车载 ATO 模块

车载 ATO 模块是列车自动驾驶系统的核心组成部分,它包含硬件和软件两部分。车载 ATO 模块从车载 ATP 子系统获得必要的信息,如列车运行速度和列车位置等。车载 ATO 模块软件对这些数据进行实时处理,计算出列车当前所需的牵引力或制动力,向列车发出请求。列车牵引或制动系统收到请求指令后,对列车施加牵引或制动,对列车进行实时控制。

车载 ATO 模块与列车的牵引和制动系统相互作用,实现列车在站台区精确对位停车。

2. ATO 车载天线

列车自动驾驶系统的车载模块与地面设备之间的信息交换是通过 ATO 车载天线来完成，以实现列车自动驾驶系统与列车自动监控系统（ATS）之间的信息交换。

ATO 车载天线一般安装在列车第一列编组的车体下，它接收来自列车自动监控系统的信息，同时向列车自动监控系统发送有关的列车状态信息。这些信息一般包括以下内容：

（1）从列车向地面发送的信息。列车自动驾驶系统车载模块通过 ATO 车载天线向地面列车自动监控系统发送的信息含列车识别号信息，其中包括列车的车组号、车次号、目的地编码等内容；列车向地面发送的信息还有列车运行方向、列车车门状态、车轮磨损指示、列车车轮打滑和空转、车载 ATO 模块状态和报警信息等。

（2）从地面向列车 ATO 车载设备发送的信息。从地面向列车 ATO 车载设备发送的信息有列车开关门命令、列车车次号确认、列车测试指令、门循环测试、主时钟参考信号、跳停/扣车指令和列车运行等级等。

3. 人机界面

列车驾驶员通过人机界面可以将列车运行的模式选择为"ATO"，起动列车在 ATO 模式下运行。

（二）列车自动驾驶系统地面设备

列车自动驾驶系统地面设备由地面信息接收发送设备和轨道环线组成。这些地面设备接收来自列车 ATO 车载天线所发送的信息，并把 ATS 有关信息通过轨道环线发送到线路上，由列车 ATO 车载设备进行接收和处理。地面信息接收发送设备的谐调控制部分安装在信号设备室内，轨道环线安装在线路上。

三、ATO 的基本功能

由于 ATO 始终在 ATP 的监督下运行，因此就 ATO 子系统而言，并没有安全性的要求。系统的非安全列车自动运行和监控功能由 ATO 子系统完成，在列车运行过程中，ATO 子系统既执行其规定功能，同时又与 ATP 和其他子系统交换数据。当 ATP 认为系统配置适当，可以进入 ATO 操作模式时，会向 ATO 发送模式选择信息和激活指令，然后，ATO 使用固定储存在数据库中的线路信息执行程序站停。在人工 ATP 模式下，ATO 的功能将受到限制。

ATO 子系统的主要功能如下。

（一）站台精确停车

车站精确停车是列车自动驾驶系统非常重要的功能，它实现列车在车站站台区精确对位停靠，可以有效提高列车运营效率，有利于引导乘客上、下车。

列车实现车站精确停车需要列车自动驾驶车载模块与列车的牵引系统和制动系统共同参与、相互配合。在列车接近站台时，列车自动驾驶车载模块实时对列车的速度进行采集和比较，并及时向列车的牵引系统和制动系统发出控制指令，实现对列车速度的实时控制，追踪实现列车精确停车。

可以在站台区安装轨道环线，提高列车停车的精度。列车在站台精确停车，有利于在车站站台设置屏蔽门或安全门，保障乘客安全候车。

（二）程序站停

程序站停即根据 ATS 对车辆的进路分配要求停靠在站台上。车载控制器的 ATO 会按照站停程序在每个车站停靠，除非 ATS 命令跳过这个车站或指定仅有的几个车站为停靠点。只有在正方向上才能提供自动停车。

（三）跳　停

车载控制器的 ATO 可在需要跳站的前站通过 DCS 子系统从 ATS 处接收跳至下一站的指令。然后，车辆继续行进并通过此站而不做停留。

（四）扣　车

扣车是指列车停车后保持零速的状态。收到 ATS 发出的"关门（停站结束）"指令后，扣车会禁止 TOD 上的停站结束指示灯闪亮。

ATS 向调度员（含车站值班员）提供人工扣车功能，可对停靠在当前车站内的列车实施扣车，若来不及在当前车站扣车，则可在列车进入下一车站时实施扣车，列车停下后，车门保持打开，直至调度员（含车站值班员）取消扣车。取消扣车后，列车驶离车站，并按照时刻表开始运行。扣车功能只在异常情况下使用，以免列车晚点。

（五）控制车门

车门控制功能可以实现列车通过自动和人工模式完成允许开门或取消允许开门的动作。

在正常运行的情况下，车载控制器只有在确定列车已停车，并与站台屏蔽门对齐时，才会允许开门。当显示停站结束时，车载控制器将取消允许开门。若通信中断，则车载控制器将在某一车站的默认停站结束后取消允许开门。此时可通过 ATO 的请求指令或由操作人员打开车门。关闭车门时，操作人员必须按下"关门"按钮。

（六）运行等级

运行等级功能用于实现车辆通过 DCS 接收 ATS 设定的运行等级。运行等级包括速度限制、加（减）速指令限制及车站停车减速率。运行等级数据中的速度和加（减）速限制并不安全（实际会受到 CC 和 ATP 的限制）。同时，CC 具有惰行运行模式。

ATS 发出请求后，当运行等级设定在 1~5、目标速度大于 40 km/h 时，惰行运行模式才会生效。CC 在启动惰行运行模式后，可使列车在连续牵引之间进行惰行运行，在重新获得牵引之前，允许速度降低为 11 km/h，在重新获得牵引之后，车速将恢复到运行等级数据所确定的额定值。

（七）自动折返

自动折返包括无人自动折返和有人自动折返。

当采用有人自动折返时,CC 会在折返地点实施精确停车,使列车自动驶入折返区,司机随后切断进入端驾驶室的电源,开启离去端驾驶室的电源,CC 通过 DCS 获取 ATS 车站信息。然后,列车驶入第一个车站,并实施精确停车。

列车在自动模式下从车站出发时必须具备的条件(折返)是:有效的目的地 ID、有效的司机 ID、非零限速、有效的行车方向、发车测试时未发现故障、数据通信已建立。

第五节 各公司的 CBTC 信号系统

一、卡斯柯 CBTC 信号系统

(一)卡斯柯 CBTC 信号系统的组成

卡斯柯 Urbalis888 系统是一套基于无线通信的移动闭塞系统(CBTC),采用移动闭塞原则,由 ATP/ATO 子系统、联锁子系统、ATS 子系统、DCS 子系统、维护支持子系统(MSS)和信号集中监测子系统等构成,并以计轴设备作为列车次级检测设备实现系统的降级及后备功能。该系统通过进路控制与列车防护手段保护乘客及列车的安全,通过运营监督及与旅客信息系统接口提高运营舒适度;通过对列车的控制(自动化控制手段)来控制列车速度,达到规范运营时间及节能的目的;通过自动化管理手段降低运营管理成本。卡斯柯 Urbalis888 线路总体结构如图 7-7 所示,Urbalis888 信号系统的主要组成部分:

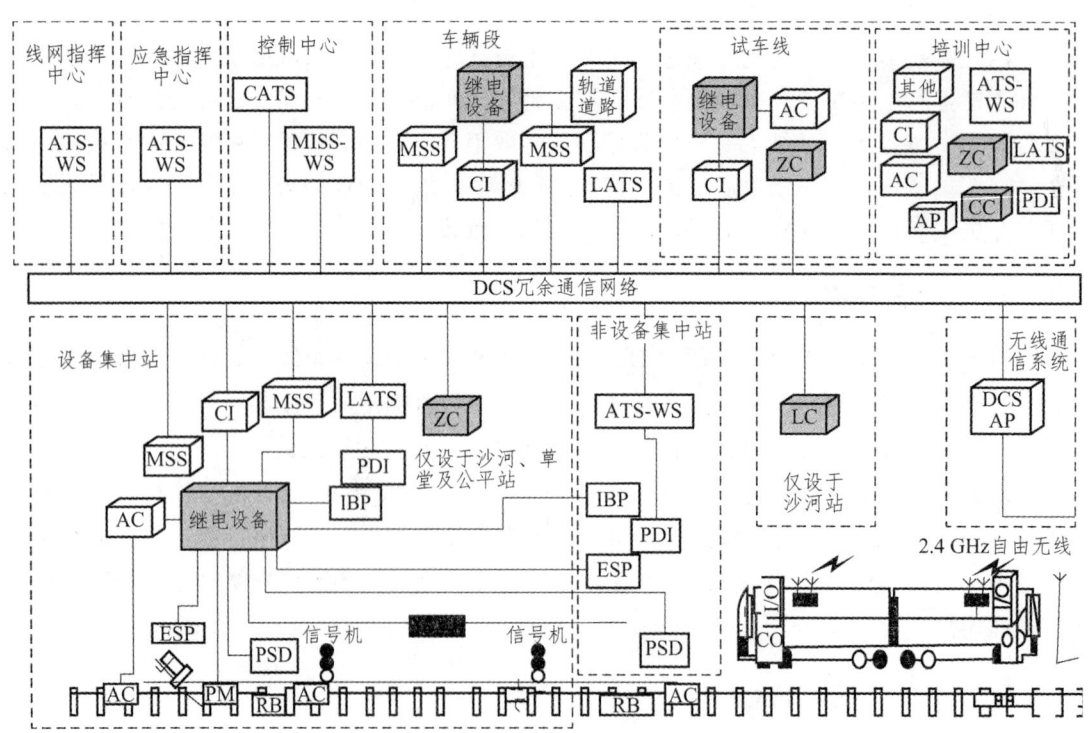

图 7-7 Urbalis888 线路总体结构

（1）ATS，确保运营管理，线路、停车场和资源管理。

（2）ATP/ATO，管理列车位置和确保列车安全和列车运行。

（3）CBI，防止列车（在 Urbalis 区域）正面或侧面碰撞、脱轨以及操作轨旁设备。

（4）MSS，中央维护系统，提供信号系统的性能维护。

（5）DCS，数据通信系统，是单元之间通信的核心。每个单元（ATP/ATO，CI，MASS，ATS）都连接到 DCS。数据通信系统能够通过冗余通信路径交换信息。

（二）控制中心与车站设备的构成

1. OCC 控制中心设备组成

如图 7-8 所示，控制中心负责全线调度监控功能。

在控制中心中央调度大厅有调度员工作站、总调度工作站。

在控制中心打印室有打印工作站、彩色绘图仪（用于运行图打印）、彩色激光网络打印机（用于数据报表打印）等。

在控制中心计划运行图室有运行图、时刻表编辑工作站、彩色激光打印机（用于运行图、时刻表打印）等。

在控制中心培训演示室有模拟、演示服务器，模拟、演示模拟器，模拟、演示教师台，模拟、演示学员工作站（模拟、演示显示终端）。

在控制中心设备室及电源室有 ATS 通信前置机（FEP）、双机切换单元、冗余的 CATS 数据库服务器、共享盘（磁盘阵列）、冗余的 CATS 应用服务器、ATS 维护工作站、维护打印机、大屏接口计算机、通信机柜、服务器机柜、电交换机和集中监测工作站、集中监测维护打印机、中心网络交换机、中心电源及 UPS 设备、防雷设备。

在应急指挥中心和线网指挥中心还有其他相关设备。

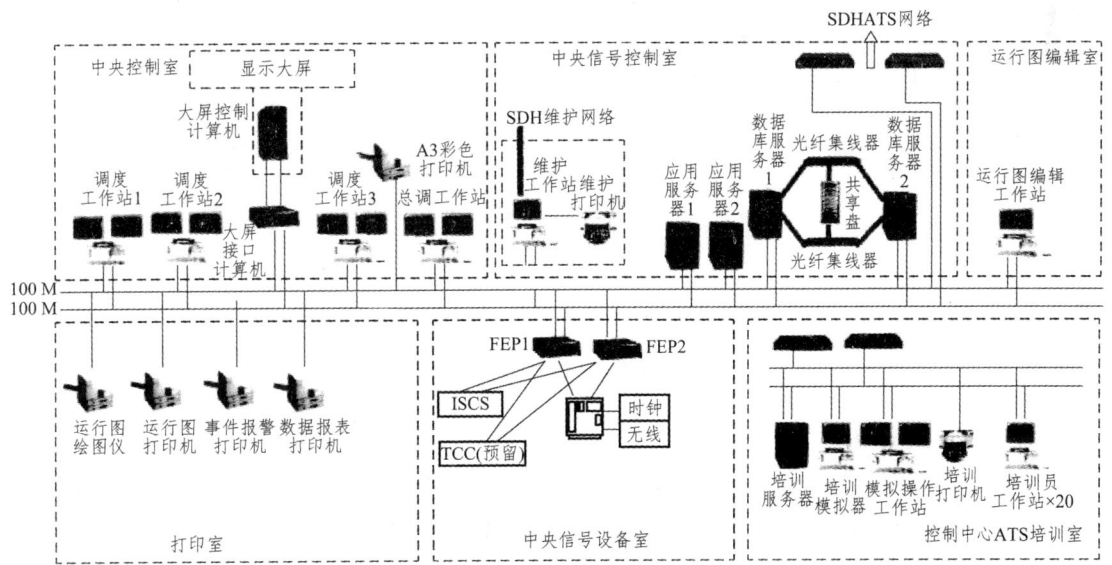

图 7-8　OCC 控制中心设备

2. 集中站设备组成

如图 7-9 所示,集中站设备包括以下信号设备:电交换机、联锁交换机、用于连接无线接入点的光口交换机、冗余联锁(CI)、本地 SDM 维修工作站、车站 LATS 分机和切换单元、现场控制工作站、计轴室内及轨旁设备、用于点式后备模式的欧式编码器 LEU、集中监测采集设备(微机监测采集设备)、集中监测站机(兼有维护工作站功能)、集中监测维护工作站、现场设备接口的继电器机柜(含接口柜、继电器组合、组合柜、防雷分线柜、断路器、断路报警设备、灯丝报警主机等)、电源屏及 UPS 设备(含稳压柜)、防雷设备、发车指示器(DTI)、站台紧急停车按钮(ESB)、自动折返按钮(ATB)、旁标轨旁信号机、转辙机(含防尘罩)、轨旁无线接入点(AP)及无线天线、IBP 盘上与信号系统有关的所有按钮和表示灯。

有的站还设有:区域控制器 ZC、正线全线线路数据库的 LC、用于 ATS 网与信号安全网接口的网关服务器。

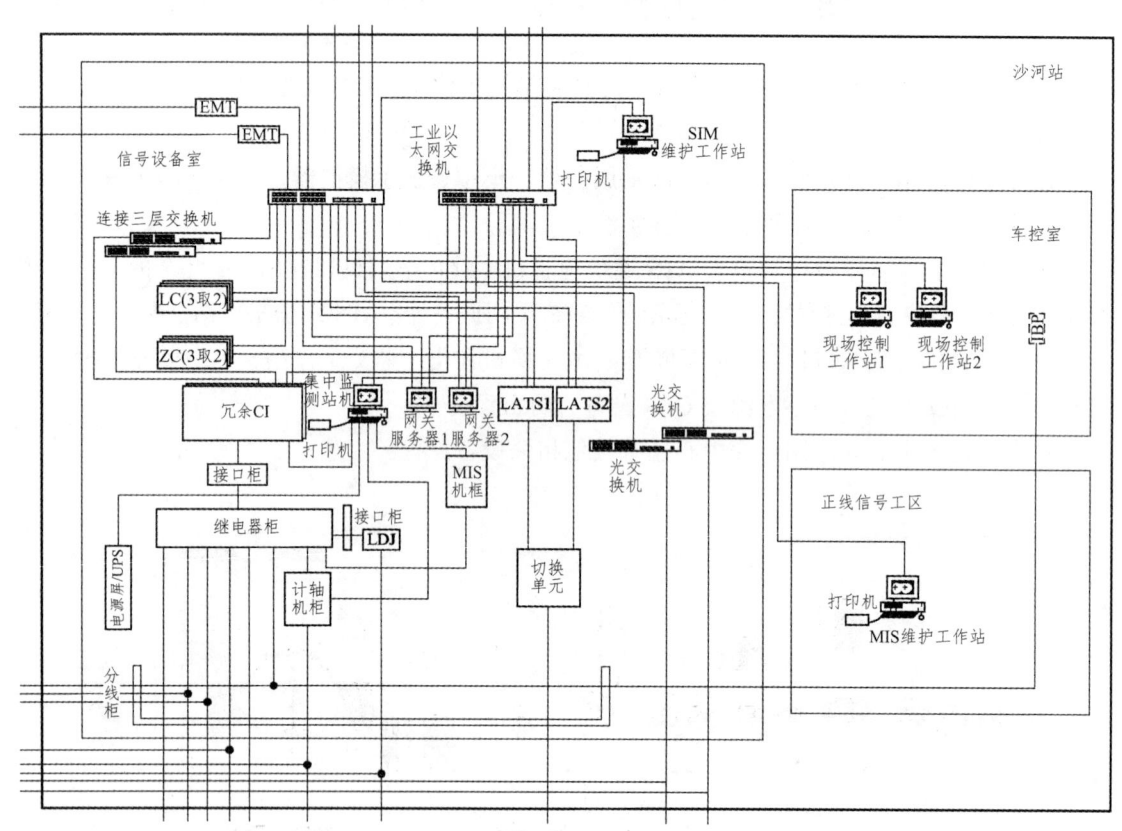

图 7-9 集中站设备

3. 非集中站设备

如图 7-10 所示,非集中站设备包括以下信号设备:ATS 显示工作站、发车指示器(DTI)、站台紧急停车按钮(ESB)、光电转换器、一套与现场设备接口的分线柜、电源屏及 UPS 设备(含稳压柜)、防雷设备、IBP 盘上与信号系统有关的所有按钮和表示灯。

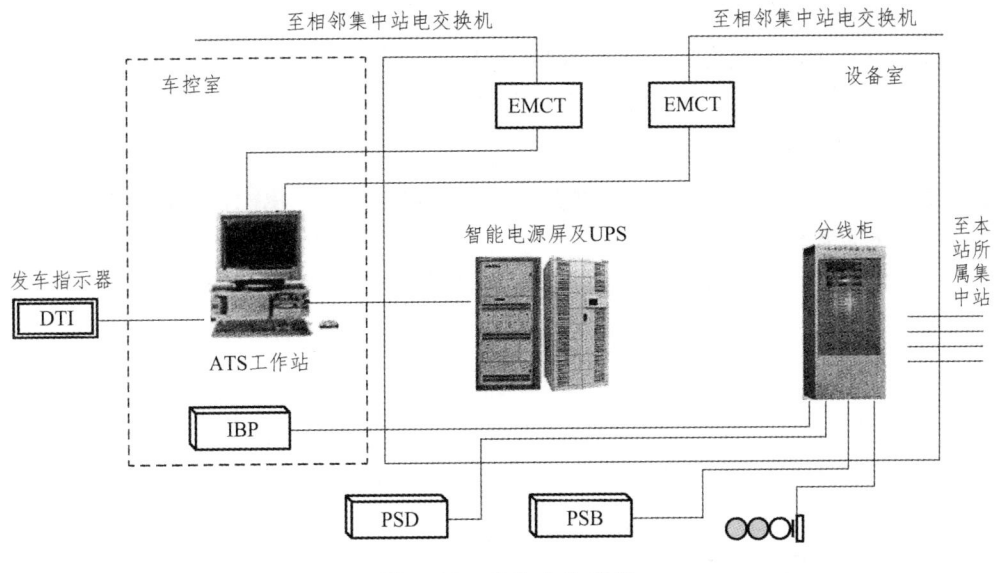

图 7-10　非集中站设备

（三）核心子系统之间的信息交互

各个子系统通过标准安全协议进行信息的交互实现移动闭塞，核心子系统之间的信息交互如图 7-11 所示。

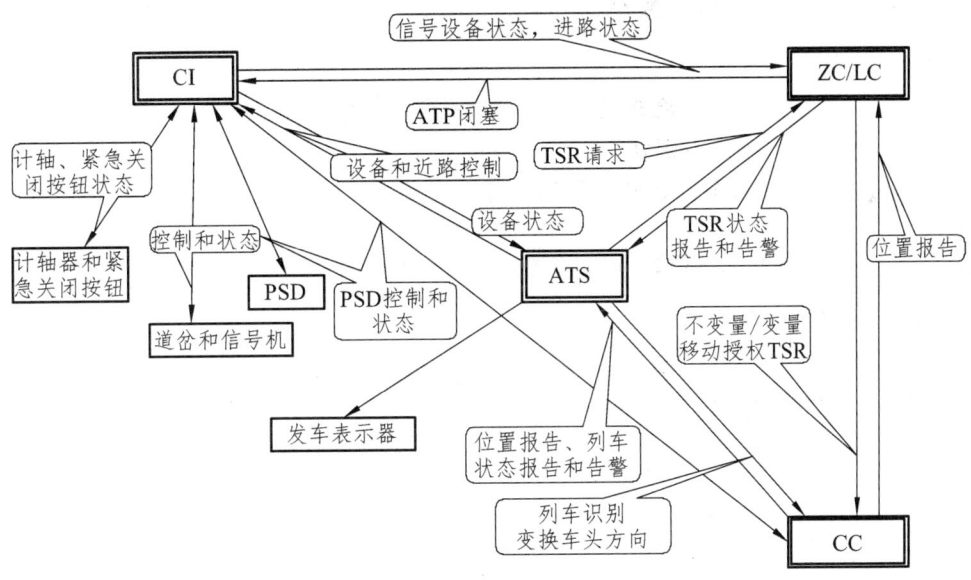

图 7-11　核心子系统信息交互

1. ATS 和联锁 CI 之间交换的信息

CI⇒ATS：现场信号设备状态，包括计轴区段、道岔位置、信号机状态、紧急停车按钮状态等；设备逻辑状态，包含进路、区段锁闭、行车方向。

ATS⇒CI：对进路、道岔、信号机等信号设备的控制。

2. ATS 和 ZC 交换的信息

ZC⇒ATS：列车识别列车自动防护 AP 状态。

ATS⇒ZC：列车识别 AP 状态的请求。ZC⇔CC。

3. ZC 和 CC 交换的信息

CC⇒ZC：发送列车所有移动相关信息（列车识别号、列车尾部位置、列车头部位置、列车速度等）的位置报告。

ZC⇒CC：授权终点 EOA 信息；前方线路区段动态描述的变量信息。

4. CI 和 CC 交换的信息

CI⇒CC：屏蔽门状态（屏蔽门关闭且锁闭信息）。

CC⇒CI：屏蔽门开、关门命令。

5. ATS 和 LC 之间交换的信息

LC⇒ATS：临时限速 TSR 状态报告（描述线路上 TSR 的数量和每个 TSR 的状态）。

ATS⇒LC：临时限速 TSR 修改请求。

6. ATS 和 CC 之间交换的信息

ATS⇒CC：值班员调整控制包含（主动列车识别）设置、扣车、跳停，自动调整策略包含根据时刻表给出某站的发车时间和到达时间。

CC⇒ATS：发送所有列车相关状态信息（列车识别号、驾驶模式、默认状态、车门开/关状态、跳停状态、CC 可用性、报警信息等）。

7. CI 和 ZC 交换的信息

CI⇒ZC：道岔位置、信号机显示、计轴占用、紧急停车按钮、屏蔽门等设备状态，进路、区段锁闭、行车方向的设备内部状态。

ZC⇒CI：ATP 区段状态，计轴可用和不可用状态。

（四）卡斯柯 Urbalis888 信号各子系统功能

各子系统在系统中的作用如表 7-1 所示。

表 7-1 各子系统在系统中的作用

功能要求		ATP/ATO	ATS	CI	MSS	DCS
提供自动列车保护	执行进路联锁	○	○	○		
	提供列车移动测量	○		○		
	控制速度限制	○	○			
	提供安全列车间隔	○		○		
	执行倒溜保护	○				
确保用户安全	提供安全紧急疏散	○	○			
	提供乘客安全上下车	○	○			
	提供工作人员和乘客下车保护	○	○	○		

续表

功能要求		ATP/ATO	ATS	CI	MSS	DCS
控制列车移动指令	命令列车制动和牵引	○				
	执行正线存停车和不存车	○	○	○		○
	执行列车自动折返	○	○	○		
	执行紧急制动	○				
通知用户	提供乘客信息		○			
	向司机显示信息	○	○			
	向系统管理员显示信息		○	○		
	为交通管理员提供信息		○	○		
提供运行调整指令	提供列车识别号和追踪	○	○			
	实施调整策略		○		○	
	实施调整指令	○	○	○		
确保端对端数据通信						

1. ATC 子系统

ATC 子系统主要负责列车定位、列车位移和速度测量、超速防护和防护点防护、临时限速、运行方向和倒溜监督、退行监督、停稳监督、车门监督及释放、紧急制动、站台屏蔽门/安全门监控、紧急停车按钮监控、防淹门、列车完整性监督、子系统维修。ATO 子系统主要负责自动驾驶、精确停车、列车调整、主动列车识别。

ATC 子系统如图 7-12 所示。

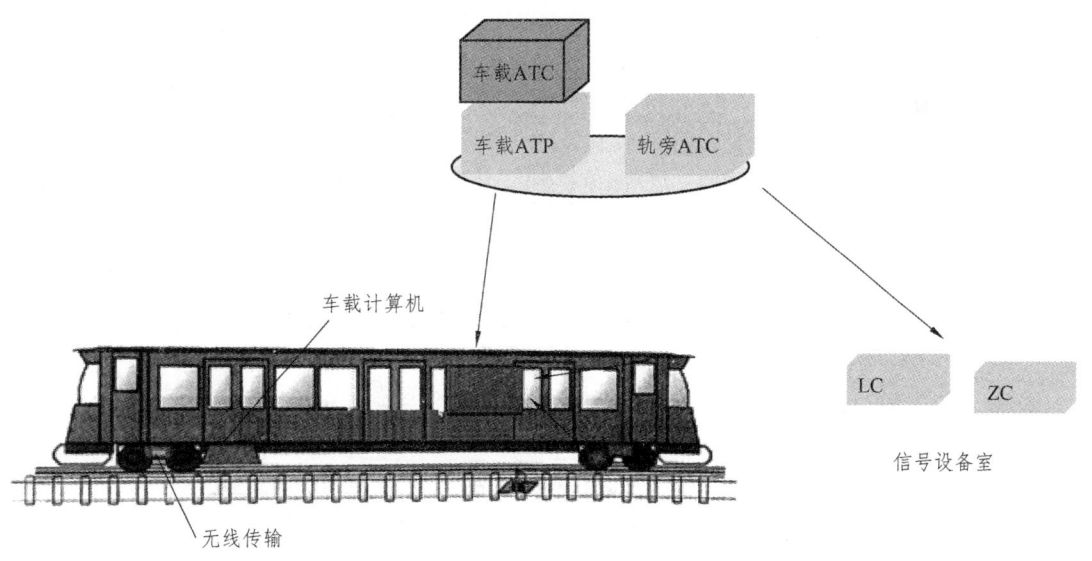

图 7-12 ATC 子系统

ATO/ATP 子系统还有以下设备（见图 7-13）。

（a）编码里程计　　　　　（b）信标天线　　　　　　（c）信标

图 7-13　ATO/ATP 子系统设备

（1）编码里程计：计算列车速度、计算运行距离。
（2）信标天线：每辆车都配备 2 个信标天线，分别位于列车第一个和最后一个转向架。
（3）信标（应答器）：根据信标的信息可以重新确定列车位置 RB、校准里程。

2. CBI 子系统

CBI 子系统主要负责进路控制、自动闭塞控制、紧急关闭、扣车、进路的自动功能、信号机控制、轨道空闲处理、道岔控制、本地监控、信号设备的监督报警及故障诊断。负责处理进路内的道岔、信号机、区段之间安全联锁的关系，接受 ATS 或者操作员防控指令，向 ATC、ATS 输出联锁信息。CBI 子系统如图 7-14 所示。

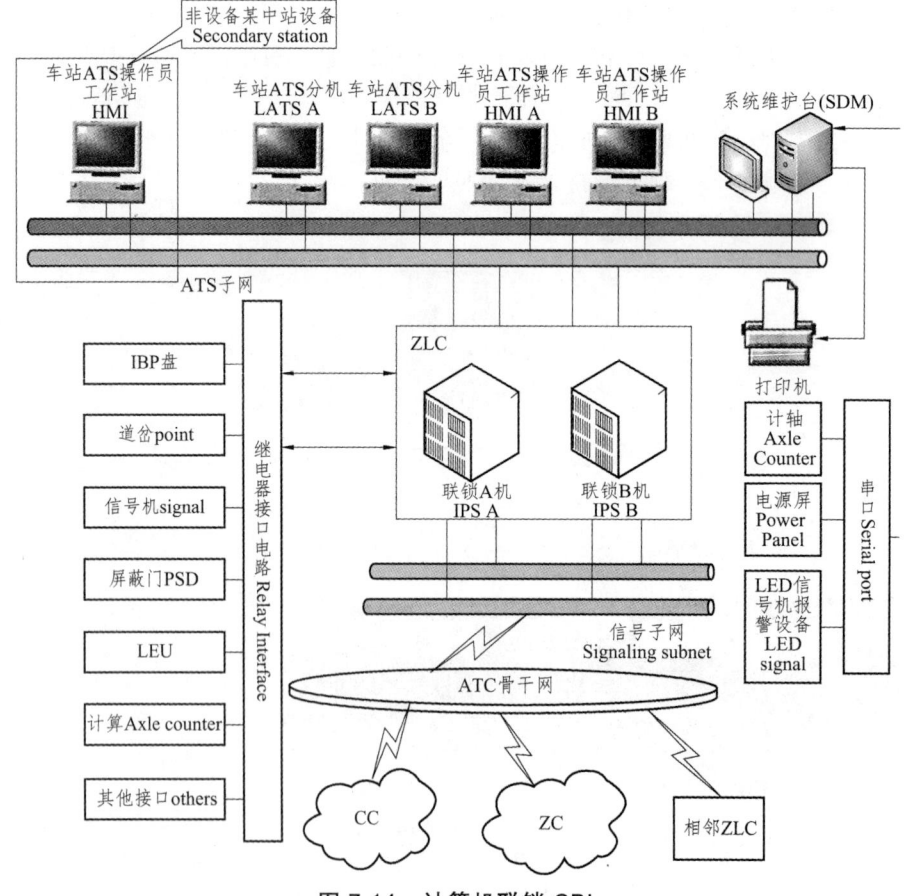

图 7-14　计算机联锁 CBI

3. ATS 子系统

ATS 子系统主要负责系统监视（显示）、进路操作、临时限速、列车描述、列车运行调整、时刻表、运行图编辑和管理、列车运用计划及管理、车站发车指示、维护和报警、运营记录和统计报表、系统管理、回放。

自动列车监控系统作为地铁信号控制系统的一个重要组成系统，与联锁、轨旁 ATC 设备、车载 ATC 设备等其他系统一起工作。实现信号设备的集中监控，并控制列车按照预先制订的运营计划在正线和停车场内自动运行。ATS 子系统如图 7-15 所示。

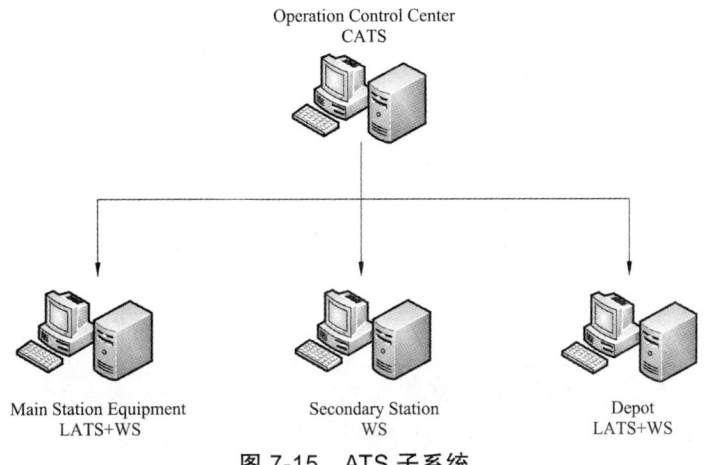

图 7-15　ATS 子系统

4. DCS 数据通信子系统

DCS 数据通信子系统主要为整个系统提供通信，并具备网络配置及管理功能。

5. MSS 子系统

MSS 子系统主要负责设备管理、设备运行状态检测、维护管理、外部接口管理、系统配置，如图 7-16 所示。

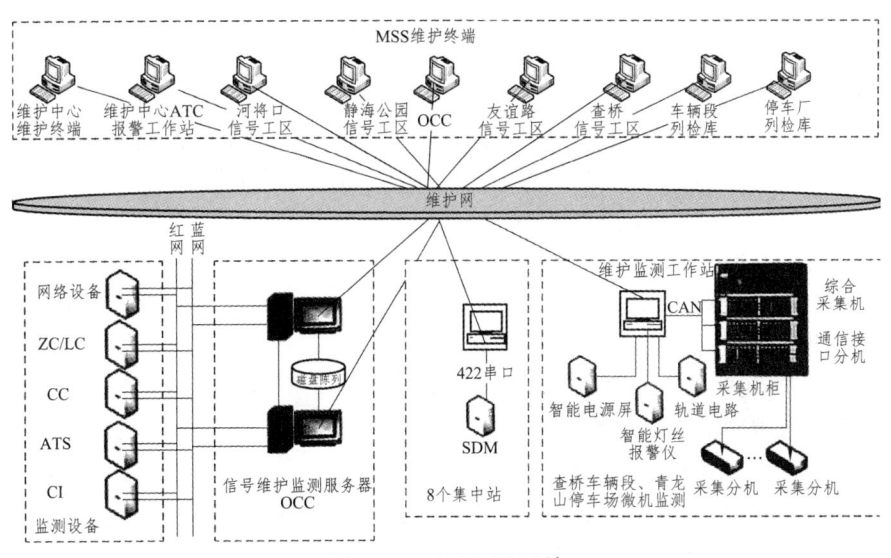

图 7-16　MSS 子系统

二、浙大网新 CBTC 信号系统

（一）浙大网新 CBTC 信号系统概述

浙大网新 CBTC 信号系统基于无线通信，独立于轨道电路，采用高精度的列车定位和连续、高速、双向数据通信技术，通过车载和地面安全设备来控制列车运行的系统。

该系统提供 CBTC、点式 ATP、人工（联锁）控制 3 种控制级别，每一等级基于各列车控制子系统的运行状态提供相应的操作和性能。各等级定义如下：

1. CBTC 运行模式

CBTC 运行模式提供完整的系统操作和性能，CBTC 要求所有列车控制子系统（包括轨旁、中央、车载和通信子系统）都完备并正常工作。CBTC 提供最高等级的系统操作和性能、提供移动闭塞安全列车间隔和保护、全功能的车载 ATP/ATO。支持所有定义的 ATC 驾驶模式，其中，某些模式提供完整的系统操作和性能[自动列车运行（AM）模式和 ATP 监控下人工驾驶（ATPM）模式]，其他模式在降级条件[受限人工（RM）和非限制人工模式]下提供降级操作。

2. 点式 ATP 运行模式

点式 ATP 运行模式提供降级的系统操作和性能、点式 ATP 提供正方向的车载超速防护（根据预先设定的最大限速），信号灯冒进防护和 300 s 的运行间隔。点式 ATP 要求车载 ATP（包括所有的传感器）都处于工作状态，并且轨旁联锁控制系统（MicroLok Ⅱ 和计轴设备）和定位信标（包括动态和静态信标）也处于工作状态。区域控制器、DCS（骨干网除外）和 OCC 不需要工作。点式 ATP 提供单一的操作模式。

3. 人工（联锁）控制运行模式

人工（联锁）控制运行模式提供最低等级的系统操作和性能，联锁控制提供固定闭塞列车间隔和联锁防护，不提供其他的 ATC 功能，提供 ATP 25 km/h 限速。除联锁外，不需要其他 ATC 子系统存在或工作。

CBTC 控制级转换到点式 ATP，一旦某列 CBTC 列车失去与轨旁 ZC 的无线通信达 5 s（暂定），CC 便发出 EB 命令使列车停车。此时，联锁系统根据计轴设备确定本列车的位置，系统根据前行列车的位置，自动确定本列车前方各信号机的显示。当通信故障时，司机转换驾车模式到 iATP 模式。列车驾驶模式转为 iATPM，由司机根据轨旁信号显示按站间闭塞行车。在 iATP 模式下，系统提供点式 ATP 防护。

1) 浙大网新 CBTC 信号系统的 5 种列车驾驶模式

（1）列车自动驾驶模式 ATO（AM）。

（2）有 ATP 防护的人工驾驶模式（ATPM）。

（3）后备的有点式 ATP 防护驾驶模式（iATP）。

（4）限制人工驾驶模式（RM）。

（5）非限制的人工驾驶模式（NRM）。

2) 浙大网新 CBTC 信号系统设计的 6 种折返模式

（1）无司机的 ATO 自动折返模式。

（2）有司机的 ATO 自动折返模式。

（3）有 ATP 监督的人工折返模式。

（4）25 km/h 速度限制的 RM 人工折返模式。

（5）无 ATP 监督的 NRM 人工折返模式。

（6）点式 ATP 下的人工折返模式。

（二）浙大网新 CBTC 信号系统结构及各部分作用

浙大网新 CBTC 信号系统结构如图 7-17 所示，分布式信号系统由下列主要的子系统和设备组成。

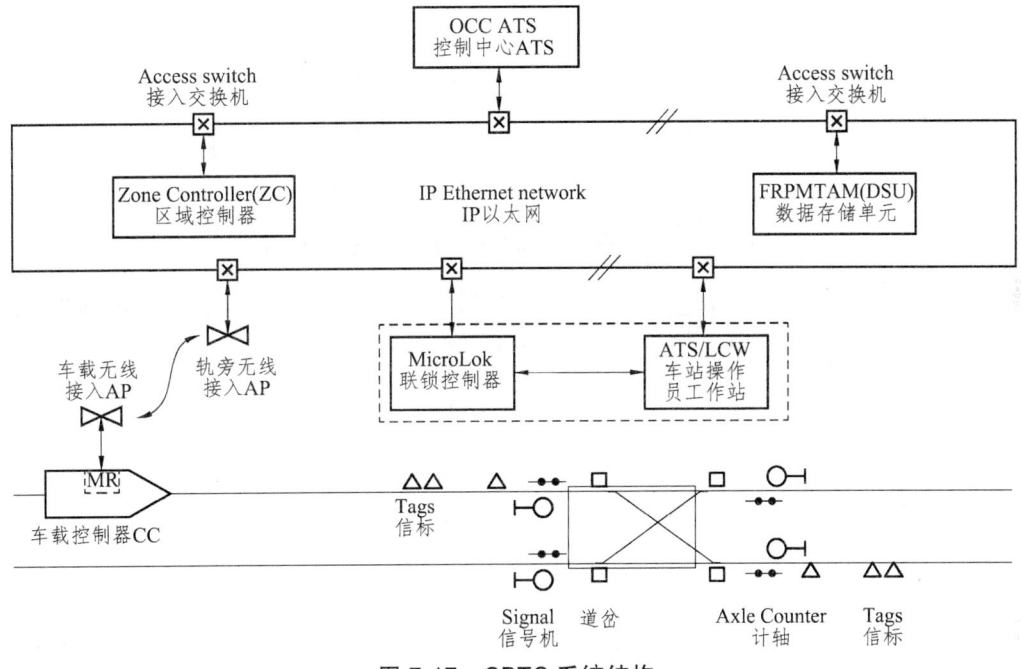

图 7-17　CBTC 系统结构

1. 中央列车自动监控子系统（ATS）

列车自动监控子系统（ATS）负责执行多种功能，如列车确认、跟踪和显示等，它有人工和自动进路设置功能，以及根据运行图人工或自动调整列车的运行以保证运行时间等功能，其主要设备如图 7-18 所示。

（1）ATS 主机服务器 2 台，主、备配置，运行 ATS 集中控制应用软件。

（2）ATS 数据库服务器 2 台，主、备配置，运行数据库报表生成应用软件。

（3）ATS 通信服务器 2 台，主、备配置，运行和非 ATS 子系统通信的通信应用软件。

（4）ATS 接口服务器 2 台，主、备配置，一台位于 OCC，一台位于后备站，用于处理 ATS 通信服务器与外部系统之间的通信。

（5）ATS 培训服务器 1 台，提供与正常 ATS 服务器环境相关的培训工作站，具有培训 ATS 用户的仿真功能。

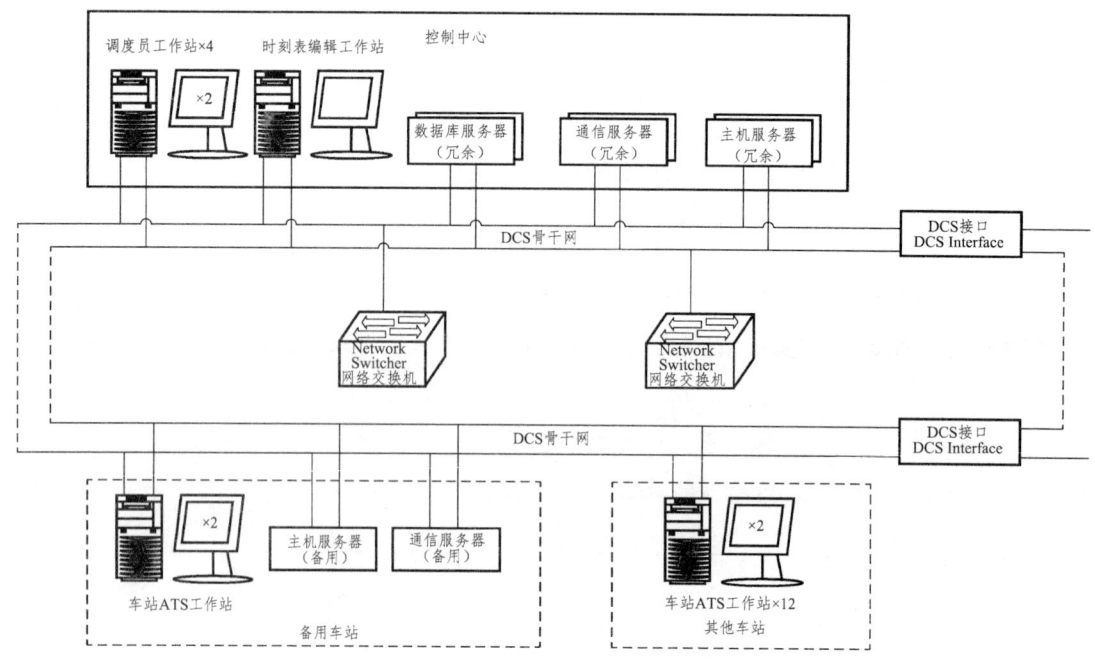

图 7-18 ATS 子系统采用的"集中后备"结构

（6）ATS 用户工作站（包括调度长工作站）1 台、调度员工作站 3 台、模拟演示工作站 3 台、系统管理员工作站 1 台，用于处理、显示请求和指示；运行图/时刻表编辑工作站 1 台，用于生成/编辑时刻表。

（7）综合显示屏接口工作站 1 台，用于处理、显示请求和指示。

（8）接入交换机配有 10/100/1000 BaseTX 交换机，将设备连接到双以太网。

（9）数据存储系统（SAN）模块化智能排列存储单元配置在 RAID 中，用于连接数据库服务器。

（10）打印设备连接到以太网，用于打印报表等。

（11）数据传输系统端口通信处理器经数据传输系统接口与骨干网有线传输系统接口相连，用于 ATS 车辆段/停车场、车站之间的通信。

（12）预留接口提供与其他系统的接口。如果需要其他串行通信方式，将采用终端服务器进行转换接入。

（13）车站 ATS 设备，ATS 车站子系统在指定的某个车站设置一台 ATS 远程主机服务器和一台 ATS 远程通信服务器。这是中央服务器的备份，只在中央 ATS 服务器不可用时才投入工作。

远程 ATS 车站工作站和打印机放置于车站。这些工作站提供列车运行的本地显示，设备集中站的 ATS 车站工作站取得授权后，实现对本地联锁区域的控制功能。设备集中站的 ATS 工作站与联锁设备的操作工作站合用。

（14）车辆段、停车场 ATS 设备，车辆段、停车场各设置一台运转值班室工作站、一台行车值班室工作站、打印机等。运转值班室工作站用于前往正线运行和返回车辆段、停车场所需的换班计划。行车值班室工作站根据 ATS 列车时刻表，为计划进、出车辆段以及停车场的车辆提供支持信息。

试车线配置一台 ATS 工作站，该工作站提供试车线的本地控制和监控。

ATS 子系统通过数据网络 DCS 与其他子系统通信并交换数据和命令。

2. 区域控制器（ZC）

区域控制器安装在轨旁，是基于处理器的安全控制器，如图 7-19 所示。每个区域控制器通过数据通信子系统和车载控制器连接。区域控制器通过运用 CBTC 的移动闭塞功能确保列车的安全运行。

图 7-19　区域控制器（ZC）

区域控制器基于已知的障碍地点和预计的交通荷载确定预定义的地区，区域内所有列车的移动权限区域控制器接收临时限速（TSR）指令以及该区域内列车发出的位置信息。区域控制器与 MicroLok Ⅱ 接口，以控制和表示轨旁设备，每个区域控制器都是以三选二表决配置为基础。

在系统配置中，ZC 与 MicroLok Ⅱ 接口，MicroLok Ⅱ 还执行传统的联锁功能。ZC 通过 DCS 子系统与 ATS 子系统、MicroLok Ⅱ、CC 以及其他的 ZC 接口。

ZC 的结构是三取二的表决系统，硬件配置主要包括 CSD 应用程序处理器单元（高可用性安全计算机）、应用处理器板（CAP）、表决处理器板（CVO）、交换存储器板（CME-CSD）、输入和输出处理单元、以太网连接处理器（CIER）、带本地磁盘的处理单元（SILAM）等。

3. 数据存储单元

数据存储单元给区域控制器（ZC）和车载控制器（CC）提供轨道数据描述，同时采集区域控制器（ZC）和车载控制器（CC）维护信息，并给中央维护服务器（CMS）传递维护信息。数据存储单元也提供从 ATS 到区域控制器（ZC）和车载控制器（CC）的通信接口。

4. 联锁控制器 MicroLok Ⅱ

MicroLok Ⅱ 负责安全执行传统联锁功能，如图 7-20 所示。MicroLok Ⅱ 从辅助列车检查计轴系统中获得列车位置信息，与轨旁设备（如转辙机、LED 信号机等）接口，为保证正确的 CBTC 运行，MicroLok Ⅱ 还与区域控制器（ZC）接口。

图 7-20 联锁 MicroLok Ⅱ 机柜

MicroLok Ⅱ 平台采用了"差异与自检"的"故障—安全"设计原则。"差异与自检"是传统的安全原则。"差异"指的是以不同的方式执行各个运算;"自检"指的是执行健康状态自我诊断以检验处理器乃至整个系统持续的健康状况。每一个联锁系统都由一个标准配置的 MicroLok 构成,每个联锁系统的 MicroLok 配置差别为输入/输出(I/O)PCB 板的数量,其硬件构成包括 CPU 板、电源板、安全输出板、安全输入板、非安全输入板、非安全输出板、热备板、中行通信板等。如果区域控制器出现故障,列车的安全运行通过联锁控制器和轨旁 LED 信号机来实现。如果数据通信子系统或车载控制器出现故障,列车以地面信号显示作为主体信号运行。另外,如果数据通信子系统(无线部分)出现故障,系统提供超速防护功能并防止列车冒进红灯信号。

MicroLok Ⅱ 工作站与 ATS 工作站集成,位于设备集中站的本地车站控制室,该工作站通常用于监督列车运行,也可用于联锁的人工控制。集成后的 ATS 工作站/LCW 本地工作站提供两种控制功能和操作界面。原 LCW 本地工作站和原 ATS 工作站的所有功能将各自保留在集成后的工作站中。如果中央和本地 ATS 功能均不可用,MicroLok 自动设置正线追踪的直通进路。并在终端站自动提供折返进路,MicroLok 会自动建立列车进路,直到调度员使用本地控制工作站(LCW)进行干预或是 ATS 重启才停止。在正线上 MicroLok 会建立接近进路,当列车接近信号机时,MicroLok 会检查直向通过进路并在进路已设置时开放信号机。一旦列车越过信号机,直到下一列车接近此信号机前信号机都保持红色显示。对于 CBTC 列车,ZC 将为 MicroLok 建立的进路进行移动授权。对于终端站折返,MicroLok 定义了默认的进路。在此终端站上,所有折返都采用该默认进路。还可从 LCW 上选择另一条替代的进路。

5. 车载控制器(CC)子系统

车载控制器(CC)包括基于微处理器的控制器、相关速度测量设备及定位设备,如图 7-21 所示(在地面信标的辅助下)。车载设备与列车的各子系统连接,并通过 DCS 与区域控制器接口。车载控制器负责列车定位、执行允许速度、执行移动授权以及其他有关的 ATP 和

ATO 功能。车载控制器采用三取一表决方式。每端的 ATO 都有一套冗余设备，如果一个 ATO 单元故障，同一端的另一个 ATO 单元将接替工作，切换是自动的、不需要人工干预。5 种列车驾驶模式为 ATO 自动驾驶模式（AM）、连续式 ATP 监控下的人工驾驶模式（ATPM）、点式 ATP 监控下的人工驾驶模式（JATPM）、限制人工驾驶模式（RM）和非限制人工驾驶模式（NRM）。

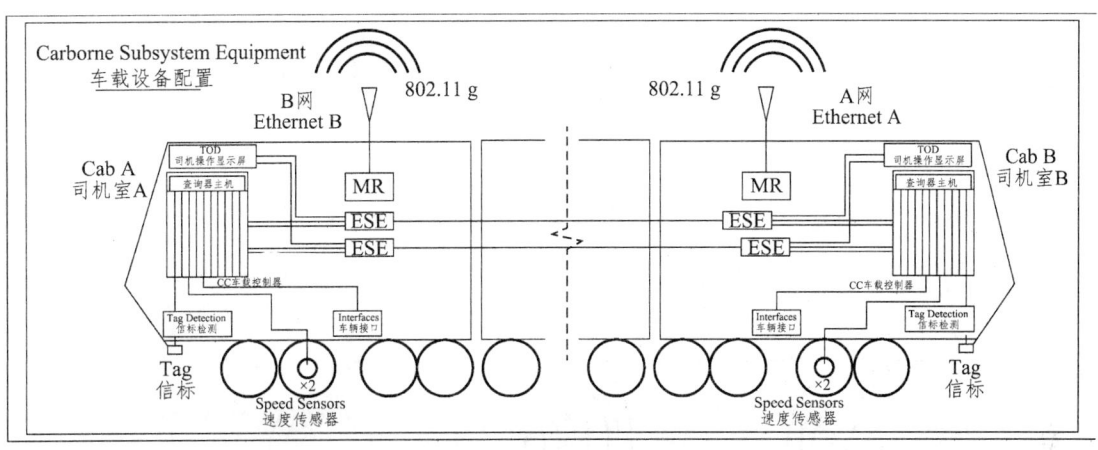

图 7-21　车载控制器（CC）

6. 数据通信子系统（DCS）

数据通信子系统（DCS）使用 UDP/IP 协议，在信号系统各设备之间提供双向的、安全的数据交换，开放的通信接口和体系架构。DCS 采用国际通行的协议，有线网使用 IEEE 802.3 以太网标准，无线通信使用 IEEE 802.11 g 标准。DCS 传送的信息受安全算法的保护。系统设计能够消除单个独立故障或多个相关故障对系统的影响。通信系统对列车控制操作是透明的，DCS 能够满足系统对数据传输延时和数据速率的要求。以太网为所有子系统提供了相互通信的途径，系统提供双环冗余骨干网络，各子系统通过交换机接入骨干网络。

（三）浙大网新 CBTC 移动闭塞原理概述

传统信号系统的主要设计目标是通过使用安全的轨旁信号确保列车间隔和提醒司机，确保列车不会进入另一列车占用的闭塞区段。基于 CBTC 的移动闭塞系统的主要设计目标是在维持系统安全性的同时，通过改良的位置分辨能力和移动授权更新率来提供更大的运能，缩短列车间隔距离。系统的设计原则就是"目标距离"。

在移动闭塞系统中，ZC 根据报告的列车位置和不确定误差来计算在最不利情况下的列车位置。然后，ZC 将列车视为后续列车的障碍物，为后续列车计算 MAL，使后续列车尽可能靠近该车。CC 负责列车在轨旁 ZC 发出的移动授权（MAL）范围内安全移动，MAL 设置在列车前方障碍物处。CC 确保所有合适的、出于安全方面的考虑都已包括在生成的速度曲线中。这些考虑内容包括：最不利情况下的停车距离，以及不确定的前方障碍物位置。系统原理如图 7-22、7-23 所示。

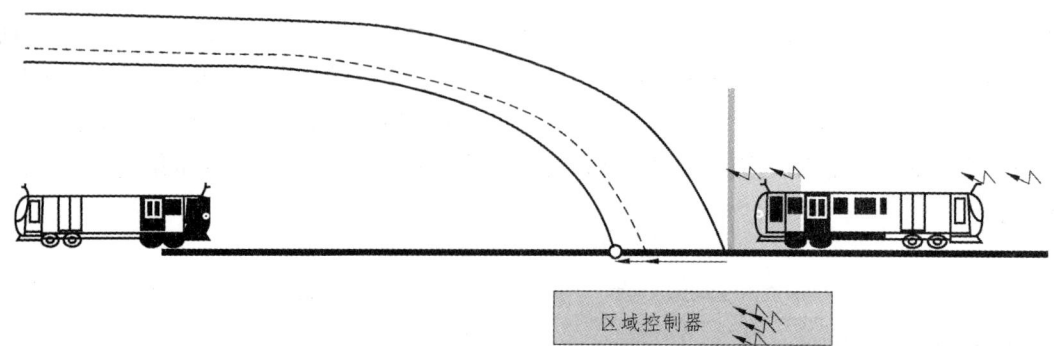

图 7-22　CBTC 移动闭塞原理

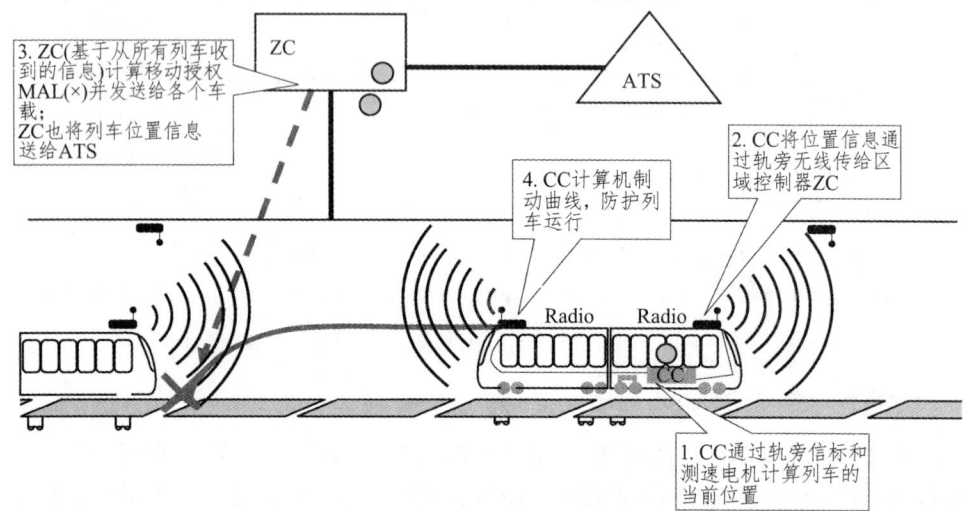

图 7-23　CBTC 系统列车追踪原理

移动闭塞原理中，与前车车尾间的安全间隔是根据最高运行时速、制动曲线和列车在线路上的位置动态计算的。由于位置信号的高分辨率，后续列车可以按照该段线路的最高运行速度，在与最新验证的前车车尾位置保持安全制动距离的前提下，安全地靠近前车车尾。

"安全距离"是列车间的一个固定值，它是在后车预定的停车点与确认的前车尾部位置之间的距离，这个距离的取值考虑到了存在的一系列最不利情况，但仍能保证安全间隔。

CBTC 系统的设计原则包括：

（1）由车载设备完成高分辨率的列车位置定位。

（2）通过车地数据通信链，将本列车的位置信息和其他列车的状态数据传送给轨旁设备。

（3）基于列车位置信息和其他联锁的输入，通过轨旁设备，确定每列配备车载设备的列车的移动授权限制信息。

（4）通过车地数据通信链，将这些授权限制和其他列车的控制数据传送给相应列车。

（5）通过车载设备，完成 ATP 速度/距离曲线的确定和执行。

（6）从轨旁设备到其他联锁的必需的强制命令，以及其他联锁到轨旁设备的用以支持系统运行状态的通信。

（7）从一个 ZC 到相邻 ZC 用以支持列车控制交权的必要信息的通信。

(8)一列车内多套车载设备间用以支持系统运行的必要信息的通信。

(9)利用移动闭塞原理设定 MAL。

(四)浙大网新 CBTC 信号系统子系统信息交换

图 7-24 所示为该子系统信息交换的一个高级别的模块框图。图中显示了系统中经由有线和无线以太网链接进行的信息传递。图中模块间的通信数据变量用[X]、[Y]等表示。

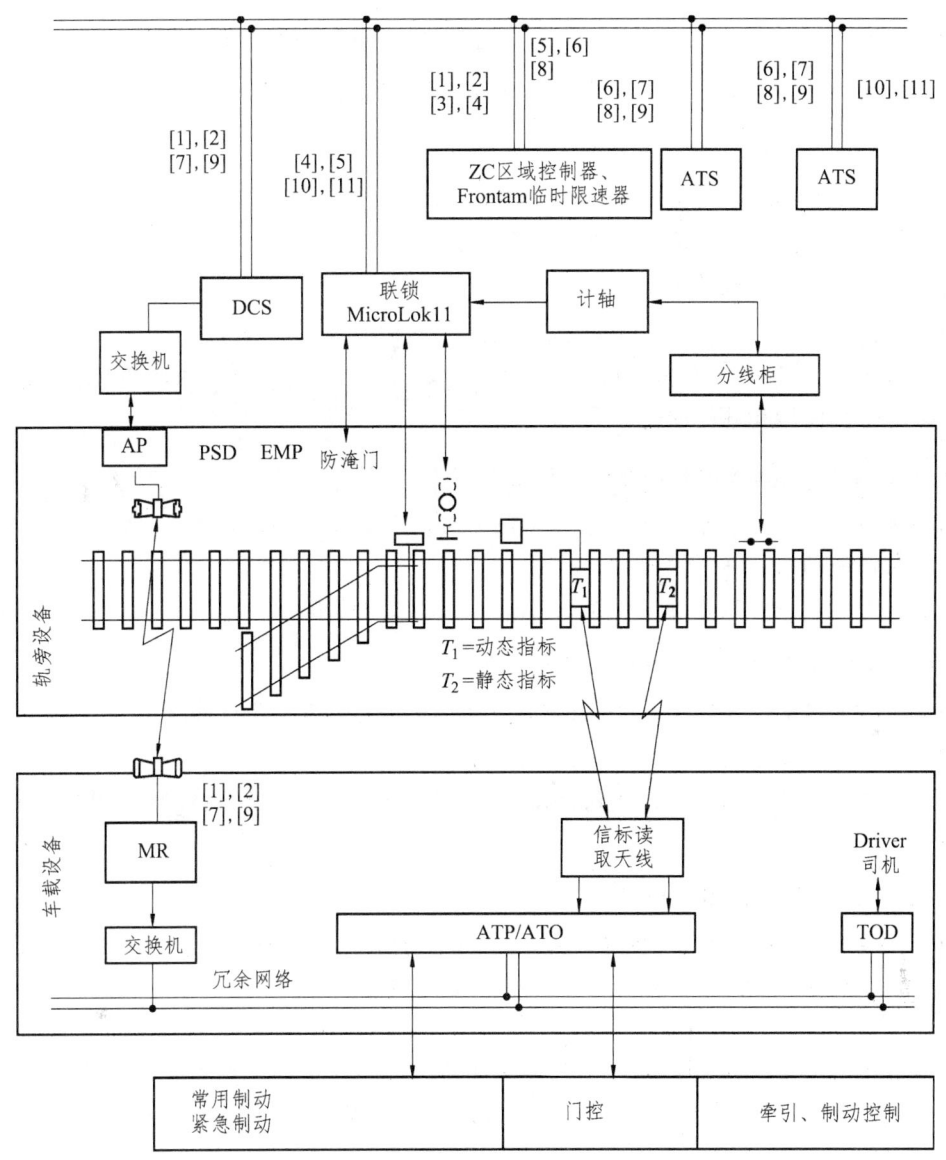

图 7-24 子系统信息交换图

1. ZC 和 CC 交互信息

(1) ZC⇒CC:同步信息包括车载控制器(CC)的信息,有区域控制器(ZC)授权、移动授权、停车保证请求、临时限速、轨道数据库授权、一般数据(信号机状态、道岔状态、区域防护状态、故障区域状态、控制模式禁止、站台可用信息、站台自动折返按钮状态）。

（2）CC⇒ZC：同步信息包括轨道数据库请求信息和临时限速信息、列车位置报告（车头车尾位置、不确定位置、列车运行方向、速度、激活状态和停车状态）、轨旁信息机灭灯授权、列车完整报警、列车后溜报警、列车站台停稳、移动授权下的停车保证确认、站台屏蔽门门控使能和开门命令。

2. 相邻 ZC 之间交互信息

相邻 ZC 之间交互信息包括 CBTC 方向区域状态、临时限速申请（从所有 ZC 到控制该线路临时限速的 ZC）、临时限速（从控制该线路临时限速的 ZC 到所有 ZC）。

3. 联锁控制器 MicroLok Ⅱ 和 ZC 之间交互信息

MicroLok Ⅱ ⇒ ZC：计轴区段状态（占用、空闲）、道岔位置、信号机状态包括解锁状态、联锁保护状态和进路人工取消进路延时状态、站台自动折返状态、站台紧急停车按钮激活、站台屏蔽门报警、进路取消请求。

ZC ⇒ MicroLok Ⅱ：CBTC 列车接近信号机（接近锁闭信号）、信号机前停车保证（人工取消延时信号）、灭灯信号命令、列车已经越过信号机压入下一个区段（自动取消进路信号）、站台屏蔽门门控使能和开门命令。

4. ZC 和 ATS 之间通过 Frontam 交互信息

ZC ⇒ ATS：人工控制请求（如果列车在无人自动折返控制模式下）、区域内禁止的列车模式、临时限速确认、临时限速。

ATS ⇒ ZC：区域内禁止的列车模式请求、临时限速请求。

5. CC 和 ATS 之间通过 Frontam 交互信息

CC ⇒ ATS：列车位置报告、列车任务状态、列车调整状态（运行等级）、扣车状态、CBTC 列车移动授权、列车报警状态、CC 运行监控状态。

ATS ⇒ CC：任务设置请求（不允许站停）、调整请求（运行等级）、列车扣车请求、列车报警确认。

6. MicroLok Ⅱ 和 ATS 之间交互信息

MicroLok Ⅱ ⇒ ATS：信号设备（信号机、计轴、道岔）状态、进路状态、PSD 状态、ATS/LCW 控制状态、JBP 站台紧急停车按钮激活状态、IBP 站台扣车请求、联锁机状态、电源故障状态、防淹门状态。

ATS ⇒ MicroLok Ⅱ：进路请求、信号关闭请求、信号锁闭、解锁请求、引导信号请求、道岔定位/反位/锁闭、紧急道岔解锁请求、联锁控制器故障切换/禁止请求、快速通过信号允许/禁止请求。

（五）浙大网新 CBTC 信号系统功能

1. 浙大网新 CBTC 信号系统功能及设备配置概述

浙大网新 CBTC 信号系统功能如图 7-25 所示。

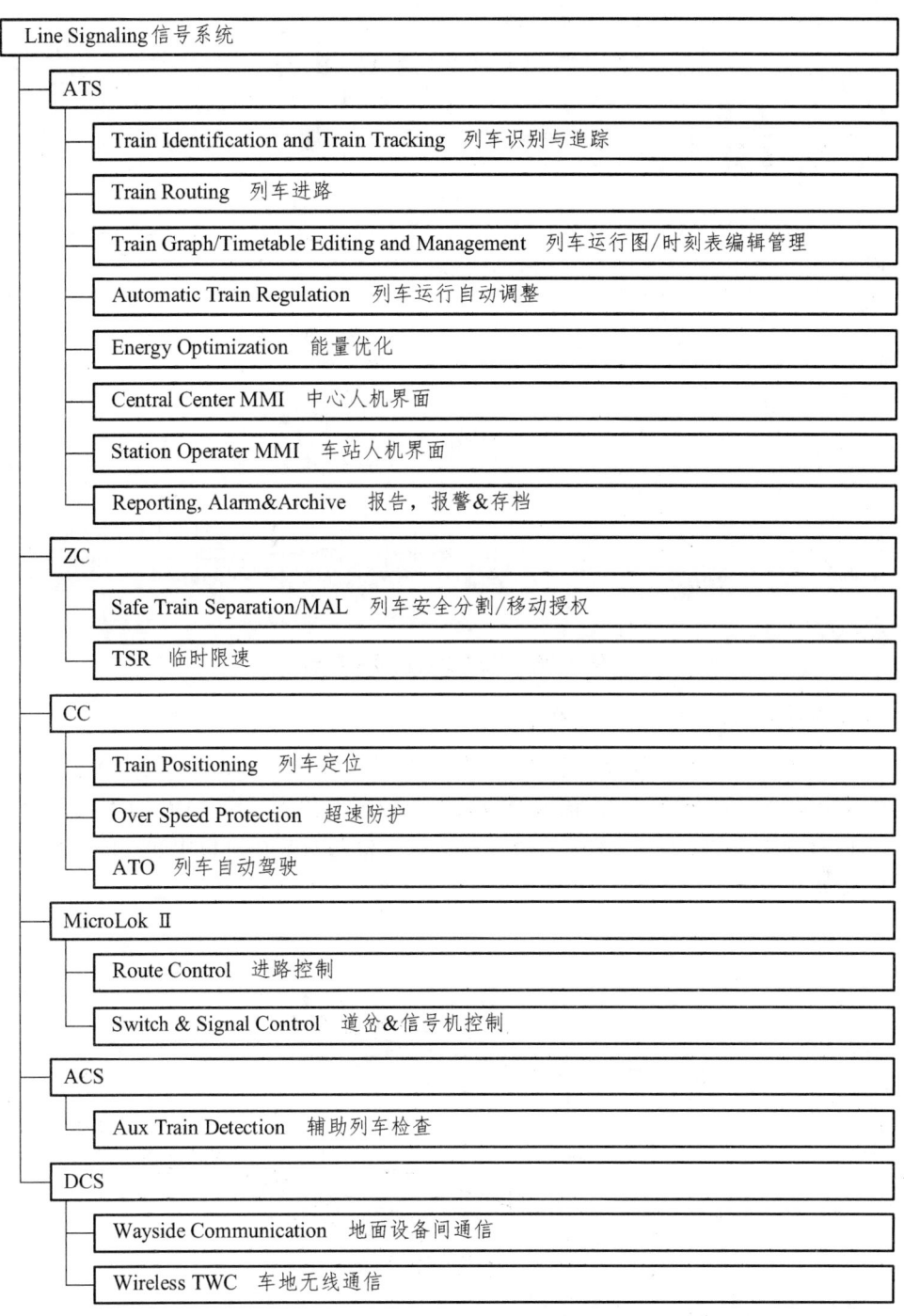

图 7-25 信号系统功能框图

CBTC 系统设备配置如图 7-26 所示。

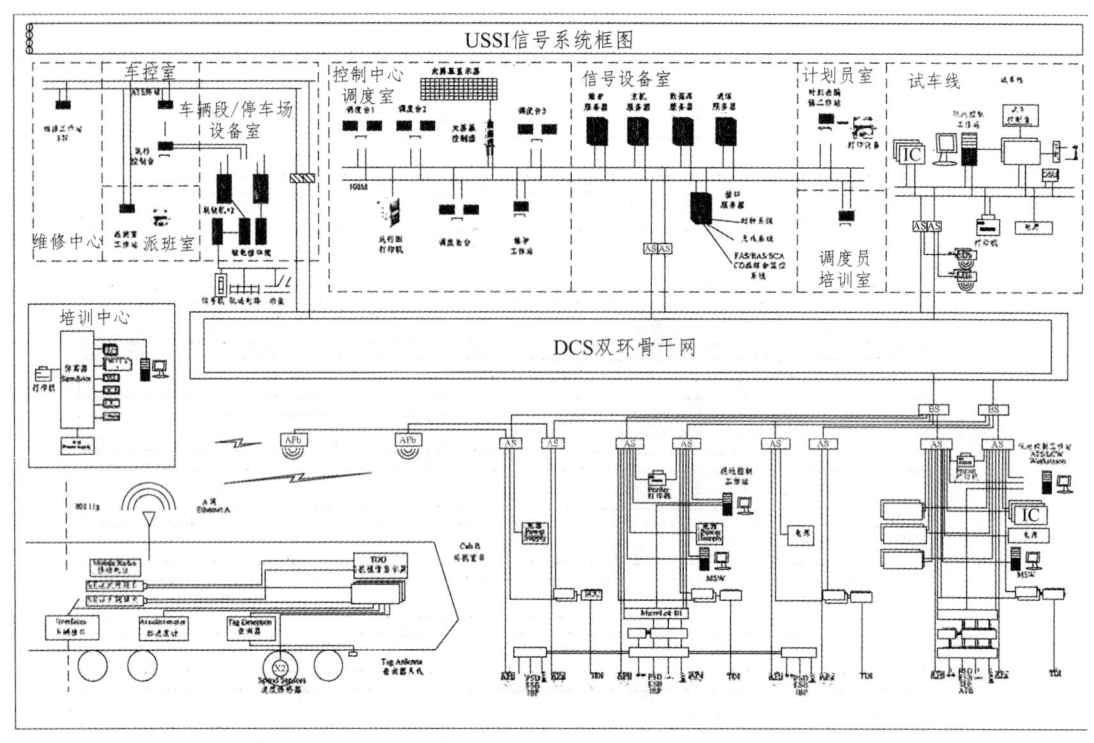

图 7-26 CBTC 系统设备配置

2. 浙大网新 CBTC 信号系统各设备功能

（1）车载控制器（CC）负责列车安全定位，如图 7-27 所示。CC 用定位读取器、测速器和加速度计更新列车的安全位置。该安全位置通过数据通信子系统（DCS）传输到区域控制器（ZC）以及列车自动监控（ATS）系统。CC 通过检测安装在轨道中间的静态信标来修正列车的位置误差。

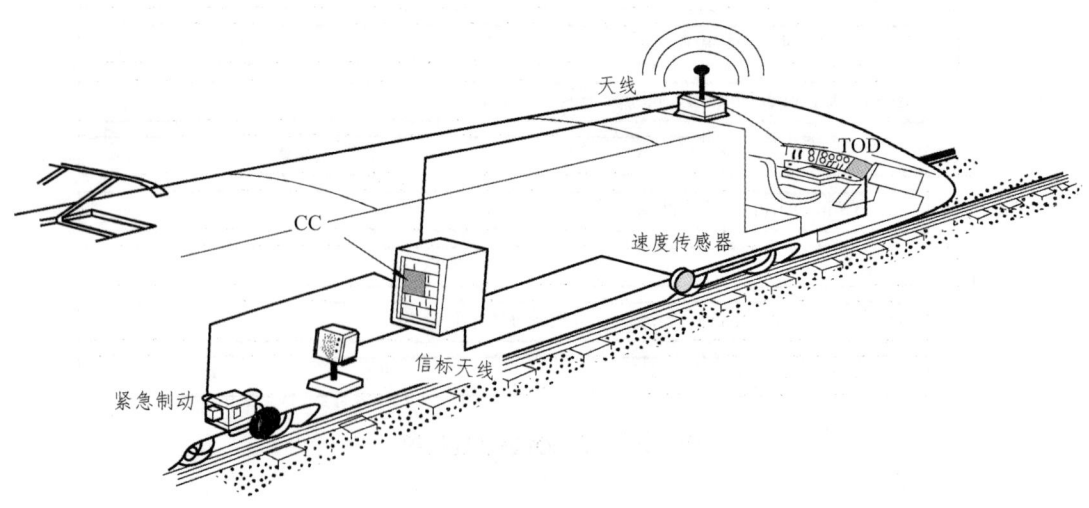

图 7-27 车载控制器（CC）功能

（2）区域控制器基于该区域内所有列车的位置和方向，发出移动权限（MAL）指令，并持续更新和传输，计算移动权限，以保证列车安全隔离，并达到最小的列车运行间隔。车载控制器利用 MAL 信息来执行 ATP 和 ATO 功能。为了达到该目的，车载控制器装载了一个描述列车运行所在线路的轨道数据库。该数据库通过 FRONTAM 下载，包括土建限速信息、身份识别（ID）号码和安装在轨道上的信标位置、转辙机位置和折返操作、其他障碍的位置，以及所有其他相关线路信息。

（3）ATP 功能包括速度、距离曲线的确定，速度层距离曲线的执行，安全的车门控制以及紧急制动请求的发布。ATO 功能包括速度控制、停站、非安全的车门控制以及制动控制。

ATP 子系统主要由三取二冗余结构的轨旁分布式区域控制器（ZC）、车载控制器（CC）组成。ATP 车载设备采用速度传感器（TAC）、加速度计（ACC）、轨道地图和查询器来判断列车的位置和速度。所有的出站信号机和动态信标位置被存储在轨道地图中。对应每一个车站的出站信号机都有一个由 ATP 设备强制执行的停车曲线，超速防护也由速度-距离曲线来强制执行。给司机的速度曲线信息显示在列车的司机显示器（TOD）单元上。iATPM 驾驶模式的速度曲线显示数据和 ATPM 驾驶模式一致，如目标距离、目标速度和当前速度等。ATP 安全制动模型如图 7-28 所示。ATO 子系统的车门开启授权功能如图 7-29 所示。

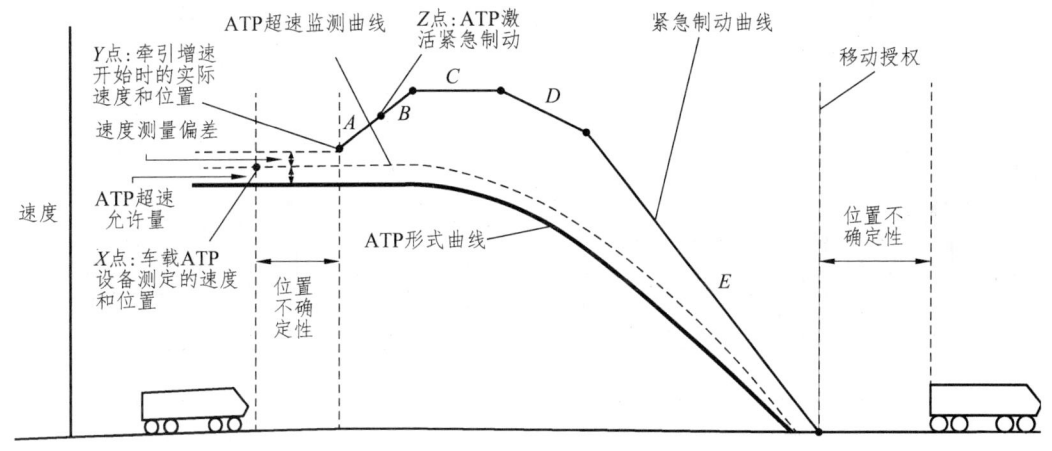

A—车载 ATP 反应时间；B—牵引取消反应时间；C—惰行时间；
D—紧急制动建立时间；E—GEBR 紧急制动时间。

图 7-28 ATP 安全制动模型

（4）每个区域控制器通过 DCS 与区域内的轨旁 MicroLok Ⅱ单元接口，每个设备集中站都配备 MicroLok Ⅱ，MicroLok Ⅱ控制轨旁设备，如站台屏蔽门、转辙机、计轴器和信号机等。MicroLok Ⅱ还与这些设备接口，将状态信息传递到区域控制器和 ATS。联锁（MicroLok Ⅱ）功能结构如图 7-30 所示。具体功能如下：

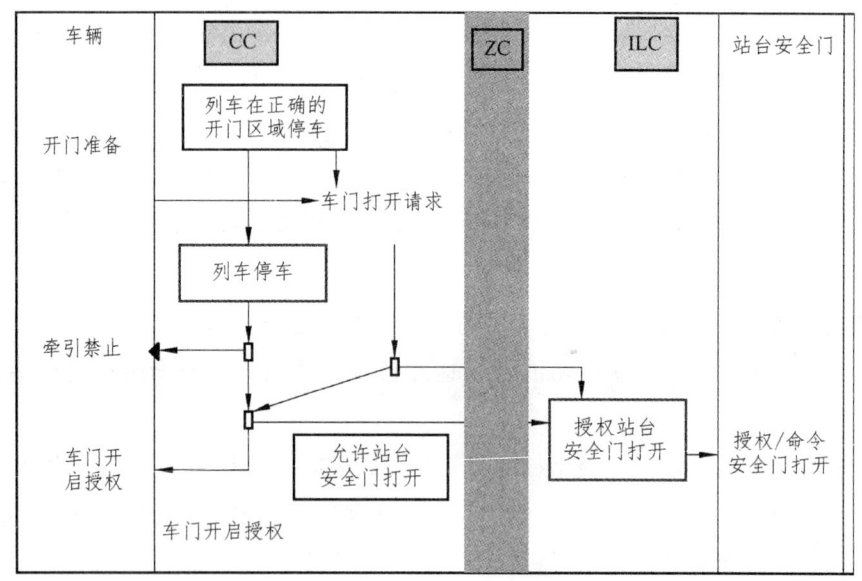

图 7-29 ATO 子系统的车门开启授权功能

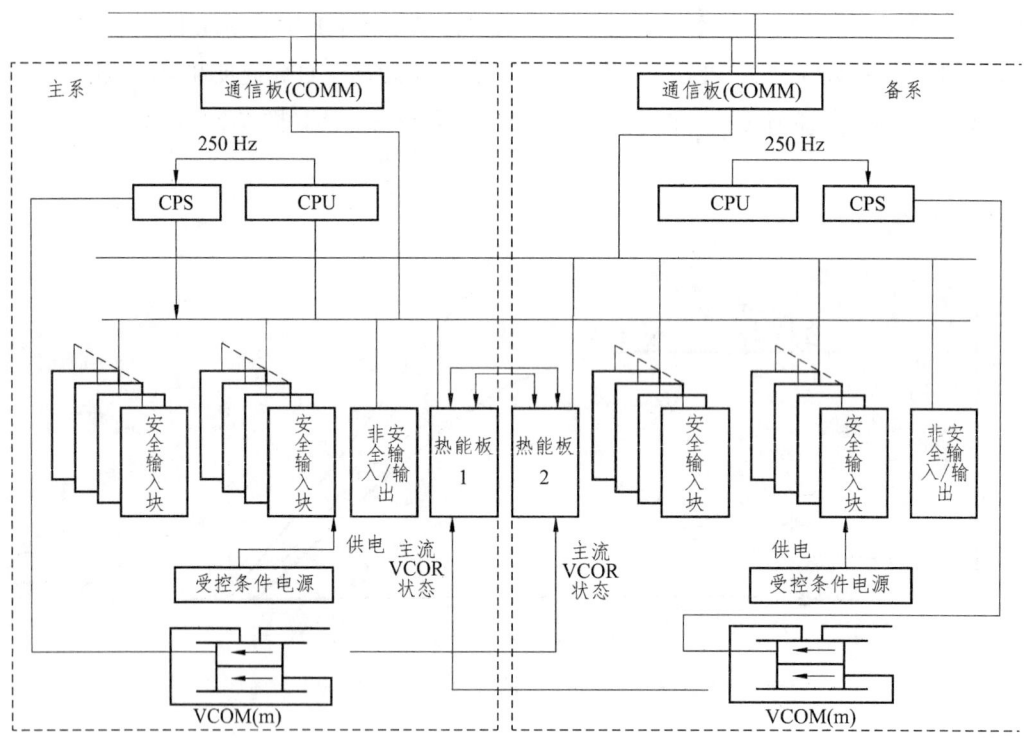

图 7-30 联锁（MicroLok Ⅱ）功能结构

① 双套冗余设备构成双机热备系统。
② 系统软件采用二取二表决。
③ 采用 VCOR 动态控制安全输出供电。
④ 双机数据同步，保证无缝切换。
⑤ 差异与自检。

联锁（MicroLok Ⅱ）轨旁设备包括转辙机、计轴器和信号机、信标（应答器）等，如图 7-31 所示。

图 7-31　联锁（MicroLok Ⅱ）轨旁设备

（5）本系统支持非 CBTC 列车的运行，非 CBTC 列车是以地面信号作为主体信号运行。非 CBTC 列车由辅助列车位置检测系统（计轴器）实现位置检测。该位置信息传输给区域控制器，用于 CBTC 列车移动授权的计算。

CBTC 列车和非 CBTC 列车的混合运行情况如图 7-32 所示，需要进行特殊的列车分隔。当非 CBTC 列车的后方为 CBTC 列车时，在它们之间保证至少有一个计轴区段空闲，这个空闲的区段用以保证非 CBTC 列车不会与后方的 CBTC 列车发生冲突。对于 iATP 模式的列车，前行列车不管是何种模式都不需要保证一个空闲区段，iATP 模式列车按照轨旁信号显示并根据前方列车占用情况行车。

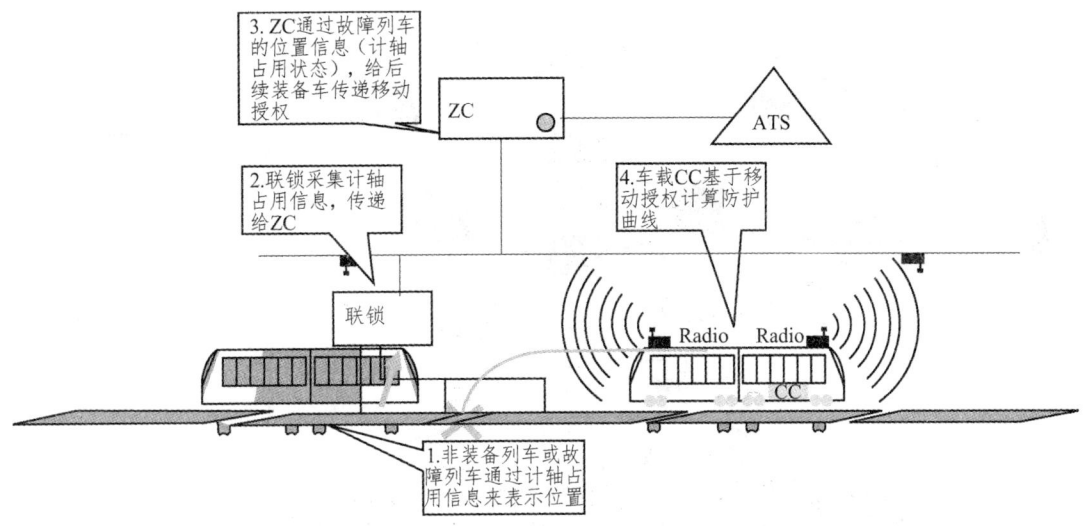

图 7-32　CBTC 列车与非 CBTC 列车混跑

（6）通常情况下，ATS 子系统自动执行其功能，不需要人工参与。ATS 子系统监督并显示 CBTC 列车的位置以及被非 CBTC 列车所占用的轨道区段。ATS 子系统可自动调节列车的运行等级和停站时间，以维持时刻表和运行间隔。还能进行人工操作控制，通过 DCS 对所有或其中一列到站列车进行扣车、解除扣车、办理、取消速度限制，使用区域控制器临时关闭、开放某一区域等操作。

ATS 系统具有若干控制等级，可将异常情况或设备故障产生的不良影响降至最低。通常情况下，控制中心 ATS 控制全线，当控制中心 ATS 发生故障（如通信中断）时，系统切换至某站设置的 ATS 主机服务器和通信服务器。控制全线的 ATO 始终在 ATP 的监督下运行。系统的非安全列车自动运行和监控功能由 ATO 子系统完成。在列车运行过程中，ATO 子系统执行其规定功能，同时与 ATP 交换数据，ATO 使用固定储存在数据库中的车站和进路信息，执行程序暂停。

ATS 子系统功能包括列车追踪、进路操作自动排路、系统运行模式（中心自动模式、中心人工模式、本地自动模式、本地人工模式）、列车运行自动调整、运行图、时刻表编辑管理、停站、自动运行折返等。

（7）数据通信子系统（DCS）使用 UDP、TCP/IP 协议，在信号系统各设备之间提供双向的、安全的数据交换，并提供开放的通信接口和体系架构。

DCS 采用独立双网架构，如图 7-33 所示。信号的应用设备同时与两张完全独立且配置相同的网络相连接，这种网络架构不仅保证了整个系统的可靠性和可用性，同时还保证了当一个网络发生故障时，数据端到端的传输无须网络切换时间。这种网络架构在地铁的扩容或延伸时能提供高可靠的保障。

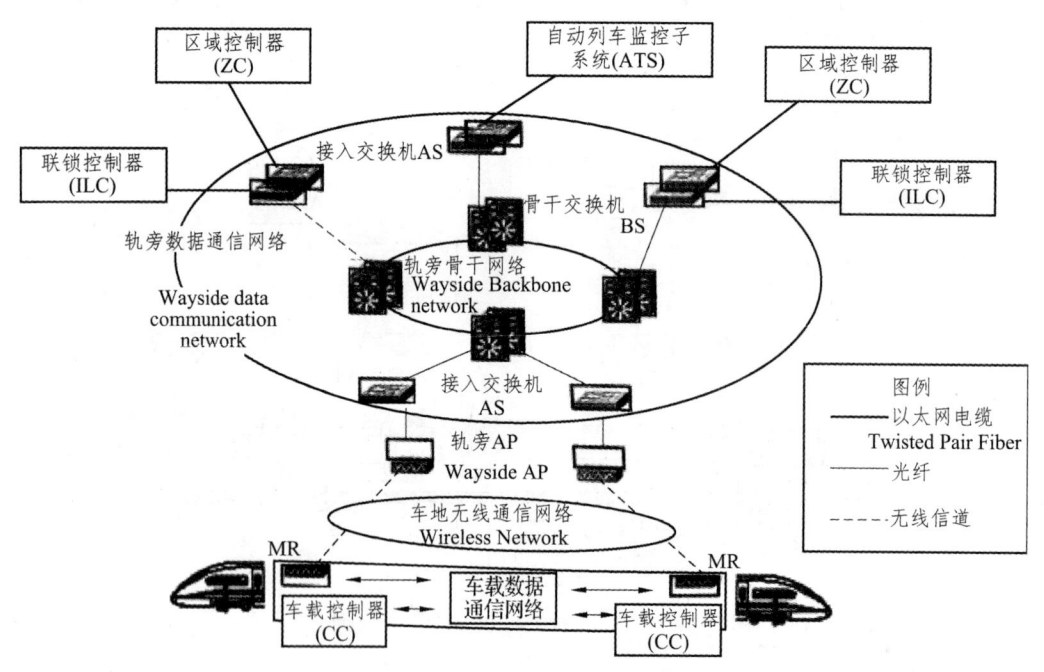

图 7-33 DCS 采用独立双网架构

车地双向通信网络是沟通车载数据通信网络与轨旁数据通信网络的渠道，它实现了车地之间的双向通信，如图 7-34 所示。它采用 IEEE802.11g 的无线局域网技术，支持 IEEE802.11e、802.11i 等协议，可实现高速、安全、可靠、实时的无线通信。

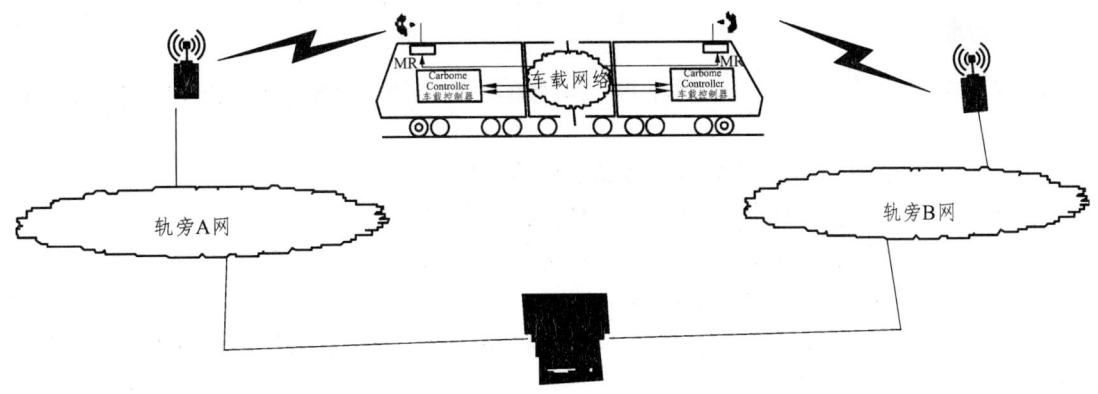

图 7-34 车地之间的双向通信

思考与练习

一、填空题

1. 列车自动防护系统控制列车运行速度的两种基本方式：_____和_____方式。
2. ATS 子系统主要由运营控制中心、_____、_____、车辆段 ATS 设备等组成。
3. 列车追踪调整，可以有两种方式来实现，分别是_____、_____调整方式，
4. 列车间隔调整功能通过两种方式调整列车的运行，分别是_____、_____调整方式，
5. 列车自动驾驶系统车载设备包括车载_____、_____、人机界面。

二、选择题

1. 下列不属于城市轨道交通 CBTC 系统中 ATP 子系统功能的是（ ）。
   A. 安全列车间隔　　　　　　B. 列车定位
   C. 速度测量　　　　　　　　D. 站台精确停车
2. 下列不属于城市轨道交通 CBTC 系统中 ATS 子系统功能的是（ ）。
   A. 列车监视和跟踪　　　　　B. 列车运行图显示
   C. 安全列车间隔　　　　　　D. 监测与报警
3. 控制中心设备属于（ ）。
   A. ATO 系统　　　　　　　　B. ATC 系统
   C. ATS 系统　　　　　　　　D. ATP 系统
4. 在（ ）驾驶模式下，列车自动控制系统的三个子系统 ATP、ATO 和 ATS 都在正常运行。
   A. ATO 自动驾驶模式　　　　B. ATP 防护下的人工驾驶
   C. 限制人工　　　　　　　　D. 非限制人工
5. 下列不属于 ATO 子系统功能的是（ ）。
   A. 站台精确停车　　　　　　B. 程序站停
   C. 跳停　　　　　　　　　　D. 列车监视和跟踪

三、判断题

1. 列车在正线、折返线上运行作业时，常用驾驶模式为限制人工驾驶和非限制人工驾驶模式。（　　）
2. CBTC 超速防护用于防止列车速度超过构造速度。（　　）
3. 列车自动监控系统的功能包括监督和控制两部分。（　　）
4. 跳停是指列车停车后保持零速的状态。收到 ATS 发出的"关门（停站结束）"指令后，扣车会禁止 TOD 上的停站结束指示灯闪亮。（　　）
5. 列车自动防护系统控制列车运行速度的两种基本方式：点式叠加方式和速度距离模式曲线方式。（　　）

四、简答题

1. 简述城市轨道交通 CBTC 系统的基本架构与组成。
2. 简述 CBTC 系统的功能。
3. 信号系统运营模式有哪些？
4. 简述列车驾驶模式。
5. 简述 ATP 子系统的主要功能。
6. 简述 ATP 轨旁子系统的组成。
7. 简述 ATO 子系统的组成及主要功能。
8. 简述 ATS 子系统的主要功能。

第八章　城市轨道交通通信系统

【知识要点】

- 了解城市轨道交通通信系统的作用及分类。
- 熟悉闭路电视监控系统的作用和组成。
- 熟悉城市轨道交通广播系统的组成及结构。
- 了解时钟系统的组网模式及其特点。
- 了解有线电话系统在城市轨道交通中的作用及分类。
- 了解城市轨道交通无线集群调度通信系统的组成、功能和分组方案。
- 了解乘客信息系统的构成、功能以及功能的实现方式。
- 了解 UPS 的功能及工作原理，熟悉蓄电池的主要性能指标。

第一节　认识城市轨道交通通信系统

城市轨道交通通信系统是城市轨道交通运营生产的基础，是保证行车安全、提高运营效率、提升运营服务质量的重要设施。在科学技术迅速发展的时代，具有现代化特征的专业通信网，是城市轨道交通的重要标志之一。

一、城市轨道交通通信系统的作用

城市轨道交通通信系统与信号系统共同完成行车调度指挥，并为城市轨道交通的其他各子系统提供信息传输通道和时标（标准时间）信号。此外，城市轨道交通通信系统是城市轨道交通内部公务联络的主要通道，它将城市轨道交通内部的各个子系统紧密联系在一起，提高整个系统的运行效率。当然，城市轨道交通通信系统也是城市轨道交通内、外联系的通道。

在发生灾害、事故或恐怖活动的情况下，城市轨道交通通信系统是进行应急处理、抢险救灾和反恐的主要手段。越是在发生事故、灾害或恐怖活动时，越是需要通信联系，但若在常规通信系统之外再设置一套防灾救护通信系统，势必要增加投资，而且长期不使用的设备亦难以保持良好的运行状态。所以，在正常情况下，通信系统能为运营管理、指挥、监控等提供通信联络的手段，为乘客提供周密的服务；在突发灾害、事故或恐怖活动的情况下，能够集中通信资源，保证有足够的容量以满足应急处理、抢险救灾的特殊通信需求。

二、城市轨道交通对通信系统的要求

城市轨道交通对通信系统的要求是能够迅速、准确、可靠地传递和交换各种信息。

（1）对于行车组织，通信系统应能保证将各站的客流情况、工作状况、线路上各列车运行状况等信息准确、迅速地传输到控制中心。同时，将控制中心发布的调度指挥命令与控制信号及时、可靠地传送至各个车站及行进中的列车上。

（2）对于城轨运行的组织管理，通信系统应能保证各部门之间、上下级之间保持畅通、有效、可靠的信息交流与联系。

（3）通信系统应能保证本系统与外部系统之间便捷、畅通的联系。

（4）通信系统主要设备和模块应具有自检功能，并采取适当的冗余配置，故障时能自动切换和报警，控制中心可监测和采集各车站设备运行和检测的结果。

三、通信系统的模型

通信系统可将信息从发信者传递给另一时空点的接收者，它可抽象概括为图 8-1 所示的基本模型图。整个流程由信源、发送变换器、信道（或传输介质）、接收变换器和信宿（收信者）五部分组成。

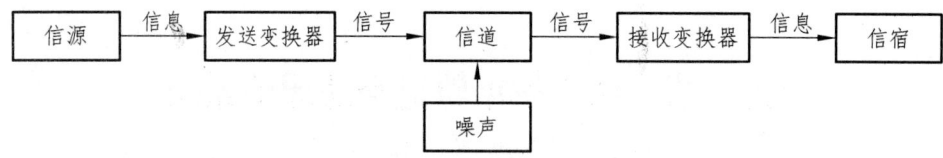

图 8-1 通信系统的基本模型图

（一）信源和信宿

信源是信息的产生或形成者，信宿是信息的接收者。根据信源所产生信号的性质不同，信源可分为模拟信源和离散信源。

（1）模拟信源：输出幅度连续的模拟信号，如电话机、电视摄像机等。

（2）离散信源：输出离散符号序列或文字，如电传机、计算机等。

提示：模拟信源通过抽样和量化可转换成离散信源。

（二）发送变换器

发送变换器的基本功能是将信源和传输介质匹配起来，将信源产生的消息信号变换为利于传送的信号形式，送往传输介质。发送变换器为满足某些特殊需求，可对信源进行处理，如多路复用、保密处理、纠错编码处理等。

（三）信　道

信道是指信号的传输通道，目前有狭义信道和广义信道两种定义方法。

（1）狭义信道：是指信号的传输介质，其范围包括从发送设备到接收设备之间的介质，如架空明线、电缆、光导纤维、传输电磁波的自由空间等。本书所提及的信道一般指狭义信道。

（2）广义信道：是指消息的传输介质。除包括上述信号的传输介质外，还包括各种信号的转换设备，如发送、接收设备，调制、解调设备等。

信号经过信道传送到接收变换器。传输介质既可以是有线，也可以是无线，二者都有多种物理传输介质。在信号传输过程中，必然会引入发送变换器、接收变换器和传输介质的热噪声及各种干扰和衰落，即信号在信道中传输时，会产生信道噪声。

（四）接收变换器

接收变换器的主要作用是将来自信道的、带有干扰的发送信号加以处理，并从中提取原始信息，完成发送变换过程的逆变换，如解调和译码等。

四、通信系统的组成

通信系统是实现信息传输、交换的所有通信设备连接起来的整体，它由终端设备、传输设备和交换设备三大要素构成。

（一）终端设备

终端设备是通信网的外围设备，一般供用户使用。它的主要功能是将用户发出的各种信息（如声音、数据、图像等）变换为适合在信道上传输的电信号，以完成信息发送；或者反之，将对方经信道送来的电信号变换为用户可识别的信息，完成信息接收。终端设备的种类有很多，如普通电话机、移动电话机、电报终端、计算机终端、数据终端传真机、可视图文终端等。

（二）传输设备

传输设备是传输信息的通道，也称为通信链路。传输设备包括传输介质和延长传输距离及改善传输质量的相关设备，其功能是将携带信息的电磁波信号从发出地点传送到目的地点。传输设备将终端设备和交换设备连接起来，形成网络。

按传输介质不同，传输设备可分为有线传输和无线传输两大类。有线传输包括明线、双绞线、同轴电缆、光纤等，如图 8-2 所示；无线传输包括长波、短波、超短波和微波等，如图 8-3 所示。

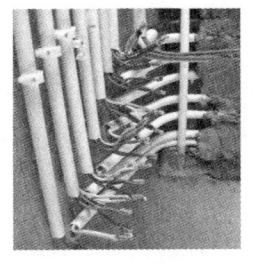
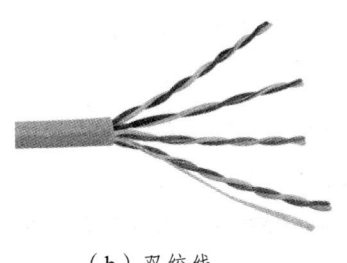

（a）明线　　　　　　　　　　　　（b）双绞线

（c）同轴电缆

（d）光纤

图 8-2　有线传输介质

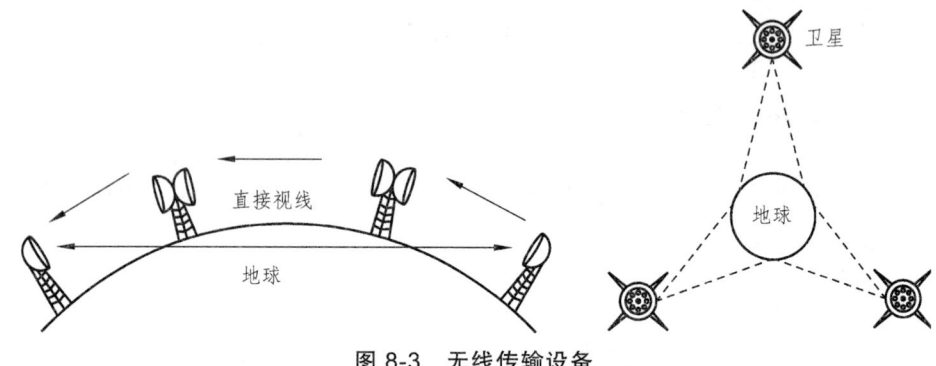

图 8-3　无线传输设备

（三）交换设备

交换设备是通信网络的核心，起着组网的关键作用。交换设备的基本功能是对所接入的链路进行汇集、接续和分配。不同的业务（如话音、数据、图像通信等）对交换设备的要求各不相同。例如，电话业务网要求交换设备性能实时性强，因此目前电话业务网主要采用直接接续通话电路的电路交换方式。计算机通信的数据业务，由于数据终端或计算机可有各种不同的速率，为了提高链路利用率，可将流入信息流进行分组、存储，然后再转发到所需链路上去，这种方式叫作分组交换方式。分组数据交换机就是按这种方式进行交换，这种方式能比较高效地利用传输链路。

五、城市轨道交通通信系统分类

（一）按业务分类

1. 专用通信

专用通信是供系统内部组织与管理所使用的通信网络，包括行车、电力、维修、公安和防灾调度，以及站内、区间、相邻车站的通信。平时，专用通信主要用于直接组织、指挥列车运行；紧急情况下，可进行应急调度指挥，是城市轨道交通中最重要的业务通信网。

2. 公务电话通信

公务电话通信是城市轨道交通内部的电话网，相当于企业总机。供一般公务联络使用，并提供与外界通信网的连接。

3. 有线广播通信

有线广播通信是城市轨道交通运行组织的辅助通信网。平时，向乘客报告列车运行信息，播放音乐；在紧急情况下，可进行应急指挥和引导乘客疏散。

4. 闭路电视

闭路电视是城市轨道交通的现场监控系统，用以监视车站各部位、客流情况及列车停靠、车门开闭和启动状况；在紧急情况下，用以实时监视事故现场。

5. 无线通信

无线通信提供对位置不固定的相关业务工作人员以及列车司机的通信联络，作为固定设置的有线通信网的强有力的补充。

6. 其他通信

（1）时钟系统：使整个系统在统一的时间下运转。

（2）会议通信系统：提供高效的远程集中会议通信，如电话会议、可视电话会议等。

（3）数据通信系统：用以传送文件和数据。

（二）按传输媒介分类

城轨通信按传输媒介可分为有线通信和无线通信。

1. 有线通信

有线通信的传输媒介为光缆、电缆。有线通信包括：光纤传输、程控交换、广播、闭路电视等。

2. 无线通信

无线通信利用空间电磁波进行传输。无线通信包括：无线集群通信、无线局域网（WLAN）、移动电视和公众移动通信网等。

（三）按通信网的拓扑结构分类

按拓扑结构不同，通信网可分为网型网、星形网、复合网、环形网、总线型网等，如图8-4所示。

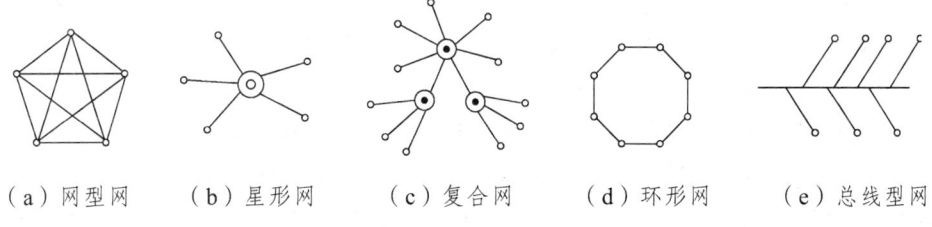

（a）网型网　（b）星形网　（c）复合网　（d）环形网　（e）总线型网

图 8-4　通信网拓扑结构

1. 网型网

网型网任何一个站点都与其他站点直接互连，构成网状网络。这种网络的冗余度较大，其网络的接续质量和网络稳定性好，但传输线路的利用率低，不经济。

2. 星形网

星形网中央结点到各站点之间呈辐射状连接。星型网络中任何单个的故障只影响其本身，不会影响整个网络。但当中央结点的设备能力不足或发生故障时，将会对网络的接续质量和稳定性产生影响。

3. 复合网

复合网由网型网和星形网复合而成，它是以星形网为基础，并在通信量较大的区间构成网型网结构。

4. 环形网

环形网站点与站点之间首尾相接，形成一个环，数据只能沿单方向传输。它能保证站点访问的公平性，但站点故障会引起全网故障。

5. 总线型网

总线型网所有的站点都连接在同一根传输线，即"总线"上，网络结构简单，易扩充，但故障检测较困难。

第二节　城市轨道交通通信系统的组成

城市轨道交通通信系统主要由下列子系统组成：传输系统、公务电话系统、专用电话系统、无线集群通信系统、闭路电视监控系统、有线广播系统、时钟系统、乘客导乘信息系统、通信电源和接地系统。

一、传输系统

城市轨道交通的传输网是城市轨道交通通信网的基础。城市轨道交通传输网要求具有高可靠性和丰富的业务接口。

城市轨道交通传输网的低层一般采用 SDH 光纤自愈环路，在光纤切断或故障时能自动进行业务切换，故具有很高的可靠性。

传输业务的多样性是城市轨道交通传输系统的主要特点。所传输的业务包括：电话（窄带音频）、广播（宽带音频）、城市轨道交通信号（中/低速数据）、视频（高速数据）等业务。

在城域网（MAN）中，传输网按其功能划分为骨干层、汇聚层与接入层。而在城市轨道交通通信网中，传输网按其功能可分为骨干层与汇聚接入层。

城市轨道交通传输网分为城市轨道交通专用传输网和民用（GSM、CDMA 接入）传输网，这是两个完全隔离的网。在城市轨道交通专用传输网中具体传送的信息为：调度电话、广播、公务电话、集群无线基站的 2 Mb/s 的数字链路；RS-232、RS-422、RS-85 接口点对点低速电路数据业务；10/100/1 000 Mb/s 的以太网业务；ATM 业务。

二、公务电话系统

城市轨道交通的公务电话相当于企业总机，采用通用的程控数字用户交换机组网，并通过中继线路接入当地市话网。一般情况下，中心交换机安装在控制中心和车辆段，而在各车站配置车站交换机或中心交换机的远端模块。中心交换机与车站交换机之间通过城市轨道交通专用传输网进行点对点的连接。为减少城市轨道交通通信设备的类型，目前城市轨道交通多数采用具有调度功能的交换机组成公务电话网。

三、专用电话系统

专用电话系统包括：调度、站内、站间和区间（轨旁）电话子系统（见图 8-5）。

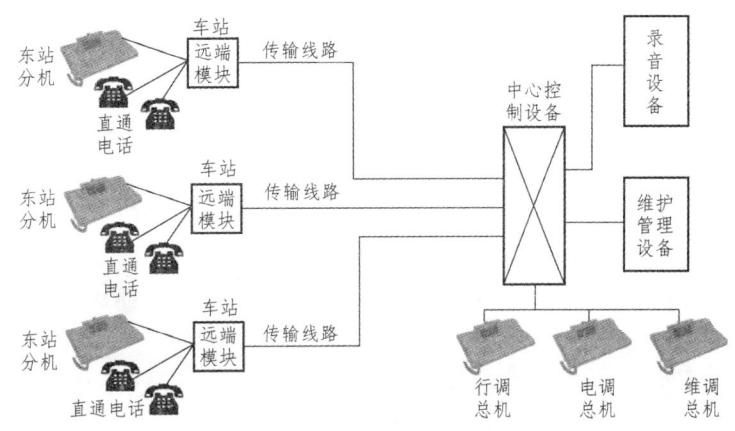

图 8-5　专用电话系统

（1）城市轨道交通的调度电话子系统主要包括调度总机、调度台和调度分机三部分，并通过传输系统或通信电缆相连接。在控制中心安装有调度机或交换/调度机作为调度总机，为调度人员提供专用直达通信服务。一般在城市轨道交通中设有行车调度、电力调度、维修调度、环控调度、公安调度的（虚拟）调度专网和调度台（其中行车调度专网设 2 个调度台）。调度台应具有选呼、组呼、群呼、强插、强拆、会议、应急处理等特定功能。调度分机安装在控制中心、车辆段以及各车站。调度台可单键直接呼叫分机；分机呼叫调度台分为一般与紧急两类呼叫。

（2）站内的公务电话交换机具有热线功能，在提供公务电话业务的同时，亦可提供站内、站间和区间（轨旁）电话业务。站内电话子系统由车站公务电话交换机、车站值班台（主机）和电话分机组成。

（3）站间电话可为车站值班员与相邻车站的车站值班员提供直达通信服务，也可以接入公务电话网。

（4）区间电话通过站内电话子系统连接邻站的车站值班台或接入公务电话网，为隧道内的维修人员提供通信服务。

四、闭路电视监控系统（CCTV）

闭路电视监控系统（见图 8-6）为控制中心调度管理人员、车站值班员、列车司机及站台监视亭值班员等对车站的站厅、站台、出入口等主要区域提供监视服务。

控制中心的行车调度员实时监视全线各车站的情况。车站的车站值班员能够实时监视本站情况。列车司机能在驾驶室看到乘客上下车的情况（站台与列车间用无线传送视频信号）。

监视画面要求具有 DVD 质量。采用控制中心和车站两级互相独立的监控方式，平常以车站值班员控制为主，控制中心调度员可任意选择上调各车站的各摄像头的监视画面。在紧急情况下则转换为以控制中心调度员控制。出于安全与事故取证要求，车站和控制中心的 CCTV 设备还应具有录像功能。

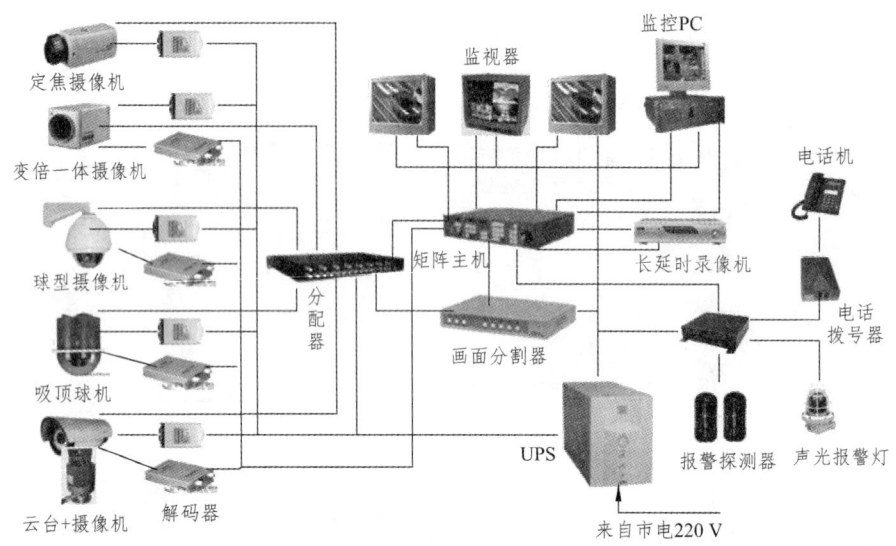

图 8-6　CCTV 系统示意图

城市轨道交通的闭路电视监控系统有模拟、数字和网络三种组网方式。

（1）在模拟闭路电视网络中，摄像头与监视器之间传输的是模拟视频信号，图像的切换和分割由硬件（视频矩阵和图像分割设备）完成。各车站将模拟视频信号传送至控制中心，采用点对点的模拟光纤传输。

（2）在数字闭路电视网络中，车站和控制中心仍以模拟组网，与模拟闭路电视的区别仅在于：各车站与控制中心之间利用城市轨道交通传输网传送视频信号。因城市轨道交通传输网只能传输数字信号，为了将模拟视频信号从站点传到控制中心，需要经过编解码器进行模/数与数/模转换。在传输网采用 MSTP 技术后，目前亦有将模拟视频信号经压缩编码、成帧后，利用城市轨道交通传输网的分组数据通道以总线方式传送视频信号，其主要优点为可以按需动态分配带宽。

（3）在网络闭路电视网络中，带有编码器的网络摄像头和带有解码器的数字监视器以及数字录像硬盘均接入站点的 ATM 局域网，监视器可根据摄像头的 IP 地址调看图像；并用软件进行图像分割，从而省略了视频矩阵和图像分割等硬设备。各站点局域网与控制中心局域网通过城市轨道交通传输系统互联成广域网，控制中心可以根据摄像头 IP 地址直接选调全线各摄像点的监控画面。

五、有线广播系统（PA）

有线广播系统由正线广播和车辆段广播两个独立的系统组成（见图 8-7）。

正线广播又分成控制中心广播和车站广播两级，该系统为控制中心调度员、车站值班员、车辆段值班员提供对相应区域进行有线广播，同时也为控制中心大楼提供广播功能。

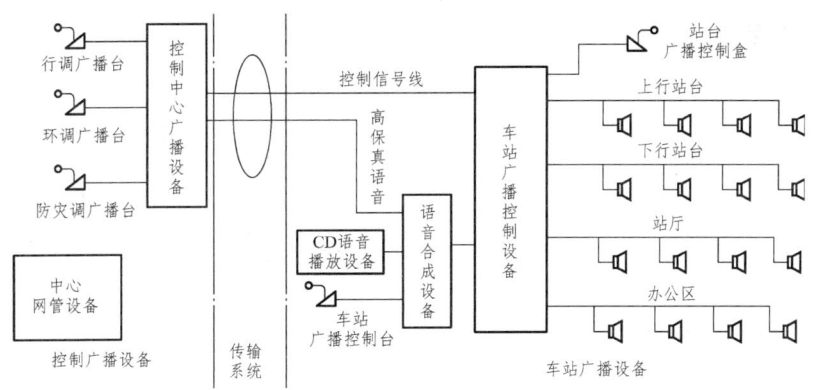

图 8-7 有线广播系统组成

有线广播系统分为自动和人工广播，具有相应的选择功能及优先级功能，采用车站和控制中心两级控制方式。平时以车站广播为主，控制中心可以插入；但在紧急情况下，则以控制中心广播为主。

六、时钟系统

时钟系统是为保证轨道交通运营准时、服务乘客、统一全线设备标准时间而设置的。城市轨道交通的两类时钟系统均同步于美国 GPS（俄罗斯格林纳斯、欧洲伽利略、中国北斗一号作备用）或 CCTV 时间信息。

其中提供时间信息的时钟系统分为一级母钟系统与二级母钟系统，一级母钟系统安装在控制中心，二级母钟系统安装在各车站、车辆段的通信机房内，用以驱动分布在站内及车辆段的各子钟以显示正确的时间，同时为通信设备提供基准频率（见图 8-8）。

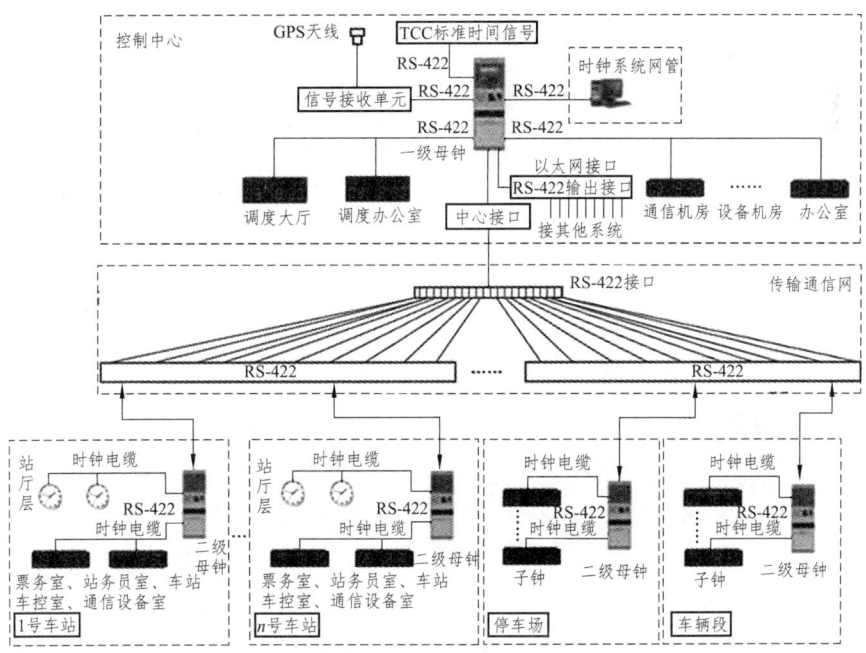

图 8-8 时钟系统组网示意图

七、乘客导乘信息系统（PIS）

乘客导乘信息系统与城市轨道交通信号系统相连接。PIS 的主要功能是及时为车站和列车上的乘客提供列车导乘信息，同时也可提供诸如时间、天气预报、新闻及广告等其他信息。

为了在列车上提供实时的导乘信息、新闻、赛事等，可以在城市轨道交通中建设符合我国数字电视地面广播标准（DMB—TH）的移动数字电视系统。

八、通信电源和接地系统

城轨通信的电源系统必须是供电设备独立、并具有集中监控管理的系统。通信电源系统应保证对通信设备不间断、无瞬变地供电，满足通信设备对电源的要求。

城市轨道交通通信设备应按一级负荷供电。由变电所引接双电源双回线路的交流电源至通信机房交流配电屏，当使用中的一路出现故障时，应能自动切换至另一路。

对要求直流供电的通信设备采用集中方式供电。直流供电系统由直流配电盘、高频开关型整流模块、直流变换器、逆变器、阀控式密闭铅蓄电池组等组成，并应具有遥信、遥测、遥控功能和标准的接口及通信协议。

对要求交流不间断供电的通信设备，可根据负荷容量确定采用逆变器供电或交流不间断电源（UPS）供电方式。

通信设备的接地系统设计应确保人身、通信设备安全和通信设备的正常工作。城市轨道交通车站根据条件可采用合设接地方式，也可采用分设接地方式。分设接地方式由接地体、接地引入线、地线盘及室内接地配线组成。图 8-9 所示为电源系统部分设备的实物图。

（a）交流配电柜

（b）高频开关直流柜

（c）不间断供电设备

（d）蓄电池组

图 8-9　电源系统的组成设备

第三节 认识闭路电视监控系统

一、闭路电视监控系统的作用

闭路电视监控系统是安全技术防范体系中的一个重要组成部分，是一种先进的、防范能力强的综合系统。在城市轨道交通中，闭路电视（Closed Circuit TV，CCTV）监控系统是保证城市轨道交通各车站安全运行的重要手段，它可对各车站主要生产装置、设施、关键设备及重要部位进行全面直观、实时的安全监视，其主要作用如下：

（1）为控制中心调度员、各车站值班员、公安值班人员等提供有关列车运行、旅客疏导、防灾救火、突发事件等现场视频信息。

（2）为调度中心一级行车管理人员（行车调度员、环控调度员、公安值班员、值班主任等）提供各站台区行车情况以及站厅区旅客流向的图像信息。

（3）为车站行车值班员提供本站列车停靠、启动、车门开闭以及售票机、闸机出入口等处的现场实时图像信息。

（4）为列车驾驶员和站台工作人员提供相应站台旅客上下列车的图像信息。

二、闭路电视监控系统的组成

如图 8-10 所示，闭路电视监控系统主要由摄像部分、传输部分、控制部分以及图像处理显示和记录设备等组成。

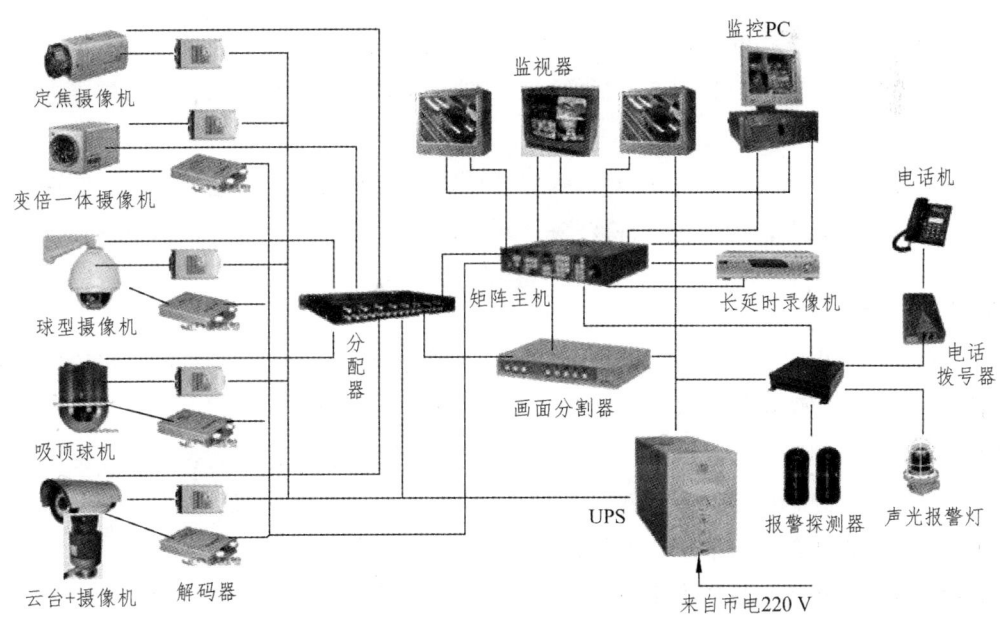

图 8-10　闭路电视监控系统

（一）摄像部分

摄像部分是闭路电视监控系统的前沿部分，是整个系统的"眼睛"。它常布置在被监视场所的某一位置上，并使其视角能覆盖整个被监视区域。摄像部分将监视内容变为图像信号，传送至控制中心监视器。

城市轨道交通闭路电视监控系统中，常用的摄像机有半球摄像机、云台摄像机、一体化摄像机、枪型摄像机、红外摄像机等。其中，球形摄像机没有角度限制，可以看到摄像头覆盖的全部场景；云台摄像机通过控制云台角度，可改变摄像范围；一体化摄像机镜头与摄像机为一体，不可拆卸镜头；枪型摄像机的摄像头可更换；红外摄像机在摄像头前加装红外灯，可用于夜间拍摄。

（二）传输部分

传输部分是指系统图像信号传送的通路。一般来说，传输部分单指传输图像信号。由于某些系统中除图像外，还要传输声音信号，有时需要由控制中心通过控制台对摄像机、镜头、云台、防护罩等进行控制，因而传输系统还包含控制信号传输。

图像信号的传输应保证图像信号经过传输系统后，不产生明显的噪声、失真，保证原始图像信号的清晰度和灰度等级没有明显下降。这就要求传输系统在衰减、引入噪声以及幅频特性和相频特性方面都有良好的性能。

提示：在传输方式上，目前闭路电视监控系统常采用视频基带传输方式。若摄像机距离控制中心较远，可采用射频传输方式或光纤传输方式。

（三）控制部分

控制部分是整个系统的指挥中心，它的主要功能是视频信号放大与分配、图像信号的校正与补偿、图像信号的切换和记录、摄像机及其辅助部件（如镜头、云台、防护罩等）的控制等。

控制部分能遥控摄像机、镜头、云台、防护罩等，从而完成对被监视场所的监视。控制部分一般设有录像设备，可以随时将被监视场所的图像记录下来，便于事后备查。

（四）显示部分

显示部分一般由多台监视器、监视屏幕或计算机显示器组成，它的功能是将传送过来的图像显示出来。在闭路电视监视系统中，尤其是由多台摄像机组成的闭路电视控系统中，一般都不是一台监视器对应一台摄像机进行显示，而是一台监视器轮流切换显示几台摄像机的图像信号。这样既能节省设备，又能减少空间占用。在一般的系统中，通常都采用4：1、8：1、甚至16：1的摄像机与监视器的比例数，来设置监视器的数量。

提示：当某个被监视场所发生情况时，可通过切换器将这一路信号切换到某一台监视器上一直显示，并通过控制台对其遥控、跟踪记录。

三、闭路电视监控系统在城市轨道交通中的应用

在城市轨道交通中，闭路电视监控系统一般分为以下三部分：行车指挥用监控系统，用于指挥行车及控制客流，监控场所包括车站站厅、站台、车站轨道等；消防楼宇监控系统，用于消防楼宇监控，监控场所包括轨道交通企业安装重要设施的场所；公安安防系统，为公安人员提供车站视频信息，一般用于处理纠纷、事故等情况，监控场所包括地铁进入车站内的通道、站厅、站台等。

（一）行车指挥用监控系统

行车指挥用监控系统提供城市轨道交通车站内站厅、站台、轨道上列车停靠、启动、车门开关，客流等与行车有关的现场图像信息，以确保城市轨道交通系统正常运行。使用此监控系统的人员有车站值班人员、列车驾驶员、控制中心调度人员等。

行车指挥用监控系统包括车站设备、控制中心设备以及传输设备三部分。

1. 车站设备

车站监控系统主要为车站值班员提供本车站内站厅、站台客流图像及轨道上列车图像信息，并进行录像，同时将图像上传到控制中心和公安视频监控中心。

车站监控系统由前端摄像机、解码器、视频矩阵、视频分配器、字符发生器、控制台、硬盘存储设备、监视屏幕设备及传输设备组成。

2. 控制中心设备

控制中心监控系统为控制中心行调、环调、总调度员等提供车站的图像信息，用于控制中心调度人员指挥行车及应急抢险。

控制中心监控系统主要包括监视屏幕墙、系统服务器、视频切换设备、操作台、控制接口转换设备等。

3. 传输设备

传输设备将车站视频信号和控制信号传送到控制中心。本地传输一般直接用电缆连接即可实现，而控制中心与车站距离一般较远，需要相应的传输设备实现视频和控制信号的传送。

在车站，分配器输出的视频信号和控制信号经转换设备转换成相应传输设备所需的接口数据后，经传输设备传送到控制中心，控制中心传输设备再将接收的信号转换成视频信号送到视频矩阵及控制信号接口。

提示：公安安防系统设备组成与行车调度指挥系统相同。

（二）消防楼宇监控系统

消防楼宇监控系统一般设置在轨道交通企业的重要设施内，如控制中心、车辆段、停车厂等地，由前端摄像机、控制主机、视频切换、视频分配、硬盘录像、监视设备等组成。它的主要功能是进行楼宇内的安防及消防，一般与消防系统有联动功能。消防楼宇系统的摄像机一般安装在楼道、出入口及重要的设备机房。消防楼宇监控系统一般单独组网，视频图像只上传到本地监视器和硬盘录像设备。

提示:

(1)闭路电视监控系统在下列场所应设监视摄像机:售检票大厅、乘客集散厅、上下行站台、自动扶梯等公共场所,以及设置消防设备及变电设备的地方。

(2)地铁闭路电视监控系统应在控制中心行车调度员、防灾调度员、车站行车值班员、车站防灾值班员等处设置控制、监视装置。在上下行站台列车停车位设置监视装置。

第四节 认识广播系统

在城市轨道交通中,广播系统可用于对乘客进行广播,通知列车到站、离站、线路换乘、时刻表变化、列车晚点、安全状况等信息;也可对运营人员进行广播,发布有关通知信息,便于协同配合工作,提高服务质量。当遇突发事故或紧急情况时,作为事故抢险、组织指挥的防灾广播,可对乘客进行及时有效的疏导和指引,提高应急响应能力。

一、广播系统的组成和分类

(一)广播系统的组成

广播系统又称扩声音响系统,它能将语音信息通过扩声系统发送,并重现声音。广播系统主要由音源、音频放大器、扬声器系统组成,如图8-11所示。音响效果既与系统配置有关,也与播放环境有关。

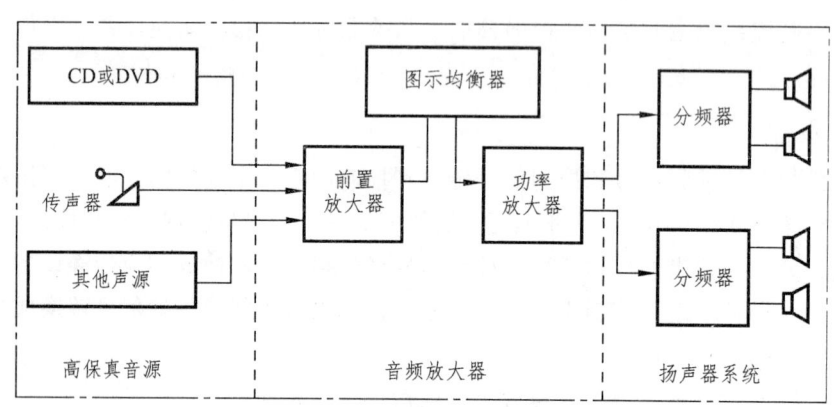

图8-11 广播系统示意图

1.高保真音源

高保真音源设备使广播系统能够重现原始声音和原始声场。常见的高保真音源设备有传声器、CD播放机、DVD播放机、MP3播放机等。

2.音频放大器

音频放大器是广播系统的主体,它包括前置放大器(见图8-12)和功率放大器(见图8-13)

两部分，必要时可插入均衡器（见图 8-14）。音频放大器可对音频信号进行处理和放大，并用足够的功率去推动扬声器系统发声。

图 8-12　前置音频放大器

图 8-13　功率放大器

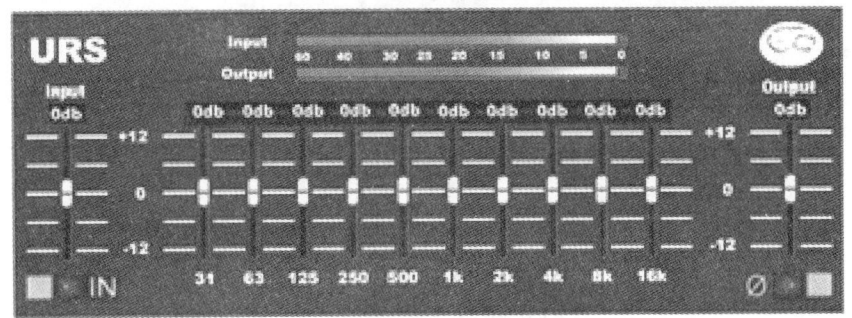

图 8-14　均衡器

3. 扬声器系统

扬声器系统能将功率放大器输出的音频信号分频段、不失真地还原成原始声音。扬声器系统由扬声器、分频器和箱体三部分组成，如图 8-15 所示。

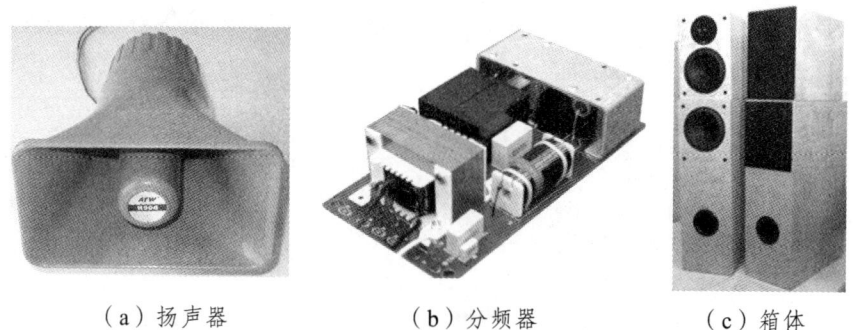

(a)扬声器　　　　　　(b)分频器　　　　　(c)箱体

图 8-15　扬声器系统

(二) 广播系统的分类

按安装方式不同,广播系统可分为流动演出广播和固定广播。
按使用场所不同,广播系统可分为公共广播、会议广播和车载广播。
按安装位置不同,广播系统可分为室内广播和室外广播。

二、城市轨道交通广播系统的结构

在城市轨道交通中,广播系统由车站(含中心)广播系统和车辆段广播系统组成。

(一) 车站(含中心)广播系统的构成和播放信息

车站(含中心)广播系统主要用于向运营管理人员、维护人员播发相关公务信息;向乘客广播各种公告信息,包括列车运营信息、乘客服务信息等,同时兼做灾害事故发生时的应急广播。

1. 车站(含中心)广播系统的构成

车站广播设备由广播控制盒(含信源)、综合控制装置、功放立柜、站台插播盒、音量回授控制设备以及扬声器等组成,如图 8-16 所示。

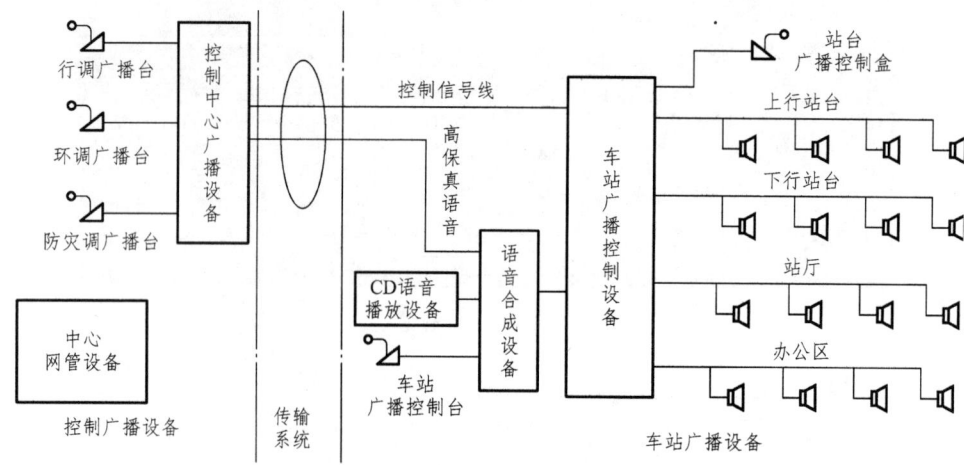

图 8-16　车站广播系统构成

车站广播系统采用车站和控制中心（OCC）两级控制方式。正常情况下，控制中心为一级、各车站为二级，可实现人工和自动方式广播。应急时根据"就近原则"，站台、车站广播具有优先权。控制中心为一级中心，又分为环控调度和行车调度两级，其中环控为一级调度，行调为二级调度，可视具体情况扩展其他调度广播权。由于广播权限优先级与运营管理规定有关，故各种优先权的设置可以根据需要调整。

2. 车站（含中心）广播系统的播放信息

控制中心可向各车站发送各种广播信息，可以单选、组选、全选任意车站的任意广播区域进行广播；控制中心在进行广播的同时，可以同步录音，并记录广播的日期和时间；控制中心广播控制设备可预设常用的广播内容，以便于中心人员广播。

车站广播用于向本站乘客提供列车停靠、进出站信息、安全提示、导向、音乐以及向工作人员播发通知等。

（二）车辆段广播系统的构成

车辆段广播是为段内运转值班员向辖区进行作业指挥而独立设置的广播系统。车辆段广播系统既可是独立的系统，也可根据需要纳入车站（含中心）广播系统。车辆段广播设备由广播控制盒（含话筒）、功放、控制立柜以及扬声器和现场的语音插播盒等设备组成。广播控制盒（含话筒）常设于车辆段信号楼值班员、运转值班员和停车列检库值班员处。

三、城市轨道交通车载广播系统

在城市轨道交通系统中，按设备安装地点不同，广播系统可分为地面广播和车载广播两部分。地面广播信息可由控制中心广播台发出，也可由车站值班员发出。车载广播可为乘客发布到站信息、播放背景音乐，紧急情况下可向乘客播放各类重要信息。

车载广播系统有两种模式：一种是为地面上行驶列车设计；另一种是为隧道内行驶列车设计。

（一）地面列车车载广播系统

当列车行驶在地面时，车上可接收到 GPS 定位信号，车载广播一般采用 GPS 接收机定位触发，实现自动广播。如图 8-17 所示，地面列车车载广播系统主要由 GPS 接收机、车载广播控制设备、车厢扬声器系统组成。

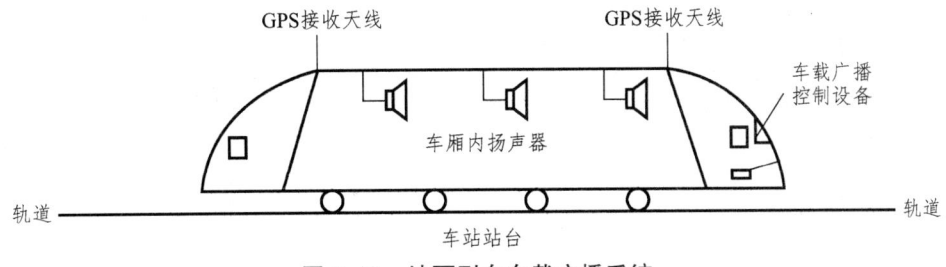

图 8-17 地面列车车载广播系统

（二）隧道列车车载广播系统

地铁内的列车一般行驶在隧道内，无法接收 GPS 定位信息，需要通过轨道电路触发设备来实现自动播发广播信息的功能。如图 8-18 所示，隧道列车车载广播系统主要由轨道电路触发设备、车载接收设备、车载广播控制设备、车厢扬声器系统组成。

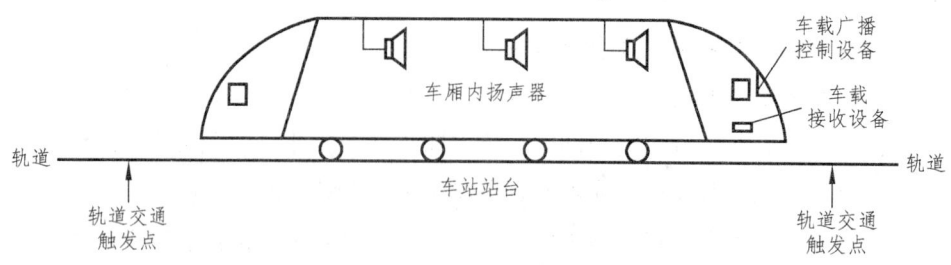

图 8-18 隧道列车车载广播系统

四、城市轨道交通的广播内容

广播以及时准确引导乘客安全、快捷乘坐轨道交通为原则。广播要根据监控 CCTV 或站厅岗的报告，观察、分析和掌握站台、站厅、扶梯、出入口的乘客实时动态，选择适当的时机，确定广播内容和广播区域。当无恰当的录音时，人工广播要先组织好语言，再进行播放。广播过程中，严禁突然中断，严禁广播与运营服务无关的内容。

车站广播内容包括安全广播、末班车广播、非正常情况下广播和其他广播。

（一）安全广播

（1）候车广播："乘客，您好！为了您的安全，请站在黄线以内候车，谢谢合作！"

（2）列车进站广播："乘客，您好！列车即将进站，请注意安全，站在黄线以内候车。上下列车时，请先下后上，注意站台与列车之间的空隙。谢谢合作！"

（3）列车关闭车门广播："乘客，您好！车门即将关闭，请不要越出黄线，不要手扶车门，谨防夹伤，谢谢合作！"

（4）雨天广播："乘客，您好！由于天气原因，地面和楼梯较滑，请大家在行走、上下楼梯时注意安全，以免滑倒摔伤。"

（二）末班车广播

（1）末班车出发预报广播："乘客请注意，开往××方向的末班车即将出发，请抓紧时间上车。"

（2）停止购票进站广播："乘客请注意，今天的列车服务已经结束，请停止购票进站。"

（3）关站广播："乘客请注意，今天的列车服务已经结束，车站即将关闭，请尽快出站，感谢您乘坐本次列车，欢迎下次光临。"

（三）非正常情况下广播

（1）险情疏导广播："乘客请注意，因车站发生险情，可能危及您的人身安全，请听从工作人员指引，尽快离开车站。谢谢合作！"

（2）列车故障清客广播："乘客请注意，本趟开往××方向的列车因故需要退出服务，请耐心等候下一趟列车。赶时间的乘客，请改乘其他交通工具。不便之处，敬请谅解！"

（3）列车延误广播："乘客请注意，开往××方向的列车因故延误，请耐心等候。赶时间的乘客，请改乘其他交通工具。"

（4）列车通过本站广播："乘客请注意，本趟开往××的列车因故在本站通过不停车，请大家注意安全，站在黄线以内，耐心等候下一趟列车，谢谢合作！"

（5）车站拥挤广播："乘客请注意，由于车站比较拥挤，请出站的乘客尽快出站，不要在站内逗留，谢谢合作！"

（6）自动售票机故障广播："乘客请注意，自动售票机因故暂停使用，请到售票窗口购票，谢谢合作！"

（四）其他广播

（1）安全广播："乘客，您好！为了您和他人的健康，请不要在车站内吸烟、吐痰和乱扔废弃物。如果您不慎有物品落入轨道，请不要自行拾取，请与工作人员联系，以免发生危险。"

（2）出闸广播："乘客，您好！出站时请将单程票投入右手侧闸机上方回收孔内，绿色指示灯亮后推杆出闸。"

（3）进闸广播："乘客，您好！进站检票时，请每人持一张车票放在右手侧闸机上方的绿色感应区内验票，绿色箭头亮后推杆进闸。乘车过程中请妥善保管车票，以免丢失。"

（4）自动扶梯安全广播："乘客，您好！为了您的安全，在乘坐自动扶梯时请站稳、扶好不要将身体倚靠在扶梯上；不要在扶梯上玩耍、逆行，以免发生危险。"

（5）购票须知广播："乘客，您好！单程票仅限本站使用，且当天有效，请不要提前购买车票，谢谢合作！"

提示：当无恰当的录音广播或者有其他紧急情况时，须进行人工广播。

第五节　认识时钟系统

城市轨道交通时钟系统是通信系统的一个基本组成部分，它为各系统提供一个统一的定时同步信号，使整个城市轨道交通系统执行统一的定时标准，确保通信系统及其他重要控制系统协调一致。

一、GPS时钟

（一）关于时间的基本概念

（1）时间频率标准源：一般有晶体钟、铷原子钟、氢原子钟、铯原子钟四种。其中，晶体钟会老化，易受外界环境变化影响，对时钟长期精度产生漂移影响；原子钟长期使用后也会产生偏差，需要定时校准。

（2）定时：指根据参考时间标准对本地钟进行校准的过程。

（3）授时：指采用适当的手段发播标准时间的过程。

（4）时间同步：指在母钟与子钟之间时间一致的过程，又称时间统一过程。

（5）守时：指将本地钟与已校准的标准时间保持下去的过程。

（二）GPS时钟的实现

时钟系统一般采用全球卫星定位系统（Globe Position System，GPS）标准时间信息。如图8-19所示，GPS时钟系统的基本工作流程为：GPS接收模块通过接收天线接收到GPS卫星信号，传送给微处理器计算出标准时钟，并将此时钟信息显示在液晶显示面板上；或通过外部接口（如串口或以太网口）传送给外部设备，为外部设备提供标准时钟信息。母钟采用GPS的时钟系统，可为城市轨道交通系统运营提供统一的时钟，精确度高，系统可自动校时，无须人工操作。

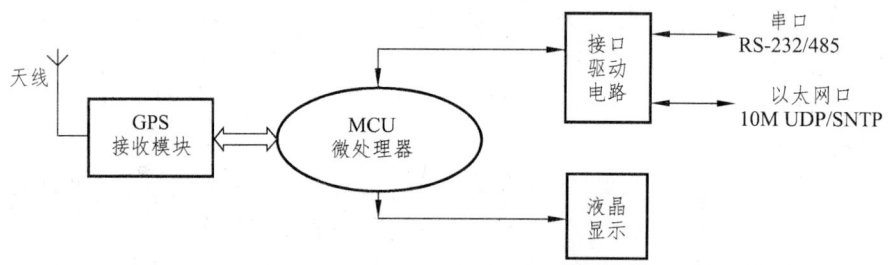

图8-19 GPS时钟系统工作流程

二、城市轨道交通时钟系统功能

（一）显示统一的标准时间信息

时钟系统提供全线统一的时间基准，由设置在全线各站、车厂的指针式和数字式子钟显示，为乘客和工作人员提供包括年、月、日、星期、时、分、秒等准确时间信息。

（二）向其他系统提供标准时间信号

时钟子系统在控制中心可向其他通信子系统、ATS自动信号系统、SCADA电力监控系统、FAS防灾报警系统、AFC自动售检票系统等相关系统设备提供准确、统一的时间信息，在全线执行统一的定时标准，为轨道交通行车指挥、列车运行、设备管理提供时间基准，确保通信系统以及其他重要控制系统协调同步。

三、城市轨道交通时钟系统组成

时钟系统由GPS卫星时间信号接收机、中心母钟（一级母钟）、二级母钟、子钟（时间显示单元）、网络管理维护监控终端、传输通道等组成。控制中心设备和车站/车辆段设备之间的信号传输依靠传输系统提供的低速数据传输通道完成，母钟与子钟间通过电缆连接。

（一）中心母钟

中心母钟也称一级母钟，设于控制中心，由主、备用时钟，时钟信号处理，产生及分配单元，监控终端等组成。主、备用时钟之间能够自动切换、互为备用，其频率稳定度应在 10^{-5} 以上。中心母钟的主要功能是作为基础主时钟系统，它能接收两种标准的时间信号：一种是 GPS 时钟作为主用时钟；另一种是接收 CCTV 时间信号，作为备用时钟。

（二）二级母钟

如图 8-20 所示，二级母钟设于各车站和车辆段，它定时接收一级母钟发送的时间编码信息，以消除累计误差。二级母钟本身具备振荡源，当一级母钟或传输通道发生故障时，仍可驱动子钟并告警；二级母钟还具备多路数字式及指针式输出接口。

 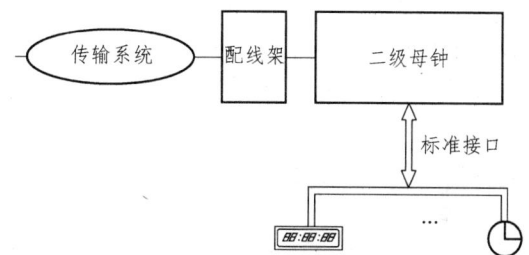

图 8-20 二级母钟

（三）子　钟

子钟安装于控制中心调度室、车站综合控制室、牵引变电所值班室、站厅及与行车有关的办公室等，为行车部门和乘客提供准确、统一的时间信息。子钟有数显式子钟和指针式子钟两种类型。

提示：站台设置有乘客信息显示屏，故不重复设置子钟。

（四）网络管理维护监控终端

网络管理维护监控终端设于控制中心，便于控制中心维护管理人员对全线时钟系统设备进行监控。

（五）传输通道及接口

一级母钟与二级母钟间的传输通道利用通信传输网络解决，接口暂定为 RS-422，分配给其他系统的时间信息接口暂定为 RS-422。二级母钟与子钟间通过电缆连接。

四、城市轨道交通时钟系统组网模式

城市轨道交通必须设置时钟系统以保证准时服务乘客、统一全线设备标准时间，它有两种组网模式。

（一）时钟系统单独组网模式

城市轨道交通中的时钟系统一般采用控制中心/车站两级组网方式：一级母钟接收来自 GPS 的标准时间信号校正本身晶振，产生稳定的标准时间信号，通过传输系统传给车站、车辆段、停车厂等的二级母钟；二级母钟接收一级母钟的标准时间信号，校正本身晶振，产生稳定标准时间信号，为乘客和工作人员提供统一时间。

一级母钟在控制中心还为其他系统提供统一的时间信号，使各系统的定时设备与时钟系统同步。

（二）与乘客信息系统混合组网模式

乘客信息系统的主要功能是通过文字、图像、声音等形式为进出车站的乘客提供列车到发信息，引导乘客快捷方便的乘车，并可为候车乘客提供新闻、广告、娱乐等信息服务。显示终端一般设在各车站站厅、站台。

时钟与乘客信息系统混合组网络模式为：保留各车站的二级母钟，取消站厅、站台内的子钟。一级母钟在控制中心为乘客信息系统提供时间信号或由车站二级母钟给车站乘客引导设备直接提供时间信号，由乘客信息系统在各车站站厅、站台的显示终端上以固定窗口的形式显示时钟信息，如图 8-21 所示。

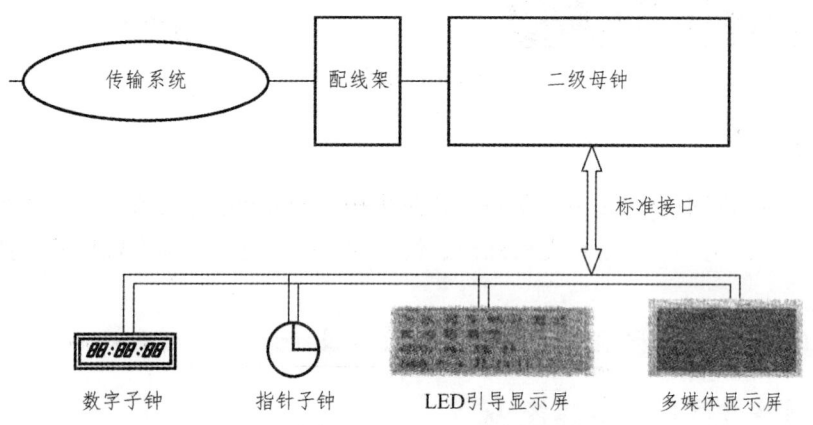

图 8-21　时钟与引导系统整合方案示意图

第六节　学习电话通信系统

有线电话系统主要是为城市轨道交通运营、管理及维护人员提供语音通信，它包括公务电话系统和专用电话系统。

公务电话系统主要用于轨道交通线内部一般公务通信，并与市话网及相关轨道交通线公务电话网相连。它一般由设在控制中心的程控交换机和设在各站的远程交换系统组成。在轨道交通线内部，各分机间可以直接拨号通话。若轨道交通内与公用电话网的用户间通话，则通过全自动或半自动的出入局呼叫进行。

专用电话系统包括调度、站内、站间和轨旁（区间）电话子系统。城市轨道交通调度电话子系统为城市轨道交通的调度人员（如行调、电调、维调、环调等）提供专用的单键直通电话，并具有单呼、组呼、全呼、会议、紧急呼叫、强拆、强插等特有功能。

提示：城市轨道交通调度电话子系统主要包括调度总机、调度台和调度分机三部分，它通过城市轨道交通专用传输系统或通信电缆相连接组成调度电话网。站内电话子系统由用户小交换机（或公务电话交换机远端模块）、车站值班台（主机）和电话分机组成。

一、公务电话系统

公务电话系统是为城市轨道交通系统内运营、管理、维修等各部门工作人员提供日常工作联系的手段，它是集语音、中低速数据、窄带图像为一体的交换网络，可提供系统内部用户之间、系统内部用户与公用电话网用户之间的电话联络，能将"119""110""120"等特种业务呼叫自动转移至公用电话网的"119""110""120"上。当专用通信系统出现重大故障时，公务通信系统可作为专用通信的应急通信手段。

（一）公务电话系统的组成

公务电话系统由程控数字交换机、自动电话及其附属设备组成。程控数字交换机宜设置在负荷集中、便于管理的地点，交换机间通过数字中继线相连。公务电话交换设备应具备综合业务数字网络（ISDN）功能。

1. 程控数字交换机

程控数字交换机如图 8-22 所示，是公务电话的核心，它的实质是一部由计算机软件控制的数字通信交换机，按用途可分为市话、长话和用户交换机。交换机在硬件上采用全模块化结构，提供高集成度、高可靠性、高功能、低成本的硬件产品；在软件上采用高级语言，具有多种为数据交换和连接而设计的系统软件，功能强大。

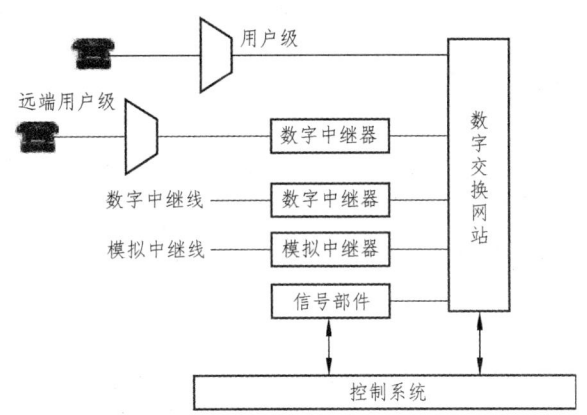

图 8-22　程控数字交换机的结构

2. 公务电话系统的组网模式

一般本地用户可直接与交换机相连，不需要外加设备。但对于轨道交通企业来说，公务交换系统服务于整个企业的沿线车站、段厂、控制中心等，覆盖范围一般在几千米到几十千米,各车站一般采用加装远端模块方式,如图 8-23 所示。通过 E1 中继链路将远端模块与交换机连接,车站电话再与远端模块相连。

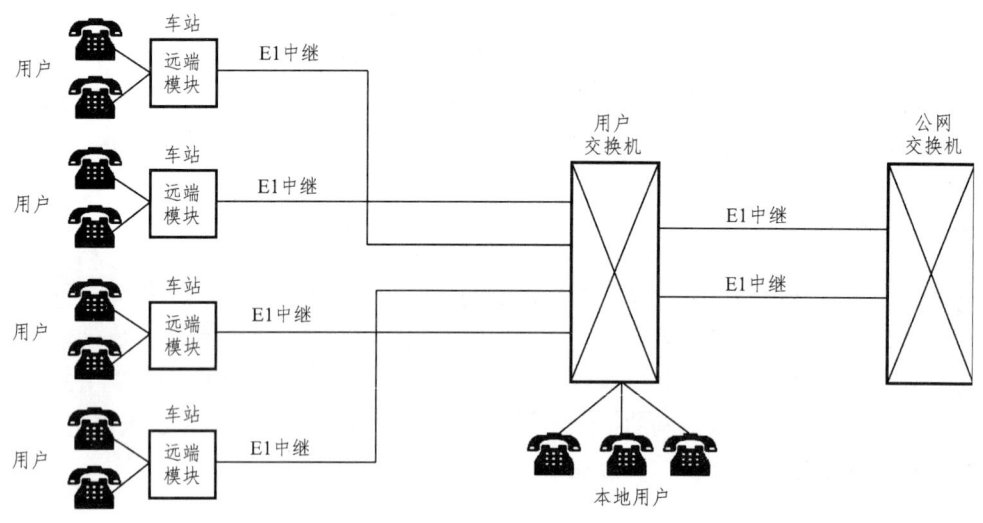

图 8-23 远端用户连接模式示意图

(二)公务电话系统的号码分配及功能

1. 公务电话系统的号码分配

城市轨道交通企业用户的电话号码分配方式有两种:一种是不与公网联系,号码可根据应用要求自行分配;另一种是与外网通过中继连接,需要电信局分配号码段,然后用户内部根据具体需求在此号码段中自行选择分配。

2. 公务电话系统的功能

公务电话功能主要包括缺席用户、缩位拨号、热线服务、呼出限制、闹钟服务、转移呼叫、遇忙回叫、免打扰服务、呼叫等待、三方通话、主叫号码显示等功能。

二、专用电话系统

专用电话系统主要为城市轨道交通运营及维修服务,是行车调度员和车站(车辆段)值班员指挥列车运行和维护人员指导使用人员操作设备的重要通信工具,是为列车运营、电力供应、日常维修、防灾救护提供指挥手段的专用有线通信系统。

(一)专用电话系统的组成

城市轨道交通专用电话系统包括调度通信、站场通信、站间通信、区间通信等。系统可为控制中心指挥人员(如行车调度员、维修调度员、电力调度员、环境报警调度员、防灾调度员等)提供专用直达通信,并且具有单呼、组呼、全呼、紧急呼叫和录音等功能。同时,它可为站内各有关部门提供与车站值班员之间的直达通话,车站值班员可以呼叫相邻车站的车站值班员。专用电话系统主要包括调度电话,站间行车电话,车站、车辆段、停车场内直通电话以及区间电话等,如图 8-24 所示。

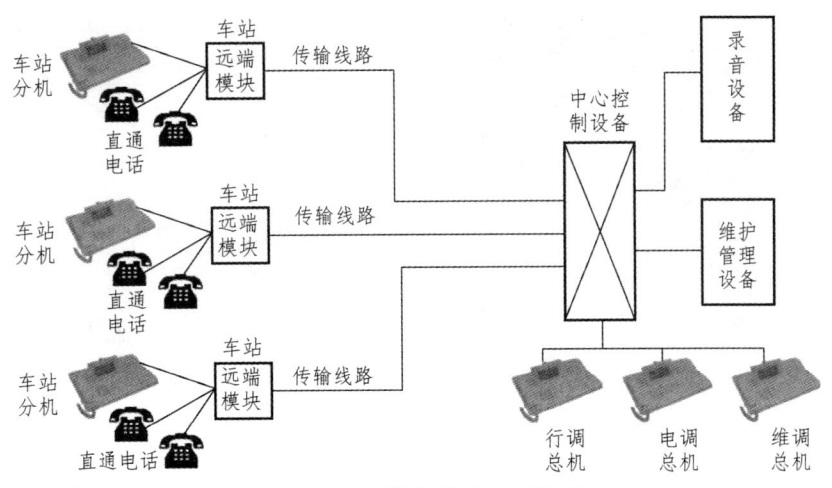

图 8-24 专用电话系统示意图

1. 调度通信

调度电话是为列车运营、电力供应、日常维护、防灾救护提供指挥手段的专用通信系统，要求迅速、直达，不允许与运营无关的其他用户接入该系统。

调度电话系统包括行车、电力、防灾、环境与设备监控系统等调度电话，它由中心调度专用主控设备，车站、车辆段、停车场专用主控设备，调度电话终端，调度电话分机及维护终端等组成。

2. 站场通信

站场通信一般采用直通电话，室内设置普通分机，室外或在站台上设置紧急电话。紧急电话机选用单键式、外置扬声器话机，在紧急情况下只要按下按键即可与值班室通话。

站内通信供行车值班室或站长与本站内运营业务有关人员进行通话联系。

场内通信主要是解决车辆段、停车场内行车指挥、乘务运转、段内调度指挥和车辆检修人员之间的专用通信。每个车辆段或停车场设置专用的调度电话，向上可与行车调动联系，向下与段场内专用调动电话分机联系。其通话方式与调度通信方式相同。

站场直通电话为一点对多点的辐射式集中连接方式，应能满足车站值班员、车辆段和停车场信号楼值班员、车辆段运转值班员、列检值班员、信号维修值班员等与本站场相关部门构成直通电话，并且只允许值班员与分机相互呼叫通话，分机间不允许通话。

3. 站间通信

站间通信是指相邻两个车站值班员之间进行通话联络的点对点通信方式。

站间通信电话是为相邻两站（包括上行和下行）值班员办理行车有关业务使用，车站值班员一般使用按键式操作台作为值班台，单键操作即可接通站间通话。

4. 区间通信

区间电话的主要作用是供驾驶员、区间维修人员与邻站值班员及相关部门联系通话。

区间电话是在轨道线路沿线每隔一段距离设置的通话装置，如图 8-25 所示，其设置形式有两种：一种是区间通话柱，一种是轨旁电话。

（a）区间通话柱　　　　　　（b）轨旁电话

图 8-25　区间通话柱和轨旁电话

区间电话业务一般分为区间专用电话和区间直通两种模式。

提示：除上述提及的专用电话外，还有紧急电话。紧急电话具有一键直通功能，可以在紧急情况下快速接通。

（二）城市轨道交通专用电话的功能

城市轨道交通专用电话系统一般包括：调度总机、调度分机、站间直通电话机、紧急电话、区间通话柱、轨旁电话等终端设备。

1. 调度电话

调度电话分为总机和分机，其基本功能一样，根据不同用户的需求进行不同的功能设置，其功能如下：

（1）调度总机能对分机进行选呼、组呼、全呼，任何情况下均不能发生阻塞。

（2）分机能对总机进行一般呼叫和紧急呼叫。

（3）调度台具有优先级则设置功能，高优先别的可强拆、强插低级别的通话。

（4）调度总机与分机间呼通话、分机间不允许通话。

（5）各调度总机之间具有台间联格功能。

（6）调度总机能显示分机呼叫号码、区分呼叫类别，对双方通话进行录音。

2. 其他终端

站间直通、紧急电话、轨旁电语、区间通话柱都具有一键直通功能，除紧急电话外其他终端还具有拨号呼叫功能。

（三）专用电话系统的组网模式

目前专用电话系统的组网模式如下：

（1）方案一：专用电话系统与公务电话系统合设，利用公务电话的程控电话交换机的调度电话模块实现专用电话的所有功能，可节省成本。

（2）方案二：调度电话在控制中心单独设调度电话总机，利用传输接入系统将车站（车辆段）的调度电话分机接入控制中心的调度电话总机；车站（车辆段）设车站电话集中机实现车站（车辆段）的直通电话、站间行车电话、区间电话等功能。

（3）方案三（分设方案）：调度电话在控制中心单独设调度电话总机（或称交换机），利用传输系统将车站（车辆段）的调度电话分机接入控制中心的调度电话总机；利用公务通信的车站交换机或远端用户模块实现车站（车辆段、停车场）的直通电话、站间行车电话、区间电话等功能。

（4）方案四（合设方案）：专用电话系统与公务电话完全分离，但它将专用通信系统融为一体，即调度电话与站间、站内、轨旁电话由同一通信设备实现，结构更加紧凑，便于使用和维修，尤其可以减少车控室值班员面前的电话分机数量（行车调度、环控调度、维修调度电话分机均集成到值班员操作台上）。另外，合设方案有统一的监测手段和监控设备，便于日常维护系统。

三、无线集群调度通信系统

无线集群通信是一种智能化的无线频率管理技术。无线集群通信系统本质上是允许大量用户共享少量通信信道和虚拟专网技术，其工作方式与移动电话系统相似，都是由交换控制中心根据需要，自动为用户指定无线信道；不同点在于无线集群通信以组呼为主，用户之间有严格的上下级关系，用户根据各自的优先级占用或抢占无线信道，呼叫接续时间短（0.3~0.5 s），且以单工、半双工通信为主要通信模式。

（一）城市轨道交通无线集群调度通信系统的组成

在城市轨道交通中，无线集群系统主要解决固定人员（调度员、值班员）与流动人员（驾驶员、站务、维修人员、列检人员等）及其相互之间的通话及数据传输问题。无线集群系统的网络结构一般为带状网络，如图8-26所示。系统主要包括控制中心交换设备、控制中心网络管理终端、调度台、基站，移动设备（便携式手持台、车载电台，车站用固定台）、传输设备等。

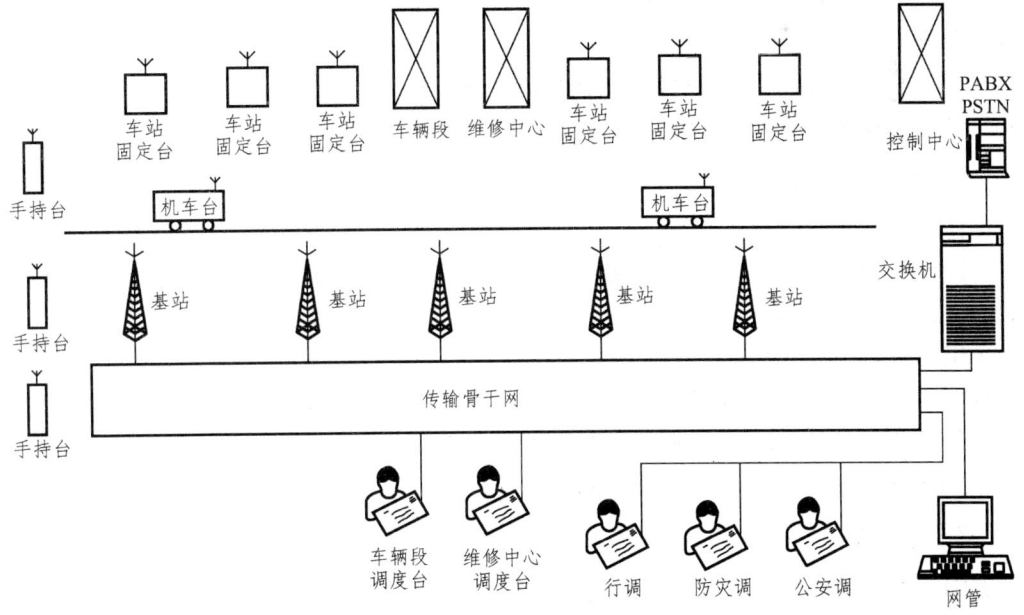

图8-26 集群调度系统网络结构

城市轨道交通无线集群调度系统在功能组成上一般分为 6 个无线通信子系统，即行车调度通信子系统、站务通信子系统、车辆段调度通信子系统、维修调度通信子系统、公安调度通信子系统、防灾调度通信子系统。

（二）城市轨道交通无线集群调度通信系统的功能

（1）通话功能。

（2）系统入网功能。

（3）优先级别。

（4）特殊功能。

（5）系统可靠性能。

（6）系统维护管理功能。

（三）城市轨道交通无线集群调度通信系统的分组方案

为更好地保证调度通信畅通，使各移动设备之间及调度台之间不产生干扰，需要对移动台号码及组别进行整体规划。

每个移动台都有自己的 ID 号码即身份号码，在集群系统中此号码是唯一的，不能重复；每个移动台还可以设置一个或多个组别，当移动台设置到某一通话组上时，可以与该通话组的用户进行通话。这两项数据由管理员设置，需要整体规划这两个号码。

1. 便携式手持台号码及分组方案

1）身份号码（ID 号码）规划

手持台的 ID 号码一般由 6 位组成，在单个系统中，此号码不能重复，一般前两位可用作部门编号，中间两位可用作科室编号，最后两位可用作顺序号。

2）组别规划

手持台的组别是指该手持台可与哪些通话组进行通话，此号码在系统中可重复使用，也可参照 ID 号原则编制。

2. 车载电台号码及分组方案

1）ID 号码规划

车载台的 ID 号码一般由 4 位组成，在单个系统中，此号码不能重复，一般第一位用来表示车头或车尾电台，后三位表示车载台序号。

2）组别规划

车载台电台一般只与行车调度进行通信，因此，一列车的头尾两个车载电台通话组号相同。不同的轨道交通公司采取不同的列车组织运营机制，所以列车电台的通话组可设置成一样的，或不同列车的车载台组分别是不同的两种方式。

3. 调度台的规划

1）ID 号码规划

调度台数量较少，其 ID 号应有显著特征，以方便操作人员记忆。

2）组别规划

调度台根据不同需求加载组别。例如，行车调度台加载所有列车的通话组及站务人员通话组；维修调度台加载所有与维修部门有关的通话组；防灾及公安调度台一般加载所有的通话组，以便进行应急指挥调度。

第七节　认识乘客信息系统

乘客信息系统（Passenger Information System，PIS）是通过专用车地双向实时通信的设备，它与车辆监控系统相结合，将车辆内部图像实时上传到地铁运营中心和地铁公安系统，能及时发现车辆内的安全事故隐患并提前处理，确保列车行驶安全。

一、乘客信息系统的结构

从控制功能划分，乘客信息系统可分为信息源、中心播出控制层、车站播出控制层和车站播出设备四个层次。从结构划分，乘客信息系统可分为中心子系统、车站子系统、车载子系统、网络子系统、广告制作子系统，如图8-27所示。

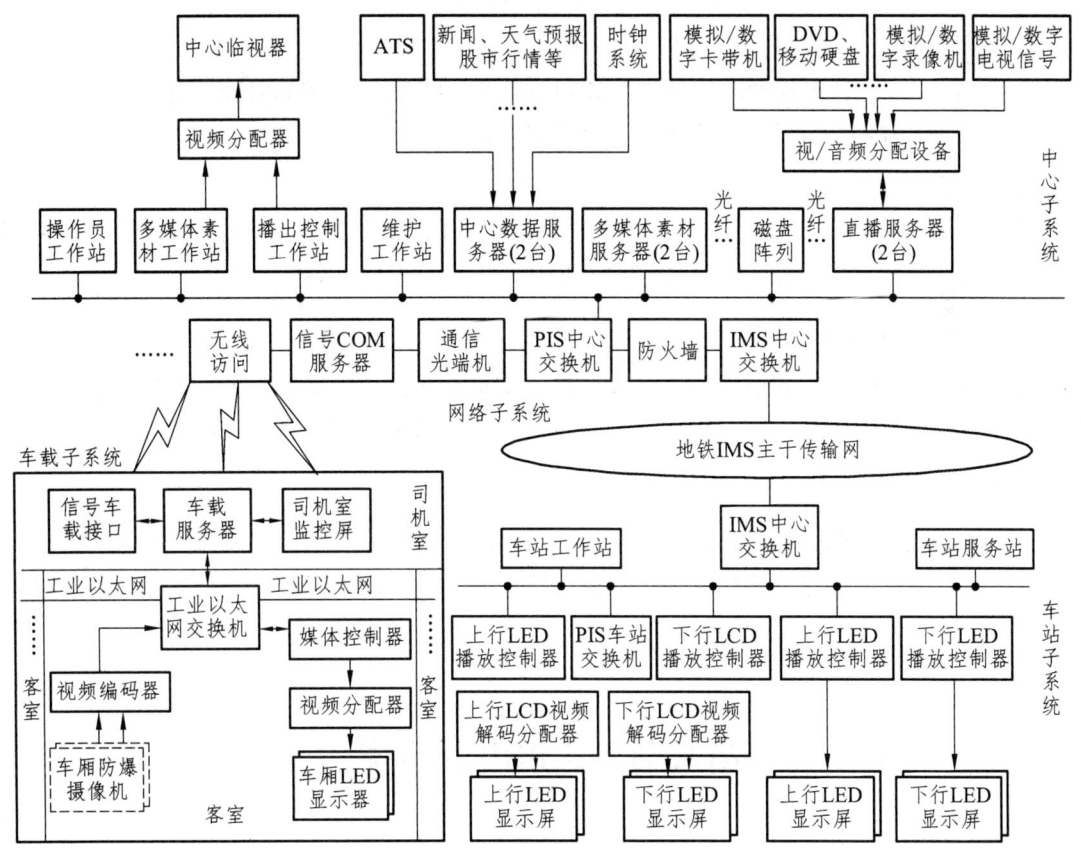

图8-27　乘客信息系统结构图

二、乘客信息系统的功能

PIS 的功能包括紧急信息功能、显示信息功能、广告播出功能、定时自动播出功能等。

（一）紧急信息功能

1. 预先设定紧急信息

PIS 可以预先设定多种紧急灾难告警模式，便于自动或人工触发进入告警模式。当灾难发生时，由自动告警系统或人工触发，使 PIS 进入紧急灾难告警模式。此时，相应的终端显示屏显示警告信息及人流疏导信息。

2. 即时编辑发布紧急信息

系统环境可能会发生非预期的灾难，并且需要 PIS 及时发布非预期的灾难警告信息，PIS 软件可以即时编辑、发布紧急信息至指定的终端显示屏。

（二）显示信息功能

1. 显示列车服务信息

车站子系统的车站服务器实时地从 ATS 接收列车服务信息，再控制指定的终端显示器显示相应的列车服务信息，如下一班车的到站时间、列车时间表、列车阻塞/异常、特别的列车服务安排等。

2. 显示时钟

PIS 可以读取时钟系统的时钟基准，并同步整个 PIS 所有设备的时钟，确保终端显示屏幕显示时钟的准确性。屏幕可以在播出各类信息的同时提供日期和时间显示。

3. 显示实时信息

屏幕上不同区域的信息可根据数据库信息的改变而随时更新。实时信息的更新可以采用自动方式或由操作员人为地干预。实时信息包括新闻、天气、通告等。

（三）广告播出功能

PIS 可为城市轨道交通引入一个多媒体广告发布平台，通过播出广告，可为城市轨道交通带来更多的广告收入。广告可以与其他各类信息同步播出，提高系统工作效率。

（四）定时自动播出功能

PIS 可以提供一套完整的定时播出功能。信息的播出可以采用播出表播出的方式，系统可以根据事先编辑设定好的播出列表自动进行信息播出。播出列表可以以日播出列表、周播出列表、月播出列表的形式定制。

第八节　认识电源系统

城市轨道交通信号系统是控制列车安全运行的装置，而电源系统是保证信号系统正常运行的可靠保证。信号系统的电源设备包括信号电源屏（含两路输入电源切换装置）、不间断电源（UPS）和蓄电池组，可向信号设备不间断地提供高品质、纯净的电源。

一、信号智能电源屏

信号智能电源屏（见图 8-28）是指采用模块化、计算机技术和电力电子技术对轨道交通信号电源设备系统的运行状态、运行故障、参数进行实时监测，显示、记录、存储、故障报警和管理的供电设备。

图 8-28　信号智能电源屏

（一）信号智能电源屏的结构

信号智能电源屏的结构如图 8-29 所示。

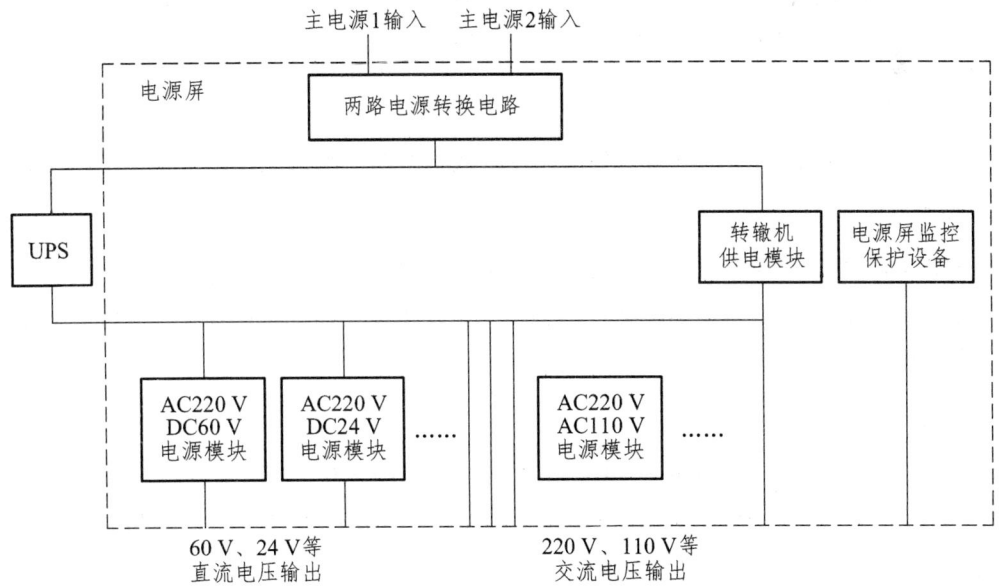

图 8-29　信号智能电源屏的结构

1. 信号智能电源屏提供的电压输出

信号智能电源屏可分为直流电源屏和交流电源屏。

直流电源屏输出的主要直流电压为 24 V、60 V（24 V 为计算机联锁、光连接模块、继电器、站间联系等供电，60 V 为 ATP、计轴评估器等供电）。

交流电源屏输出的主要交流电压为 220 V、380 V（220 V 为 ATC 机架、ZC 机架、乘客向导显示牌、列车识别系统、道岔表示、信号机等供电，380 V 为交流转辙机供电）。

2. 信号智能电源屏的主要模块

信号智能电源屏的主要模块有电源模块、输入切换单元、监控系统、保护系统等。

（二）信号智能电源屏的功能

信号智能电源屏的功能包括：提供主、副两路电源的切换；提供多种常见的标准电源；具有完善的保护功能；具有良好的用户界面；具有完善的故障检测功能；具有远程监控功能。

二、UPS

（一）UPS 的功能

在城市轨道交通信号系统中，UPS 的功能如下：

（1）UPS 能够确保信号系统在瞬间停电或主、副电源切换过程中正常工作。

（2）当市电中断或发生其他故障时，UPS 能够保持信号系统在一定时间内正常工作，使调度员能够在这段时间内通过列车调度控制设备指挥列车运营到安全区域，并存储重要运营数据，为下次来电尽快复原创造条件，不致因系统内部运营数据瞬间丢失而造成运营混乱。

（3）UPS 还能消除引入外电源的电涌、瞬间高电压、瞬间低电压和频率偏移等"电源污染"，改善电源质量，为信号系统提供高质量的电源。

（二）UPS 的种类

按工作原理不同，UPS 可分为后备式、在线式、在线互动式三种。

1. 后备式 UPS

后备式 UPS 是一种价格低廉、仅能满足一般客户要求的普及型 UPS。

后备式 UPS 的功率变换回路构成比较简单，主要由滤波器、转换开关、蓄电池、充电器及逆变器等组成。

2. 在线式 UPS

在线式 UPS 在市电正常和市电中断时，都由逆变器对负载供电，消除了市电中原有的干扰和脉冲电压，有极宽的输入电压范围，无切换时间，且输出电压稳定、精度高，特别适合对电源要求较高的场合，但是成本较高。

在线式 UPS 由滤波器、整流器、逆变器、转换开关、充电器、蓄电池等组成。

3. 在线互动式 UPS

在线互动式 UPS 是介于后备式 UPS 和在线式 UPS 工作方式之间的 UPS 设备，它集中了后备式 UPS 效率高和在线式 UPS 供电质量高的优点。

在线互动式 UPS 主要由滤波器、稳压器、转换开关、蓄电池、充电器、逆变器等组成。

三、蓄电池

（一）蓄电池的功能

蓄电池作为 UPS 的重要组成部分，用于储存能量。当市电正常时，对蓄电池浮充电；当市电发生故障时，蓄电池放电供 UPS 使用，保证对负载的正常供电。蓄电池的优劣直接关系到整个 UPS 系统的可靠程度。

（二）蓄电池的种类

1. 铅酸蓄电池

（1）防酸隔爆铅酸蓄电池：在早期的 UPS 系统中使用较多，只要维护得当，会有较长的使用寿命，但由于在运行中存在大量的电解液水分散失，需经常性地测量电解液的温度、密度，往电池内部添加蒸馏水，维护工作量极大，因此现在已很少使用。

（2）阀控式密封铅酸蓄电池：又称免维护蓄电池，因其体积较小、密封性能好、维护工作量小而被广泛应用于各类 UPS 电源中。低温下运行时，电池寿命较长，但电池容量较低；高温下运行时，电池容量较高，但寿命较短；当温度超过 25 ℃ 时，每升高 8.3 ℃，电池的寿命将减少一半；在 20～25 ℃ 使用时，可以获得最高寿命。

2. 镉镍碱性蓄电池

镉镍碱性蓄电池不同于铅酸电池，它使用氢氧化钾和氢氧化钠电解液，电解时产生氢气和氧气，不产生腐蚀性气体，可安装在电子设备的旁边，并且水的消耗很少，一般不需要维护。镉镍碱性蓄电池的正常寿命为 20～25 年，初始安装费用约为阀控式密封铅酸蓄电池的 3 倍。镉镍碱性蓄电池对温度不敏感，不会因温度的变化而影响电池的寿命或容量。

思考与练习

一、填空题

1. 通信系统可将信息从发信者传递给另一时空点的接收者，整个流程由_____、_____、_____、_____、_____五部分组成。

2. 有线广播系统由_____和_____两个独立的系统组成。

3. 城轨通信按传输媒介可分为_____和_____。

4. 通信系统是实现信息传输、交换的所有通信设备连接起来的整体，它由_____、_____和_____三大要素构成。

5. 专用电话系统包括：_____、_____、_____和_____电话子系统。

6. 车站广播内容包括_____、_____、_____和_____。

7. 闭路电视监控系统主要由_____、_____、_____以及图像处理显示和记录设备等组成。

8. 有线电话系统主要是为城市轨道交通运营、管理及维护人员提供语音通信，它包括_____和_____系统。

二、简答题

1. 有线通信包括哪些？无线通信包括哪些？
2. 简述闭路电视监控系统的作用。
3. 简述城市轨道交通对通信系统的要求。
4. 简述城市轨道交通时钟系统功能。

参考文献

[1] 张喜,城市轨道交通信号与通信概论[M]. 北京:北京交通大学出版社,2012.

[2] 贾毓杰,城市轨道交通通信与信号[M]. 2版. 北京:机械工业出版社,2014.

[3] 上海申通地铁集团有限公司轨道交通培训中心. 城市轨道交通通信技术[M]. 北京:中国铁道出版社,2012.

[4] 王燕梅,宋保卫. 城市轨道交通信号与通信系统[M]. 北京:中央广播电视大学出版,2014.